I0069739

EL DESARROLLISMO DEL SIGLO XXI

Jorge Castro

Pluma Digital
Ediciones

Castro, Jorge
Desarrollismo del siglo 21 - 1a ed. - Buenos Aires
Pluma Digital Ediciones 2013
Formato: 22 x 15 cms
Paginas: 250

ISBN 978-987-29099-3-2

1. Ciencias Políticas
CDD 320

Coordinación editorial: Osvaldo Pacheco
carlososvaldopacheco@hotmail.com

Diseño de tapa e interior: www.editopia.com.ar

Fecha de catalogación: 11/03/2013

ISBN 978-987-29099-3-2
Impreso en Argentina/Printed in Argentina
Bibliografika SA

ISBN 978-987-29099-3-2

Queda hecho el depósito que marca la ley 11723.
No se permite la reproducción parcial o total de este libro.

Índice

Acerca del autor

Jorge Castro es abogado (UBA) y realizó su labor académica como profesor de la Universidad de Buenos Aires, la Universidad del Salvador, la Escuela de Defensa Nacional, la Escuela Superior de Guerra, el Instituto del Servicio Exterior de la Nación (ISEN), la Facultad Latinoamericana de Ciencias Sociales (FLACSO), la Escuela de Guerra Naval y en el Curso Superior de las Fuerzas Armadas. Fue además profesor Invitado a exponer sobre la situación estratégica internacional en el Colegio de la Organización del Tratado del Atlántico Norte (OTAN) en Roma.

En su condición de profesor de Relaciones Internacionales en la carrera de Ciencia Política de la Universidad del Salvador, fue designado en 1974 integrante de la primera comisión directiva de la Asociación Civil de la Universidad, cuando se realizó su transferencia a los laicos. El entonces Superior de la Compañía de Jesús, Jorge Mario Bergoglio S.J., fue quien lo designó en ese carácter.

Ejerció la función pública como Secretario de Planeamiento Estratégico de la Presidencia de la Nación (1998-1999). Desde hace años mantiene una intensa actividad periodística como comentarista y editorialista. Es columnista del diario Clarín, y colaboró en Perfil, La Nación, Tiempo Argentino, La Nueva Provincia y fue Director Adjunto de El Cronista Comercial.

Cubrió en su condición de periodista acontecimientos como la Caída del Muro de Berlín (1989), la sublevación zapatista en Chiapas (México, 1994), la elección presidencial en EE.UU. que llevó a la presidencia a George W. Bush en 2000. Entrevistó en Caracas al teniente coronel Hugo Chávez que encabezó la insurrección militar de febrero de 1992. Fue invitado por el gobierno de Sudáfrica a recorrer el país durante la transición que terminó con el régimen del Apartheid (1994). Viajó a China cinco veces invitado por el gobierno de Beijing. Estuvo en Vietnam invitado por el gobierno de Hanoi, a participar como expositor en la conferencia internacional en conmemoración de la unificación del país en 1975.

Recibió la insignia de la "Orden Nacional de Cruzeiro Do Sul" otorgada por la República Federativa de Brasil; fue condecorado por el Gobierno de Chile con la "Orden de Bernardo O´Higgins", en el grado de Gran Oficial; fue becado por el Departamento de Estado para recorrer EE.UU.; fue nominado al premio Konex 1997 en Comunicación y Periodismo Argentino en la disciplina de Análisis Político.

Es miembro del Consejo Argentino para las Relaciones Internacionales (CARI); e integrante y Presidente de FORO SUR, grupo dedicado a promover el MERCOSUR.

Entre sus libros se encuentran Revolución Política en la Argentina Globalizada (Editorial Catálogos, 1997); La Tercera Revolución (Editorial Catálogos, 1998); Perón y la globalización (Editorial Catálogos, 1999); La gran década. Del abismo al crecimiento (Editorial Sudamericana, 2000); El Acceso de la Argentina a la Sociedad del Conocimiento (Editorial Catálogos, 2002); Globalización y Justicia Social (Editorial Catálogos, 2003). Sus últimas publicaciones han sido La visión estratégica de Juan Domingo Perón (Distal, 2012), Dios en la Plaza Pública. Benedicto XVI, política y cultura en la era de la globalización (Ágape Libros, 2012) y Malvinas Hoy (Distal, 2013).

Agradecimientos

En primer lugar, quiero señalar mi agradecimiento a Osvaldo Pacheco, titular de la editorial La Pluma Digital, por su confianza y apoyo en la publicación de esta obra, El desarrollismo del siglo XXI, en este año crucial para la Argentina que es 2013.

Asimismo, deseo reconocer expresamente la colaboración en todo el transcurso de esta investigación de Ignacio López, investigador concienzudo de temas históricos e internacionales, y graduado de la Universidad Católica Argentina (UCA).

Quiero dejar constancia del aliento para la elaboración de esta obra de Luis Ruvira, presidente del Club Americano, y también del Movimiento de Integración y Desarrollo (MID) de la Capital Federal, al permitirme presentar los conceptos fundamentales del "Desarrollismo del siglo XXI", y en especial, los rasgos centrales de la visión de Rogelio Frigerio sobre la crisis del proceso de acumulación capitalista en la Argentina, y el papel crucial del capital extranjero para resolverla.

También quiero señalar mi reconocimiento a José Antonio Romero Feris, y a Alfredo Olivera, del Centro de Estudios Nacionales (CEN), fundado por Arturo Frondizi, en el que pude formular las líneas principales de la visión de Rogelio Frigerio sobre el desarrollo argentino y la inversión extranjera, sobre todo en materia petrolera.

Quisiera reconocer expresamente, además, la confianza y amistad que me ha brindado Alejandro Frigerio, al permitirme el acceso a la documentación dejada por su padre, crucial para comprender la amplitud de la visión de este gran argentino.

Asimismo, deseo subrayar la confianza y amistad que me brindó Enrique Pinedo, ya fallecido, así como la de Federico Pinedo (nieto) al facilitarme múltiples documentos, incluidas cartas personales de Federico Pinedo, esa gran figura de la política y la economía argentina del siglo XX, probablemente el hombre de Estado poseedor de la visión estratégica más esclarecida de su generación, en la triple dimensión de la relación con EE.UU., el significado de la integración con Brasil, y la necesidad de promover una industria, ante todo manufacturera, capaz de competir en los mercados mundiales.

La primera versión de la "La vigencia de la visión estratégica de Federico Pinedo" fue editada y prologada por mi amigo Rosendo Fraga, probablemente, el principal analista político de la Argentina, e historiador de envergadura.

Silvio Frondizi fue mi maestro, y a él debo, desde los 15 años, lo poco o mucho que he logrado aprender en materia de conocimiento político, y hacia él manifiesto mi gratitud y reconocimiento.

Jorge Castro

Introducción

Por qué publicar este libro en 2013

Ha comenzado la transición entre el sistema de poder surgido en la Argentina a partir de 2003 y una nueva estructura de decisiones capaz de guiar al país en la segunda década del siglo XXI, con rasgos acordes a la época y a la fisionomía adquirida por la historia mundial. El rasgo central de esta nueva fase de la evolución histórica en el mundo es el traspaso del eje del proceso de acumulación global –y tendencialmente de la estructura de poder- de los países avanzados a los emergentes, y dentro de éstos, los tres principales son China, India y Brasil.

En términos estratégicos, el hecho decisivo es el agotamiento de la unipolaridad hegemónica de EE.UU. en la estructura de poder mundial, lo que significa políticamente que la globalización, como proceso de integración mundial del capitalismo, ha dejado de ser sinónimo de liderazgo norteamericano.

Por eso, para los países de América Latina, y en especial los de América del Sur, la incorporación activa al proceso de globalización del capitalismo no implica en esta fase histórica, en forma inmediata o mediata, la aceptación de la hegemonía estadounidense, sino, por el contrario, la integración plena con la nueva estructura del poder mundial, centrada en los países emergentes, entre los cuales Brasil, convertido en actor global, tanto en lo político como en lo económico, es uno de los tres principales.

La transición que ha comenzado en la Argentina significa que, a partir de ahora, la cuestión central es la orientación y el sentido de lo que viene, en su doble dimensión nacional e internacional. Y esto ocurre en el país tal como es, y en lo que los argentinos somos, teniendo como punto de partida las características de su sistema político tal como ha sido construido por la historia, con sus particularidades, fortalezas y extremas debilidades.

La Argentina es un país con alto nivel de participación y movilización social y política –uno de los más elevados del mundo–, dotado de una historia intensa de luchas y conflictos, recorrida desde mediados del siglo XIX por una serie sucesiva de revoluciones sociales (la primera de las cuales fue la inmigración europea); y que tiene, con carácter inverso, un bajo nivel de institucionalidad.

Es un país de instituciones débiles, con tendencia a la acción directa por parte de todos los sectores sociales, donde el poder, que es escaso en relación a la capacidad de movilización de la sociedad, está concentrado en la autoridad nacional, que por eso tiende a adquirir un carácter hegemónico.

De ahí, las intensas y continuas transformaciones sociales, políticas y culturales, que son habituales en la Argentina, tienen lugar dentro de un sistema político-institucional de escaso arraigo y legitimidad, y por ello extremadamente proclive a las crisis y a las rupturas.

En un sistema de estas características, una política de unidad nacional orientada al futuro, no es una opción doctrinaria o la obra de una intencionalidad benévola, sino una necesidad ineludible y condición de gobernabilidad.

Por el contrario, si se elige, a través de la polarización y el enfrentamiento, abrir una etapa de conflictos y fragmentación, el resultado inexorable es el agotamiento del sistema de poder vigente, hasta provocar su extinción, usualmente en una situación de extrema crisis.

La opinión pública, expresión de la clase media urbana, se ha convertido en el factor decisivo del proceso político argentino en los últimos dos años, como se reveló en ese punto de inflexión histórico que fue el 8 de noviembre de 2012,[1] la movilización más importante de la historia del país desde el regreso del general Perón en 1973.

Esto significa que el proceso político argentino ha adquirido los rasgos propios de la opinión pública / clase media: intensamente politizada, profundamente informada, ansiosa y necesitada de fijar sus perspectivas y las del país con razones, argumentos y análisis referidos tanto a la situación nacional como al contexto global.

Poner en marcha una estrategia de crecimiento económico sostenido para la Argentina de la segunda década del siglo XXI es inseparable de una política deliberada de inserción internacional, destinada a colocar al país en los espacios y mercados en los que pueda desplegar sus extraordinarias ventajas competitivas como productor mundial de alimentos. En esta era de la globalización, tras el punto de inflexión que fue la crisis financiera de 2008-2009, la política y la economía tienden a fusionarse, y el protagonismo internacional se confunde hasta la simbiosis, con el núcleo central de la capacidad productiva.

Por eso, las opciones de política exterior se ejercen dentro de un marco de necesidad establecido por la estructura de la inserción internacional. Brasil se encuentra, en relación a la Argentina, en esta etapa de la historia del país, en el eje de la doble dimensión de su política exterior y de su inserción internacional. La alianza estratégica entre Brasil y la Argentina se convierte en la condición del protagonismo mundial, no solo de los dos países, sino de toda América del Sur, posicionada como nuevo actor de la política internacional del siglo XXI.

La conclusión de estas observaciones y la razón de ser de este libro (quizás su justificación) es la certidumbre de que la fuerza política de la Argentina depende del vigor y del acierto —en términos históricos— de su visión estratégica, que, en las condiciones del mundo de hoy, es tautológico calificar de global y de largo plazo. Por esto se publica El desarrollismo del siglo XXI.

---

[1] La movilización del 8-N fue convocada y organizada a través de las redes sociales, en todas partes del país al mismo tiempo, desde Jujuy a Ríos Gallegos, en rechazo al gobierno de Cristina Kirchner, y en especial al intento de re-reelección.

PRIMERA PARTE

El contexto mundial del desarrollo capitalista en el siglo XX

Capítulo 1

Kautsky y la integración mundial del capitalismo

Karl Kautsky rechazó toda teoría del "derrumbe" mecánico del modo de producción capitalista, y sostuvo que el sistema, al enfrentar las crisis de carácter endógeno que caracterizaban su mecanismo de acumulación, tendía a expandirse, a un alto costo social y político. No había causas económicas de "derrumbe" en el capitalismo.[2] Kautsky presumía, como Marx, que el sistema capitalista es profundamente inestable, con crisis periódicas y transformaciones incesantes; y que enfrenta cada una de esas crisis endógenas, sobre todo las de carácter sistémico, con una reproducción ampliada (expansión) superior.

En la concepción de Kautsky (y de Marx) el sistema capitalista está condenado, por su misma naturaleza, a una perpetua fuga hacia delante, realizada a través de transformaciones sucesivas, cada una de las cuales sirve de escalón histórico-estructural para la siguiente. Por eso, no hay "derrumbe" necesariamente en el capitalismo, porque responde a sus crisis orgánicas (caída de la tasa de ganancia por el aumento del capital constante sobre el variable) con una nueva expansión, lograda a través de una profunda reestructuración interna de raíz tecnológica. Coherente con esta posición, Kautsky sostiene que la respuesta del capitalismo a la crisis estructural revelada por la Primera Guerra Mun-

---

[2] Kautsky, Karl, "La crisis del capitalismo en los años 20", en Cuadernos de Pasado y Presente, Número 85, Análisis económico y debate estratégico en la III Internacional, México, Ed. Pasado y Presente, 1981, pp. 231 y ss.

dial es una nueva fase histórico-estructural del sistema, que se caracteriza por la "compenetración (integración) internacional" de los centros de poder (Estados y núcleos autónomos de expansión) en el comercio internacional, que se realiza crecientemente "programado" (estructurado), alrededor de su vector básico, que es el modo de producción.

Kautsky advierte que la Primera Guerra Mundial ha trasladado el eje de la acumulación capitalista (que es el centro de gravedad del sistema) de Europa a EE.UU., con el consiguiente establecimiento de una nueva división internacional del trabajo que le otorga a la economía norteamericana la dirección (conducción) del conjunto.

Kautsky, en síntesis, preveía una nueva fase de expansión capitalista realizada a través de la internacionalización de la producción y canalizada fundamentalmente mediante EE.UU., convertido en eje del sistema y en su conducción política y económica. Agregaba que la primera tarea de la nueva fase de expansión capitalista con eje hegemónico en EE.UU. sería la reconstrucción de una Europa devastada por la guerra.

Las previsiones de Kautsky se adelantaron 25 años y la nueva fase del desarrollo capitalista tuvo que esperar no el fin de la Primera sino de la Segunda Guerra Mundial, la reconstrucción de Europa que preveía se realizaría hasta en sus detalles bajo el nombre de "Plan Marshall" después de 1948.

"Desde el punto de vista meramente económico –observó Kautsky en 1914–, no se excluye que el capitalismo viva todavía una nueva fase histórica, que es la transición de la política (doméstica) de los carteles (holdings) a la esfera de la política exterior (considerada por él sinónimo de comercio internacional)".[3]

---

[3] Ibíd., p. 242.

Capítulo 2

Trotsky y el predominio norteamericano

Dice Trotsky el 30 de noviembre de 1933: "La ley básica de la historia de la humanidad (que es la ley del incremento de la productividad del trabajo) debe inevitablemente tomarse la revancha sobre los fenómenos derivados y secundarios. Tarde o temprano el capitalismo norteamericano se abrirá camino a lo largo y a lo ancho de nuestro planeta. ¿Con qué métodos? Con todos. Un alto coeficiente de productividad derrota también a un alto coeficiente de fuerzas destructivas. ¿Es que estoy predicando la guerra? De ninguna manera. Yo no predico nada. Solo intento analizar la situación mundial y extraer las leyes de la mecánica (dinámica) económica".[4]

Por eso señalaba, respecto a la puja histórica entre el sistema capitalista bajo la hegemonía norteamericana y el mundo socialista encabezado por la Unión Soviética: "La ley fundamental de la historia es ésta: la victoria pertenece en última instancia al sistema que asegure a la sociedad humana el nivel económico más avanzado. La disputa histórica será decidida —aunque no sea de un solo golpe- por el coeficiente de comparación de la productividad del trabajo".[5]

De ahí que señalara acerca de la hegemonía mundial de EE.UU. como expresión de la nueva fase de expansión del sistema capitalista:

---

[4] Trotsky, León, Naturaleza y dinámica del capitalismo y la economía de Transición. Compilación de escritos de León Trotsky, Buenos Aires, "León Trotsky" Ediciones, 1999, pp. 24 y 25.

[5] Ibíd., p. 334.

"Las bases materiales de EE.UU. no tienen precedentes. Su preponderancia potencial en el mercado mundial es mucho mayor de lo que fue la preponderancia real de Inglaterra en el período de apogeo de su hegemonía internacional, en la tercera parte del siglo XIX. Esa energía potencial se transformará inevitablemente en genética, y algún día el mundo será testigo de un gran estallido de la agresividad yanqui en todo los rincones del planeta".[6]

En relación a la vinculación entre la primacía de EE.UU. y la integración mundial del capitalismo, señala Trotsky: "¿Se ha establecido una nueva división internacional del trabajo? En este terreno, el hecho decisivo es el traspaso del centro de gravedad (eje del proceso de acumulación) de la economía capitalista y del poder burgués de Europa a América (EE.UU.). Este es un hecho esencial que cada uno de vosotros, camaradas, debe grabar en su memoria de la manera más fija a fin de que podáis comprender los acontecimientos que ante nosotros se desarrollarán en los años que sigan. Antes de la guerra, era Europa el centro del capitalismo en el mundo. Era su principal depósito, su principal oficina y banca. El industrial europeo, inglés en primer término, y alemán en el segundo; el comerciante europeo, británico sobre todo; el usurero inglés, en primer lugar, en seguida el francés, eran los directores efectivos de la economía mundial, y por consiguiente, de la política universal. Esto se acabó. Europa ha sido arrojada a un segundo lugar".[7]

Trotsky definía así a EE.UU. en 1921: "El 6% de la humanidad habita el territorio de EE.UU., que ocupa 7% de la superficie terrestre (…). EE.UU. posee 30% del tonelaje de la flota comercial del mundo (antes de la guerra era 5%); 40% de la producción mundial de acero y de hierro; 45% de la de carbón; 60% del aluminio y otro tanto del cobre; 66% / 70% del petróleo; 75% del maíz; y 85% de los automotores. En el mundo existen hoy 10 millones de automotores, y de ellos, EE.UU. posee 8,5 millones. La potencia productora de EE.UU. crece incesantemente".

---

[6] Ibíd., p. 499.

[7] Ibíd., p. 64.

Capítulo 3

Capitalismo y globalización en Marx

Según el pensamiento de Marx, la concepción liberal individualista concibe al mercado como "el lugar de las oportunidades y del ejercicio de la libertad". Cree por eso que el capitalismo "no es primordialmente un modo de producción, sino un espacio donde se compra y vende, y se entrecruza la oferta con la demanda, en un ejercicio realizado exclusivamente por individualidades".[8]

Frente a esta concepción, aparece la visión de la acumulación capitalista como una dinámica estructural de tipo productivo y de carácter universal, que obliga (esto es, coerciona) a los individuos y a las unidades productivas, aun en contra de su voluntad, a sujetarse a un determinado orden de cosas, a una disciplina estructural (es la idea del "engranaje" de Heidegger o la de la "jaula de hierro" de Max Weber). Lo que distingue al capitalismo no es la oportunidad y la libertad de elección, sino, al contrario, la compulsión, y en una doble dimensión: todos los individuos deben entrar en relaciones de mercado como condición para obtener acceso a los medios de vida; y las empresas se ven forzadas a aumentar su productividad a través de la mayor inversión y del incesante cambio tecnológico como condición para permanecer en el mercado y así sobrevivir.

En este sentido, según Marx, hay una dictadura de la acumulación capitalista que es el imperativo de la competencia (acumulación, maxi-

---

[8] Fiuza de Mello, Alex, Capitalismo e mundialização em Marx, São Paulo, Perspectiva/SecTam, 2000. Es traducción propia.

mización de la ganancia, aumento de la productividad), que regula todas las transacciones económicas y la vida en general. La acumulación capitalista es una fuerza anónima, objetiva, impersonal, profundamente imperativa, que se transforma en el núcleo absorbente del nexo (conexión) entre el individuo y la sociedad. Es lo que Hegel denomina "alienación"; Marx utiliza el mismo término, ampliándolo a veces con el concepto de "cosificación". Por eso, la acumulación capitalista se transforma en un poder extraño, objetivo, anónimo, "alienado", en una "jaula de hierro", que limita y condiciona (estructura desde afuera) a la libertad humana".

Establece Marx que "la burguesía, a través de su explotación del mercado mundial, ha dado un carácter cosmopolita a la producción y al consumo en cada parte del mundo (…). Las antiguas industrias nacionales han crecido, o han sido destruidas. Son dislocadas por las nuevas industrias, cuyos productos son consumidos no sólo internamente, sino en cada rincón del planeta".[9]

En este sentido, "el vapor y la maquinaria han revolucionado la producción industrial (…). La industria moderna ha establecido el mercado mundial, al que abrió camino el descubrimiento de América (…). Este mercado mundial ha provocado un inmenso desarrollo en el comercio, la navegación, el transporte y las comunicaciones por tierra". Es así que vemos "cómo la moderna burguesía es en sí misma el producto de un largo proceso de desarrollo, de una serie de revoluciones en los medios de producción y de intercambio". Por ello, "la burguesía no puede existir sin revolucionar constantemente los instrumentos de producción, y por lo tanto, las relaciones de producción, y con ellas, todas las relaciones sociales".[10]

El impulso interno de esta continua expansión es la necesidad de bajar los costos de producción y de abrir nuevos mercados; el capitalismo lo hace obligado por una continua competencia a escala global. Este proceso forzado, desata el aumento de la productividad y acelera la

---

[9] Marx, Karl, El Manifiesto Comunista, Buenos Aires, Editorial Anteo, 1961.
[10] Ibíd.

acumulación del capital, guiado siempre por una imperiosa exigencia de producir por producir, de acumular por acumular, que es la esencia del capitalismo como sistema, y que por eso constituye una revolución permanente, intensamente desequilibrada, separada por picos de crisis. Marx considera que "la necesidad de expandir constantemente el mercado para sus productos despliega a la burguesía sobre toda la superficie del globo. Debe expandirse por todos lados, asentarse en todos lados. Y establecer conexiones en todos los rincones del mundo sin excepción". Y en lugar de los antiguos reductos autosuficientes locales y nacionales, "ahora hay intercambio en cada dirección, y una interdependencia universal de las naciones. Esto sucede no sólo en la producción material, sino también intelectual. Las creaciones intelectuales de las naciones individualmente consideradas se transforman en propiedad común de la humanidad".[11]

Dice Marx en El Capital: "Los fenómenos que son investigados en este capítulo (comercio, inversiones, capitales) requieren para su pleno desenvolvimiento el sistema de crédito y la competencia en el mercado mundial. Este es el verdadero ser, la verdadera base, y la atmósfera en que vive el modo capitalista de producción".[12] La lógica global de la acumulación capitalista es la siguiente: "Si el progreso de la producción, y el consiguiente desenvolvimiento de los medios de transporte y comunicaciones, reducen el tiempo de circulación para una determinada cantidad de mercaderías, el mismo progreso y las oportunidades generadas por el desenvolvimiento de esos medios introducen la necesidad de trabajar para mercados más distantes, en una palabra, para el mercado mundial".[13]

Este punto crucial fue subrayada por Rosa Luxemburgo: "La dominación y el poder del capital se expanden por toda la tierra mediante la creación de un mercado mundial (…). El modo capitalista de

---

[11] Ibíd.

[12] Marx, Karl, El Capital, Buenos Aires, Siglo XXI Editores, 1976, tomo III, capítulo 6, p. 205.

[13] Ibíd., tomo II, capítulo 14, p. 329.

producción crece también poco a poco en todo el globo (…). Es una necesidad inherente y una ley vital de la producción capitalista que no pueda permanecer estable, sino que debe expandirse siempre cada vez más deprisa (…). Se trata de producir cada vez más rápidamente enormes cantidades de mercaderías en empresas cada vez mayores".[14] Agregó también Marx en El Capital: "El mercado mundial forma en sí mismo la base del capitalismo. La necesidad inmanente de este modo de producción de producir siempre en una escala mayor, tiende a extender el mercado mundial continuamente. No es el comercio el que revoluciona a la industria, sino la industria la que constantemente revoluciona al comercio".[15] Significa, en síntesis, que el mercado mundial, ahora bajo la fase de la globalización, es el que fundamenta el modo capitalista de producción, y que éste, acorde con su naturaleza, crece por el lado de la oferta −"la industria"-, y no del consumo, usualmente denominado "el mercado".[16]

De ahí que la tasa de ganancia, que es el vector fundamental de la acumulación capitalista, aumente a través de una reducción de los costos de la estructura de producción; y esto se deba, a su vez, al incremento de la tasa de productividad, que se torna más efectiva e intensa por el cambio tecnológico y la mejora en la calificación de la fuerza de trabajo. Por eso la innovación tecnológica cumple un papel central en el proceso de acumulación de capital y por eso también "no hay límite alguno, en términos puramente económicos, en el proceso de acumulación del capital".[17] Agrega Ernest Mandel que "(…) los límites al proceso de crecimiento capitalista −desde un punto de vista estrictamente económico− son siempre temporarios, porque responden a la diferencia existente entre los niveles de productividad, que hace que los más avanzados puedan siempre revertir estas condiciones ("los límites")".

---

[14] Luxemburgo, Rosa, Introducción a la economía política, Madrid, Siglo XXI, 1974, p. 349.

[15] Marx, Karl, El Capital, op. cit., tomo III, p. 328.

[16] Mandel, Ernest, Late capitalism, London / New York, Verso, 1993, pp. 49 y ss. Es traducción propia.

[17] Ibíd., p. 104.

El resultado es que "todo el sistema capitalista muestra una estructura jerárquica entre los diferentes niveles de productividad, y como consecuencia, el desarrollo de estados, regiones, tipos de industria y empresas, muestra un carácter desigual y combinado.

El capitalismo muestra así, al mismo tiempo, un carácter unitario, pero integrado por partes no homogéneas; y es la unidad que deriva de las características de su proceso de acumulación, guiado por el incremento incesante de la productividad, lo que determina su carencia necesaria de homogeneidad".[18] Pero esta "estructura jerárquica y diferenciada de productividad" se modifica continuamente. El capitalismo es una revolución permanente.

En el capitalismo de la tercera revolución industrial, que es la previa a la actual, "(…) hay una constante presión para acelerar la innovación tecnológica (…), y una vez agotadas las otras fuentes de superganancias, se tiende inevitablemente a la búsqueda obsesiva por 'rentas tecnológicas', solo obtenibles a través de una perpetua renovación de las tecnologías utilizadas".[19]

Ernest Mandel identifica las siguientes características de la revolución tecnológica en el capitalismo avanzado: En primer lugar, una aceleración cualitativa del incremento de la composición orgánica del capital (crecimiento del capital constante –equipos– sobre el variable fondo salarial). Pero el capital que aumenta no es el fijo o bruto, sino el abstracto e intelectual, más cargado de conocimientos que de maquinarias. Luego, hay una transformación de las fuerzas de trabajo, que pierden su condición física o directa, y asumen un papel de supervisión y preparación (diseño, control, marketing, tareas que antes se consideraban como propias del sector terciario).

Dice Marx en los Grundrisse: "En el específico y más avanzado modo capitalista de producción, el funcionamiento de la fuerza de trabajo ya no depende del trabajador individual, sino de una uni-

---

[18] Ibíd., p. 104 y 105.
[19] Ibíd., p. 192.

ficada y abstracta capacidad laboral".[20] En ella, el eje está cada vez más en las funciones de inteligencia y conducción, y cada vez menos en las actividades directas.

La revolución tecnológica provoca el acortamiento del ciclo del producto a través de una radical aceleración de las tareas de instalación, preparación y desarrollo conceptual, en especial, a través del acento deliberado colocado en la innovación tecnológica.

El ejemplo más notable de la abreviación del ciclo del producto es el que presenta la "Ley de Moore" (Gordon Moore/Intel/1971) que establece que la revolución tecnológica de la información duplica cada 18 meses su capacidad de procesamiento, mientras que sus costos caen a la mitad. Esta aceleración / abreviación otorga un carácter compulsivo al cambio tecnológico y disminuye en forma proporcional el plazo de retorno de la inversión de capital. Por eso, el costo del capital disminuye cada vez más. El rasgo fundamental del capitalismo es la tendencia a una creciente intensificación y el consiguiente ahorro en la fuerza de trabajo.

La esencia del capitalismo, dice Marx, es la siguiente: "Para poder hacer dos pares de botas al mismo tiempo, hay que duplicar la capacidad productiva del trabajo, lo que solo se conseguirá cambiando los instrumentos o los métodos de trabajo, o ambas cosas a la vez. Ha de producirse, pues, una revolución en las condiciones de producción del trabajo, en el régimen de producción, y por lo tanto en el propio proceso del trabajo".[21]

Y sigue: "Por aumento de la capacidad productiva del trabajo entendemos un cambio cualquiera sobrevenido en el proceso del trabajo, que reduce el tiempo de trabajo socialmente necesario para la producción de una mercancía, y gracias a la cual una cantidad más pequeña de trabajo adquiere una potencia suficiente para producir una cantidad mayor de valores de uso".

---

[20] Marx, Karl, Elementos fundamentales para la crítica de la economía política: borrador, 1857-1858 (Grundrisse), Buenos Aires, Siglo XXI Editores, 2002.
[21] Marx, Karl, El Capital, op. cit., Tomo I, pp. 252 y ss.

"(…) Para conseguir esto, el capital tiene que transformar las condiciones técnicas y sociales del proceso de trabajo, y del mismo régimen de producción, y aumentar la capacidad productiva, laboral, haciendo bajar el valor de la fuerza de trabajo, y disminuyendo así la parte de la jornada de trabajo necesaria para la producción de ese valor". Este es el proceso de aumento de la productividad del trabajo, o de creación de la "plusvalía relativa".

Por eso, agrega Marx que "(…) es afán inminente y tendencia constante del capital reforzar la productividad del trabajo, para abaratar de este modo las mercancías, y con ellas el costo de la fuerza laboral".[22]

De ahí que la "ley general de la acumulación capitalista" se realice a través de dos vías: una cuantitativa, al crecer el volumen del capital puesto en movimiento, y otra, más importante, que es la cualitativa "(…) al abrirse nuevos mercados, nuevas esferas de inversión de capital, a consecuencia del desarrollo de nuevas necesidades sociales. (En ese momento) la escala de la acumulación puede ampliarse repentinamente (…), y las necesidades de acumulación de capital pueden sobrepasar el incremento de la fuerza de trabajo o del número de obreros, (…) haciendo con ello que suban los salarios". "La reproducción en escala ampliada, o sea la acumulación, reproduce el régimen del capital en una escala superior, que crea en uno de los polos más capitalistas o capitalistas más poderosos, y en el otro, más obreros asalariados".[23]

Este concepto central del salto cualitativo en la acumulación capitalista por la aparición en gran escala de innovaciones como los nuevos mercados y las nuevas necesidades sociales, sería retomado con posterioridad por Schumpeter y constituiría la base de su visión del capitalismo. La conclusión que extrae Marx es que "(…) el proceso de acumulación llega siempre a un punto en que el incremento de la productividad del trabajo social se convierte en la palanca más poderosa de la acumulación"; y Marx cita a Adam Smith en respaldo de su afirmación: "La misma causa que eleva los salarios, o sea el incremento

---

[22] Ibíd, p. 257.
[23] Ibíd., Tomo I, capítulo XXIII, pp. 517 y ss.

del capital, impulsa la potencialidad de sus capacidades productivas, y permite que una cantidad más pequeña de trabajo cree una cantidad mayor de producto".[24]

De este modo, dice Marx, "la masa de la riqueza social, que al progresar la acumulación desborda y es susceptible de convertirse en nuevo capital, se abalanza con frenesí a las viejas ramas de producción, cuyo mercado se dilata de pronto, o a ramas de nueva explotación, como los ferrocarriles, cuya necesidad brota del desarrollo de las antiguas".[25]

3.1. El capitalismo, economía de producción

El punto de inflexión que significan los Grundrisse en la obra de Marx es lo que implica en su comprensión de la acumulación capitalista como una economía de la producción, y no como un mecanismo de mercado, surgido del funcionamiento irrestricto de la oferta y la demanda.

A partir de los Grundrisse, el capitalismo es para Marx el "modo capitalista de producción"; y es a través de la oferta y de sus transformaciones estructurales provocadas por sucesivas revoluciones tecnológicas, que avanza el proceso de acumulación del capitalismo. De ahí que el valor histórico del capitalismo –la fuente de su legitimidad- sea desarrollar la productividad, la creación sistemática de plusvalía relativa, a su vez sinónimo de valor nuevo (agregar valor), surgido de la innovación.

La tendencia central del capitalismo a incrementar la productividad lleva a una creciente disminución, y en el fondo irrelevancia, de la fuerza de trabajo, que primero abandona su condición de trabajo directo o físico, en tanto aumenta su característica abstracta o general y se transforma en "inteligencia colectiva", hasta el punto de confundirse con la cultura humana.

"El gran sentido histórico del capital –dice Marx- es el de crear este plustrabajo (la productividad); y su determinación histórica está

---

[24] Smith, Adam, Investigación sobre la naturaleza y causa de la riqueza de las Naciones, México, Fondo de Cultura Económica, 1979.

[25] Marx, Karl, El Capital, op. cit., p. 535.

cumplida cuando se avanza más allá de las necesidades naturales".[26]
En ese punto, cuando la "laboriosidad general" se ha vinculado simbióticamente con la ciencia, la técnica y la cultura, "el trabajo cesa de existir. (…) Y el hombre hace que lo que pueden hacer las cosas, lo hagan en su lugar".

"En la creación de riqueza real, hay una enorme (y creciente) desproporción cualitativa en el trabajo reducido a una pura extracción y el poderío del proceso de producción, que es vigilado por aquel. (…) El hombre se comporta más bien como supervisor y regulador del proceso productivo (…). Se presenta al lado del proceso de producción, en lugar de ser su agente principal."

"De ahí que el capitalismo despierte a la vida a todos los poderes de la ciencia y de la naturaleza, así como de la cooperación y el intercambio social, sinónimo de división internacional del trabajo, para hacer que la creación de riqueza sea independiente del tiempo de trabajo empleado en ella".[27]

La categoría central de Marx en los Grundrisse del capitalismo como "modo de producción", lo lleva a afirmar que en cada fase del proceso de acumulación, por su misma naturaleza global, predomina una determinada estructura que fija las reglas del conjunto.

Así señala que "en todas las formas de sociedad existe una determinada producción que asigna a todas las otras su correspondiente rango de influencia. (. .) Es una iluminación general en la que se bañan todos los colores y que modifica las particularidades de éstos. Es como un éter particular que determina el peso específico de todas las formas de existencia que allí toman relieve".[28]

Esta "iluminación general" es hoy, en la actual fase de la globalización, el sistema integrado transnacional de producción, constituido por las empresas transnacionales, que define el proceso global de acumulación y, en general, el sentido de la época.

---

[26] Marx, Karl, Elementos fundamentales (Grundrisse), op. cit., p. 235.
[27] Ibíd.
[28] Ibíd. El subrayado es propio.

3.2. Marx y EE.UU., el único país avanzado sin pasado feudal

Dice Marx en los Grundrisse, refiriéndose a la novedad histórica de EE.UU.: "Un país en el que la sociedad burguesa no se desenvolvió sobre la base del régimen feudal, sino a partir de sí misma; donde esta sociedad no se presenta como el resultado supérstite de un movimiento secular, sino como el punto de partida de un nuevo movimiento (de la historia); donde el Estado, a diferencia de todas las formaciones nacionales precedentes, estuvo desde un principio subordinado a la sociedad burguesa, a su producción, y nunca pudo plantearse la pretensión de constituir un fin en sí mismo; y donde las fuerzas productivas del Viejo Mundo se han asociado a un inmenso territorio natural del Nuevo, y en el que se desarrolla en proporciones hasta ahora ignotas una libertad de movimientos desconocida (en la historia), y que ha sobrepasado de lejos todo trabajo precedente en lo que atañe al dominio sobre la naturaleza. Donde, por último, las antítesis de la sociedad burguesa aparecen solo como momentos evanescentes".[29]

Marx señaló en el 18 Brumario: "Si bien ya existen en EE.UU. las clases sociales, éstas no se han plasmado todavía, sino que cambian constantemente y ceden unas a otras sus integrantes, en un movimiento continuo, en donde los medios modernos de producción, en vez de coincidir con una superpoblación crónica, suplen más bien las escasez relativa de trabajadores, y donde, por último, el movimiento febrilmente juvenil de la producción material, que tiene un mundo nuevo por apropiarse, no deja tiempo ni ocasión para eliminar los fantasmas del Viejo Mundo".[30]

Por su parte, Engels, citado por Aricó, consideraba que Estados Unidos era "el más joven pero también el más viejo país del mundo", un país burgués desde el inicio de su historia y en el que la república burguesa se constituye en una especie de modelo al que tendrán que

---

[29] Marx, Karl, Elementos (Grundrisse), op.cit.

[30] Marx, Karl, El 18 Brumario de Luis Bonaparte, Moscú, Ediciones en Lenguas Extranjeras, 1955.

conformarse los estados modernos arrastrados por el mecanismo de reproducción del capital.[31] Marx llegó a expresar en El Capital que los Estados Unidos, "tenía la virtud de revelar al viejo mundo el secreto del modo capitalista de acumulación".[32]

---

[31] Aricó, José, La Hipótesis de Justo, Buenos Aires, Ed. Sudamericana, 1999.
[32] Marx, Karl, El Capital... op. cit., p. 967.

Capítulo 4

Marx y Schumpeter, los grandes teóricos del capitalismo

¿Cuál es la fuerza de la acumulación capitalista?, se pregunta Schumpeter. "Hay en el capitalismo una especie de coerción hacia la acumulación (…). Es una fuerza de acumulación mucho más importante y drásticamente coercitiva. La economía capitalista no es ni puede ser estacionaria. Tampoco se expande a un ritmo uniforme. Está incesantemente revolucionada desde dentro por un nuevo espíritu de empresa, por la introducción de nuevas mercancías o nuevos métodos de producción o nuevas posibilidades comerciales en la estructura industrial, tal como existe en cualquier momento (…). Todas las estructuras existentes y todas las condiciones de la vida económica se encuentran siempre en un proceso de transformación. Toda situación es derribada antes de que tenga tiempo de desarrollarse plenamente. En la sociedad capitalista, el progreso económico significa derrumbamiento".[33]

Por eso en el capitalismo, "constantemente se dan posibilidades de obtener ganancias produciendo cosas nuevas, o cosas antiguas más baratas, y se atraen por ello nuevas inversiones. Estos nuevos productos y estos métodos nuevos compiten con los métodos antiguos, no en términos de igualdad, sino de ventaja decisiva, que puede sig-

---

[33] Schumpeter, Joseph, Capitalismo, socialismo y democracia, Buenos Aires, Ediciones Hyonde, Tomo I, 1983, pp. 59-62.

nificar la muerte para los últimos. Así es como penetra el "progreso" en la sociedad capitalista".

El resultado es que "a fin de evitar ser vendidas a bajo precio, todas las empresas se ven constreñidas a seguir el mismo camino (…). Esto significa por su parte invertir, y a fin de poder hacerlo, reservar parte de sus beneficios, es decir acumular. Así pues todo el mundo acumula".

¿Cuál es el papel de Marx en la historia del pensamiento económico?, se pregunta Schumpeter: "Ahora bien, Marx vio este proceso de transformación económica más claramente y vislumbró su importancia decisiva más plenamente que cualquier economista de su tiempo".[34]

El aporte esencial de Marx, dice Schumpeter, es que "fue el primer economista de rango superior que vio y enseñó sistemáticamente cómo la teoría económica puede convertirse en análisis histórico y cómo la narración histórica puede transformarse en histoire raisonee". Marx advirtió que "la batalla de la competencia se libra mediante el abaratamiento de las mercancías", la cual depende "ceteris paribus de la productividad del trabajo, y ésta, a su vez, de la escala de la producción", en la que "los capitales mayores aniquilan a los menores".

De ahí que, para Marx, "el volumen creciente de las masas singulares de capital se convierte en la base material de una revolución ininterrumpida en el modo mismo de producir." Agregó que "mano a mano con esta centralización o esta expropiación de unos capitalistas por pocos, se desarrolla (…) el enredo de todas las naciones en la red del mercado mundial, y con esto el carácter internacional del régimen capitalista".[35]

4.1. La idea fundamental de Marx. Capitalismo y ondas largas

"Marx tuvo una idea fundamental" dice Schumpeter, "que va mucho más allá de sus fallas teóricas y de lo defectuoso e incluso anticientífico en su análisis. Es la concepción de una teoría sobre la concatenación efectiva de las situaciones singulares de la evolución capitalista, que se desarrolla por su propio impulso, a través del tiempo histórico,

---

[34] Ibíd.
[35] Ibíd.

Karl Marx

produciendo en cada instante aquella situación que por sí misma ha de determinar a la siguiente (…). Fue el primero en vislumbrar lo que aún en la actualidad sigue siendo la teoría económica del futuro". Marx es el creador también de la teoría de las ondas largas en la historia del capitalismo. "Son aquellas cuyo análisis revela mejor que ninguna otra cosa la naturaleza y el mecanismo de la evolución capitalista. Cada una de estas ondas (largas) comprende una "revolución industrial" y la asimilación de sus efectos".[36]

La primera Revolución Industrial (1780-1840) fue "la elevación de una de estas ondas de larga duración hacia el final del decenio de 1780, su cumbre alrededor de 1800, su descenso, y después una especie de recuperación, para terminar al principio del decenio de 1840". "Pisándole los talones", dice Schumpeter, "vino otra revolución industrial, que produjo otra onda de larga duración, que comenzó a elevarse en el cuarto decenio del siglo XIX, culminó antes de 1857 y estuvo en descenso hasta 1897, para alcanzar su punto culminante en 1911".

El concepto fundamental en la teoría de Marx que subraya Schumpeter es que "estas revoluciones modifican periódicamente la estructura existente en la industria mediante la introducción de nuevos métodos de producción (fábrica mecanizada o electrificada, la síntesis química); o bien de nuevas mercancías, como los ferrocarriles, los automóviles, los instrumentos eléctricos; o de nuevas formas de organización, como el movimiento de fusión de sociedades; o de nuevas fuentes de suministros, como la lana en el Río de la Plata, el algodón norteamericano, el cobre en Katanga (Congo); o de nuevas rutas comerciales y nuevos mercados para vender (lo que hoy sería China / Asia) (…). Este proceso de cambio industrial es el que proporciona el impulso fundamental a la economía capitalista".

Por último, subraya Schumpeter, que el punto esencial a tener en cuenta en la teoría de Marx es que, "al tratar del capitalismo nos enfrentamos con un proceso evolutivo (…). El capitalismo es por su

---

[36] Ibíd.

naturaleza una forma o método de transformación económica y no solamente no es jamás estacionario, sino que no puede serlo nunca". Por eso, "el impulso fundamental que pone y mantiene en movimiento la máquina capitalista proviene de los nuevos bienes de consumo, de los nuevos métodos de producción y transporte, de los nuevos mercados, de las nuevas formas de organización industrial que crea la empresa capitalista". En el capitalismo, el crecimiento económico es siempre "un proceso de transformación cualitativa".

Por eso, no hay estrategia económica efectiva que adquiera su verdadero significado "si no se la pone en relación con este proceso de acumulación capitalista y dentro de la situación creada por él". Las estrategias económicas solo adquieren sentido "dentro del vendaval perenne de la destrucción creadora. (…) El problema relevante en el capitalismo no es cómo administra las estructuras existentes, sino cómo las crea y cómo las destruye".[37]

4.2. Visión estratégica y acumulación capitalista.
Destrucción creadora. Visión y teoría en Schumpeter

"La historia del capitalismo no es un gentil proceso de ajustes –dice Schumpeter– sino una serie de explosiones y catástrofes".[38] El ejemplo fundamental de esta constatación es el impacto de la construcción de los ferrocarriles intercontinentales en EE.UU.: "Transformó todas las condiciones de ubicación, todos los cálculos de costos, todas las funciones de producción, dentro de su radio de influencia (que fue el continente americano)". Por eso el capitalismo vive en "un estado, de constantes tumultos y catástrofes".[39]

El capitalismo es esencialmente un proceso endógeno de cambio económico. Una sociedad capitalista no puede existir sin cambios

---

[37] Ibíd., p. 120 y 121.

[38] McCraw, Thomas, Prophet of innovation /Joseph Schumpeter and creative destruction, Cambridge Massachusetts & London, Harvard University Press, 2007. La traducción es propia.

[39] Ibíd., p. 262 y ss.

constantes. Si la máquina capitalista se detiene, el sistema se desintegra. Y lo que pone en funcionamiento a esta máquina es la innovación. "La atmósfera de las revoluciones industriales –el progreso– es la única que le permite al capitalismo sobrevivir". Por eso debe estar en constante cambio desde adentro. Un capitalismo estable es una contradicción en sus términos. Por eso la regla en la acumulación es el proceso de "destrucción creadora".[40]

De ahí que "la apertura de nuevos mercados extranjeros o domésticos y el desarrollo organizacional guían este proceso de constante mutación industrial (…), que incesantemente revoluciona desde adentro las estructuras económicas, e incesantemente destruye las antiguas y crea otras nuevas. Este proceso de destrucción creadora es el hecho esencial del capitalismo".

Los emprendedores exitosos –países o empresas– son los que disponen de una visión estratégica sobre la forma específica que adquiere la "destrucción creadora" en un momento históricamente determinado, porque es la que permite establecer cuáles son los sectores mejor dotados de mayor futuro por su superior productividad y aquellos a los que su productividad declinante adelanta su desaparición.

El mayor aporte de Schumpeter para la comprensión de la dinámica capitalista es la diferenciación que establece entre visión y teoría en el análisis de los acontecimientos mundiales. Todo investigador experimenta una actitud de conocimiento pre-analítica, "que provee la materia prima para su esfuerzo de investigación teórica", a la que Schumpeter denomina "visión", y es la que lleva a "ver las cosas" de manera inmediata y directa.

Por eso todo análisis teórico comienza con una intuición específica y previa a la tarea de investigación. Hegel dice: "El concepto sin intuición (conocimiento inmediato y directo del sentido del todo) es vacío; y la intuición sin concepto (apreciación de la universalidad en la individualidad) es ciega".[41]

---

[40] Ibíd., p. 270.
[41] Hippolite, Jean, Introducción a la filosofía de la historia de Hegel, Buenos Aires,

Joseph A. Schumpeter

De ahí que la visión, en términos de aporte al conocimiento sistemático, sea más importante que la teoría. Lo que es insuperable en Marx, dice Schumpeter, es su visión del capitalismo como mecanismo de extraordinario dinamismo e innovación.

4.3. ¿Cuál es la lógica de la globalización y el impulso central de la integración mundial del capitalismo?

La esencia del modo de producción capitalista consiste en "el constante revolucionamiento de las condiciones técnicas y sociales del proceso laboral, para hacer replegar, de ese modo, los límites naturales originarios del tiempo de trabajo necesario, extendiendo cada vez más los dominios del plus trabajo (plusvalía) o más valor", dice Marx.[42]

Por ello, "no es en la plusvalía absoluta sino en la relativa donde aparece de manera inmediata el carácter (industrial) distintivamente histórico del modo de producción fundado sobre el capital".[43] En este sentido es que "el capital es productivo, en la medida en que su carácter de coerción sobre el trabajo asalariado incita a la fuerza productiva del trabajo a crear plusvalía relativa".

La primera condición de la producción capitalista fundada en el constante aumento del valor (plusvalía) por el permanente incremento de la productividad es que la esfera de la circulación (que es realización del valor agregado) se amplíe constantemente. Por eso, "la producción capitalista se orienta siempre, y desde su origen, hacia el mercado mundial (…). Hay una tendencia inherente en la acumulación capitalista hacia la propagación del capital".[44]

Dice Rosa Luxemburgo "el capitalismo es la primera forma económica con capacidad de desarrollo mundial (…), y tiende siempre a propagarse sobre la tierra y a desplazar a todas las demás".[45] Esta

---

Caldén, 1970, pp. 72 y 73.

[42] Rosdolsky, Roman, Génesis y estructura de El Capital, de Marx. Estudios sobre Grundrisse, Buenos Aires, Siglo XXI Editores, 2004, pp. 262 y ss.

[43] Marx, Karl, Elementos fundamentales (Grundrisse) Op. cit., p. 655.

[44] Ibíd.

[45] Rosdolsky, Roman, Op. cit.

lógica de constante ampliación de la esfera de circulación se suma al permanente crecimiento de la esfera del consumo. En este sentido "el plusvalor creado en un punto demanda la creación de plusvalor en otros puntos, con los cuales el primero se intercambia".

Por lo tanto, "una condición de la producción fundada en el capital es la creación de una esfera de circulación constantemente ampliada, ya sea porque esa esfera se amplíe directamente, ya sea porque en su interior se creen más puntos como puntos de producción".

Así como el capital tiene por un lado la "tendencia a crear siempre más plusvalía (plustrabajo) también tiene la tendencia complementaria a crear más puntos de intercambio (…). Es la tendencia a propagar la producción basada sobre el capital".[46] De ahí que para el capitalismo, el comercio internacional aparezca "como el supuesto y el momento esencialmente universales de la producción misma (…). Por eso, la tendencia a crear el mercado mundial está dada directamente en la idea del capital".[47]

---

[46] Marx, Karl, Elementos (Grundrisse)... Op. cit., pp. 440 y 441.
[47] Ibíd., p. 311.

Capítulo 5

Marx y las crisis capitalistas

El capitalismo se expande a través de las crisis. Sistema profundamente desequilibrado. Lo que importa es fijar las tendencias

Paul M. Sweezy presenta la cuestión de si el capitalismo puede terminar a través de un derrumbe provocado por sus contradicciones internas o, por el contrario, expandirse significativamente en el corto plazo mediante la resolución de éstas.[48] Señala que Marx no se interesó en el problema del derrumbe del capitalismo: "Prefirió analizar las tendencias reales del desarrollo capitalista, más que hilar teorías acerca de un resultado hipotético que, en todo caso, no se alcanzaría nunca".[49] Agrega Sweezy que "las cuestiones realmente importantes no pueden ser agrupadas alrededor del concepto del derrumbe capitalista, ya que el término significa muy poco o demasiado".

Lo que importa -dice Sweezy- es la dirección del proceso de desarrollo, su sentido, y no sus últimas consecuencias en particular. Advierte que según Marx, "hay una fuerte tendencia del capital hacia la centralización en un número cada vez menor", y con el tiempo, "el monopolio del capital se convierte en una traba del modo de producción que ha surgido y florecido con él y bajo él (…). La centralización de los medios de producción y la socialización del trabajo llegan al fin a un punto que hacen incompatibles con su tegumento (textura) capi-

---

[48] Sweezy, Paul, Teoría del desarrollo capitalista, Buenos Aires-México, Fondo de Cultura Económica, 1958.
[49] Ibíd., p. 239.

talista y ésta salta en pedazos. Suena el toque funeral de la propiedad privada. Los expropiadores son expropiados".[50]

Sweezy subraya que "esta afirmación de Marx no es tanto una predicción como la brillante descripción de una tendencia". Agrega que el propio Marx había advertido contra las deducciones demasiado rígidas. "Este proceso –dijo Marx– daría lugar pronto al colapso (derrumbe) de la producción capitalista, si no fuese por las tendencias contrarrestantes que ejercen sin cesar una influencia descentralizadora, al lado de las tendencias centrípetas". Por eso, precisa Sweezy, "en ninguna parte de Marx se encontrará una doctrina del derrumbe específicamente económica de la producción capitalista".[51]

De ahí que Sweezy cite con aprobación a Lenin, cuando dijo: "entre el esfuerzo ilimitado por ampliar la producción, que es la esencia misma del capitalismo, y el consumo restringido de las masas hay indudablemente una contradicción. Pero no hay nada más estúpido que deducir de las contradicciones del capitalismo su imposibilidad y su carácter no progresivo".[52]

5.1. Declinación de la tasa de ganancia y expansión global del capitalismo

En este sentido, Ernest Mandel consideró que hay una tendencia a la declinación de la tasa de ganancia promedio en el sistema capitalista. Pero agrega que "la historia del capitalismo ha enfrentado al marxismo con un verdadero desafío. En tres períodos, después de 1848, de 1892, y posteriormente en 1940-1948 ha habido crecientes procesos de aceleración de la acumulación del capital de largo plazo, que implica excepcionales fases de auge de la tasa de ganancia".[53]

Hay que agregar los "37 años de crecimiento glorioso" que tuvieron

---

[50] Marx, Karl, El Capital… Op. cit., .p 837.
[51] Sweezy, Paul, Op. cit., p. 212.
[52] Ibíd., p. 206.
[53] Mandel, Ernest, Long waves of capitalism development. A marxist interpretation, London/New York, Verso, 1995, p. 108. La traducción es propia.

lugar tras la reconstrucción de Europa Occidental a través del Plan Marshall (1948-1950), más el actual ciclo expansivo, que comenzó en 1991, después de la unificación del sistema por el colapso de la Unión Soviética, y que está centrado en los países emergentes (China). Atrás de cada una de estas fases expansivas globales hay dos rasgos estratégicos que constituyen "las precondiciones básicas" para su desarrollo.

En primer lugar, un brusco aumento de la tasa de ganancia promedio en los países que están en la frontera del sistema, inducida por un salto estructural de productividad. Luego, una gigantesca ampliación del mercado mundial, como la integración de los países del ex bloque comunista y China Popular al capitalismo que tuvo lugar después de 1991. Esta combinación produce un "shock sistémico" que desata una ola mundial de expansión.

A diferencia de lo ocurrido entre 1913 y 1948, donde predominó una tendencia a "la fragmentación del mercado mundial"; a partir de 1948-1949, esta situación fue crecientemente revertida y "el capitalismo experimentó un proceso de integración mundial, (…) vinculada a la emergencia del imperialismo de EE.UU. como poder hegemónico de la economía mundial".[54]

Pero hay una causa más profunda, propia del proceso de integración mundial del sistema, y es la que "corresponde a la creciente internacionalización de las fuerzas productivas, a la cada vez mayor internacionalización del funcionamiento del capital, a través de la emergencia de las empresas transnacionales/multinacionales como la forma predominantes del capitalismo en el mercado mundial".[55]

La fase de expansión global iniciada en 1948 es, en suma, la de la integración mundial del capitalismo con eje en EE.UU., identificada por Silvio Frondizi, y que constituye el antecedente directo del actual ciclo de crecimiento global del sistema, cuya característica esencial es el traslado de su centro de gravedad desde los países avanzados a

---

[54] Ibíd.
[55] Ibíd., p. 131.

El desarrollismo del Siglo XXI

los emergentes, y que se ha acelerado a partir del punto de inflexión histórico de 2008 (Lehman Brothers/15-09-08).

SEGUNDA PARTE

Características históricas de la economía argentina.

Estrategias de desarrollo.

Las visiones de Juan Domingo Perón, Rogelio Frigerio, Silvio Frondizi y Federico Pinedo.

Capítulo 1

Relación entre el Estado y la economía.

El poder político como factor central del desarrollo económico argentino

Claudio Belini y Juan Carlos Korol en Historia económica de la Argentina en el siglo XX intentan comprender la lógica de la economía argentina y sobre todo su interrelación con el factor político, el papel del Estado en sus diversas y contradictorias fases; el hecho de que esté surcada por crisis y retrocesos que, al mismo tiempo, son reveladoras de una asombrosa potencialidad.[56]

Estos autores muestran que la inversión extranjera en la Argentina era 42% del total de las realizadas en América Latina en 1914. La deuda pública ascendía a un tercio de la del total del hemisferio; el PBI industrial (16% del producto) era mayor que el de México o el de Brasil; y la población alcanzaba a 8 millones de habitantes: se había duplicado desde 1895.

Sucedieron entonces dos acontecimientos que modificaron para siempre a la Argentina. internamente: el sistema político cambió a partir de la Ley Sáenz Peña y el triunfo del radicalismo en 1916. Externamente, el mundo se modificó en sus raíces con la Primera Guerra Mundial.

Entre 1912 y 1917, el PBI se contrajo 8.1% anual (el PBI per cápita cayó 34%), un derrumbe superior al provocado por la depresión del 30 y el colapso de 2001-2002. En ese período, los salarios reales

---

[56] Belini, Claudio, y Korol, Juan Carlos, Historia económica de la Argentina en el siglo XX, Buenos Aires, Siglo XXI Editores, 2012.

cayeron 40%; esta crisis se produjo cuando se transformaba el sistema político con el triunfo de Hipólito Yrigoyen y se profundizaba el conflicto social con extrema violencia (culminando luego en los hechos de Semana Trágica en enero de 1919).[57]

Cuadro I - Evolución de las exportaciones agrícolas pampeanas en volumen y valor. 1937-1952

Año	Volumen (miles de toneladas)	Valor (miles de dólares de 1980)
1937	16.203	2.599.640
1938	7.148	964.952
1939	10.687	1.124.948
1940	7.640	887.611
1941	4.120	423.875
1942	3.188	440.140
1943	3.209	570.113
1944	3.997	663.198
1945	4.166	864.758
1946	5.711	1.630.715
1947	6.636	2.560.624
1948	7.005	2.299.512
1949	4.610	871.974
1950	5.942	626.504
1951	4.480	1.505.890
1952	1.946	614.412

Fuente: Elaboración propia sobre la base de datos de los Anuarios de Comercio Exterior.

También se disolvió la "relación especial con Gran Bretaña" y en su lugar surgió un triángulo económico y financiero entre la Argentina, EE.UU. y el Reino Unido. La paradoja de esta nueva inserción inter-

---

[57] Barsky y Gelman, Historia del agro argentino. Desde la Conquista hasta comienzos del Siglo XXI, Buenos Aires, Sudamericana, 2009, p. 360.

nacional fue que la economía argentina no era complementaria con la de EE.UU. sino profundamente competidora debido al carácter agrícola-ganadero de los dos países. Por eso, la Argentina tuvo un fuerte déficit con EE.UU. y un enorme superávit con Gran Bretaña. La depresión del '30 golpeó dramáticamente al país. Entre 1928 y 1932, los precios de sus exportaciones cayeron 64% y los términos de intercambio se hundieron 40%. En ese período, el PBI disminuyó 14% y las importaciones experimentaron un colapso de 55%.

En esos años surge un nuevo tipo de Estado, creado entre 1932 y 1935, que amplía extraordinariamente sus responsabilidades y, al mismo tiempo, debido al fraude imperante, lo sumerge en una crisis de legitimidad de excepcional envergadura.

Pinedo y Prebisch lanzan el Plan de Reactivación Económica de 1940, que prevé desarrollar la manufactura con la creación de nuevas industrias capaces no sólo de sustituir importaciones, sino también de exportar. El Plan tenía sustento en lo que ya estaba ocurriendo desde 1935. El PBI industrial superaba en 1938 al agro-ganadero, y los productos manufacturados alcanzaban al 20% de las exportaciones, sobre todo dirigidos a Brasil y EE.UU.

El gobierno de Perón (1946-1955) impulsa en gran escala el desarrollo industrial. El número de fábricas y la fuerza motriz instalada aumenta en un 55%, y en 130% el porcentaje de trabajadores fabriles. Toda la producción industrial está volcada al mercado interno y depende de insumos, partes y tecnología foránea.

Entre 1945 y 1949 hubo un boom de consumo en la Argentina, con salarios reales que crecieron 62% y que a pesar de la inflación eran 50% más elevados en 1950 que en 1945. A partir de la década del 50, la crisis de la producción agrícola-ganadera se transformó en el principal obstáculo para el crecimiento económico y la causa mayor de la crisis del sector externo. Al mismo tiempo, la producción agrícola pampeana cayó más de 50%; este retroceso significó una involución.

En 1948 llegó la crisis, que por su magnitud y carácter sistémico, se transformaría en un punto de inflexión histórico. Entre 1948 y 1952 la capacidad de importación cayó 50%; y la carencia de divisas (déficit crónico de la balanza comercial) se transformó en la raíz estructural de la crisis argentina. Perón lo advierte e inicia un giro de 180 grados tanto en su estrategia económica como en su política exterior. El segundo Plan Quinquenal otorgaba prioridad a las inversiones económicas y las orientaba a impulsar las exportaciones agropecuarias. Después de 1948, la prioridad era lograr el autoabastecimiento petrolero. De ahí el contrato con la Standard Oil (California-Argentina).

[58]

Cuadro II - Producción agropecuaria, 1955-1966
(Índice 1960=100)

Año	Agricultura		Ganadería	
	(1)	(2)	(1)	(2)
1950		72,3		95,3
1955	94,5		109,7	
1956	87,8		102,9	
1957	93,6		101,3	
1958	101,8		101,0	
1959	99,0	96,9	103,5	103,5
1960	100,0	100,0	100,0	100,0
1961	95,0	99,1	100,7	99,3
1962	103,2	106,6	94,2	104,6
1963	98,3	105,3	94,7	109,8
1964		114,1		113,4
1965		124,6		115,9
1966		112,4		120,0

(1) Estimación CONADE-CEPAL
(2) Estimación Banco Central
Fuente: R. Mallon y J. Sourrouille, op. cit., pp. 180-182.

---

[58] Lobato, Mirta y Suriano, Juan, Atlas Histórico, Nueva Historia Argentina, Editorial Sudamericana, Buenos Aires, 2000, p. 427.

Cuadro III - Términos del intercambio, 1955-1966
(Índice 1960=100)

Términos del intercambio

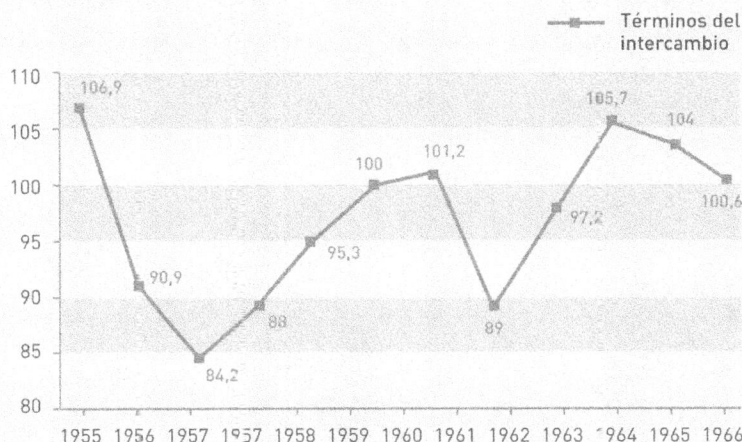

Tras la crisis de 1948, el segundo punto de inflexión de la historia económica argentina sería el llamado "Rodrigazo" (1975).[60] Tras su fracaso, la economía se hundió en una profunda depresión que duraría casi dos décadas. Se produjo una verdadera explosión inflacionaria, con un incremento de 185% anual en 1975; la crisis del sector externo abrevió su secuencia y adquirió un carácter violento. Irrumpió cada 5 o 7 años, con una tasa de inflación promedio de 100% anual, que llegó a 400% en varios períodos. Se cerró así una etapa histórica en la economía argentina, que coincide con el agotamiento de la industrialización sustitutiva iniciada en 1935, y la irrupción de la globalización como fase particular de la acumulación capitalista.

[59] Lobato, Mirta y Suriano, Juan, Atlas Histórico, Nueva Historia Argentina, Editorial Sudamericana, Buenos Aires, 2000, p. 426.
[60] El ministro de Economía de Isabel Perón, Celestino Rodrigo, dispuso una devaluación de envergadura, y un ajuste proporcional de las tarifas de los servicios públicos. La respuesta fue la huelga general de la CGT.

Cuadro IV - Producción industrial, 1955-1966
(Índice 1960=100)

Año	Industria	
	(1)	(2)
1950	69,1	66,8
1955	83,1	
1956	87,8	
1957	96,6	
1958	101,6	
1959	94,0	90,9
1960	100,0	100,0
1961	108,6	110,0
1962	101,2	103,9
1963	95,6	99,7
1964		118,4
1965		134,8
1966		136,0

(1) Estimación BANADE-CEPAL
(2) Estimación Banco Central
Fuente: R. Mallon y J. Sourrouille, op. cit., pp. 188-191.

A partir de entonces, los dilemas de la economía argentina se experimentan dentro del escenario de la globalización, porque no queda nada fuera de ella en el sistema mundial. "En el capitalismo, no hay nada particular fuera de lo general", dice Marx (Grundrisse).

La trayectoria económica de la Argentina es inseparable del papel del Estado, de su fuerza o debilidad política. La crisis política estatal ha impedido las necesarias transiciones de la economía argentina

[61] Lobato, Mirta y Suriano, Juan, Atlas Histórico, Nueva Historia Argentina, Editorial Sudamericana, Buenos Aires, 2000, p. 428.

hacia la modernización (que implica industrialización competitiva) e integración no dependiente con la economía mundial. A lo largo del siglo XX, esto último significó integración con Brasil y EE.UU. Es lo que parece haberse resuelto en los últimos diez años, a través del crecimiento de las exportaciones agroalimentaria y la inserción internacional con los países asiáticos (China).

Por otro lado, en Argentina 1910-2010 especialistas de primera categoría en sus respectivas disciplinas, reconstruyen en esta obra la especificidad de la trayectoria histórica del país y de su ubicación en el mundo.[62] Dice Pablo Gerchunoff: "Entre 1880 y 1913, la Argentina fue el país de mayor crecimiento de las exportaciones en el mundo", más que Estados Unidos; y "en 1895 se ingresó en una era de crecimiento que, literalmente, no tuvo parangón en el mundo (…) La exportación de lana fue el núcleo de la inserción de la Argentina en los flujos del comercio de la Revolución Industrial, antes del boom de los ferrocarriles".[63]

Luego siguieron las carnes, y por último los granos; y así la Argentina adquirió una inserción internacional −el marco en el que se despliegan los flujos del comercio y las inversiones− con lo más avanzado del capitalismo de su época: Gran Bretaña.

El Reino Unido fue el único país en el que se desarrollaba la Revolución Industrial que no cedió al proteccionismo, sobre todo en materia agrícola, a diferencia de lo que ocurrió con Alemania unificada a partir de 1870 y los Estados Unidos.

Por eso, la inserción internacional de la Argentina en el siglo XIX adquirió características de simbiosis con el Reino Unido y se convirtió, no en un exportador importante al mercado inglés, sino en algo más, el principal proveedor de alimentos de la Revolución Industrial británica, como advirtió H. S. Ferns, en su clásico Argentina y Gran Bretaña en el siglo XIX.[64]

---

[62] Russell, Roberto (Ed.), Argentina 1910-2010. Buenos Aires, Aguilar, 2010.
[63] Ibíd.
[64] Ferns, H. S., Gran Bretaña y Argentina en el siglo XIX, Buenos Aires, Ediciones

Tras la Primera Guerra Mundial, la inserción internacional de la Argentina adquirió un carácter triangular, y al vínculo simbiótico ya establecido con Gran Bretaña se sumó Estados Unidos. Señala Gerchunoff que, a medida que la Argentina profundizaba su industrialización, más compraba de EE.UU., el país que encabezaba en forma inequívoca el proceso de acumulación global a partir de la Primera Guerra Mundial, y que lideraba la Segunda Revolución Industrial (automotores, electricidad, plásticos).

Pero la Argentina le vendía poco a EE.UU. (menos de un tercio de sus exportaciones a Gran Bretaña) porque producía lo mismo, sobre todo en materia agroalimentaria. Así, cuando Europa, esto es Gran Bretaña, dejó de comprarle en 1932, la Argentina no tuvo mercado al que vender: se quedó sin inserción internacional. Esta es la situación en que se ha mantenido a lo largo de 70 años, hasta que, en los cinco años previos a la crisis mundial 2008-2009, y sobre todo en 2010, el nuevo eje de la demanda global (China / Asia) y la potencia exportadora de su sector agroalimentario, le otorgaron nuevamente, tras siete década de errancia, una inserción internacional definida.

El ministro de Agricultura, Luis Duhau, reconoció en 1933 lo que había ocurrido al volcarse Gran Bretaña al proteccionismo y establecer en el Acuerdo de Ottawa, el "régimen de preferencia imperiales" que excluía a la Argentina: "Ha concluido la etapa histórica de nuestro prodigioso desenvolvimiento bajo el estímulo directo de la economía europea (...) Somos demasiado pequeños en el conjunto del mundo para torcer las corrientes de la política económica mundial, mientras las nuevas potencias se empeñan en poner nuevas trabas al intercambio (...) A la industria le tocará pues resarcir a la economía nacional de las pérdidas incalculables que provienen de la brusca contracción de su comercio exterior".

Surgió entonces el "Plan Pinedo" (1940), elaborado por Federico Pinedo, entonces Ministro de Hacienda, y Raúl Prebisch, titular del Banco Central. El llamado "Plan Pinedo" tenía tres puntos funda-

---

Solar, 1966.

mentales: una política de industrialización internacionalmente competitiva; la búsqueda de una alianza estratégica con EE.UU.; y la integración con Brasil. Tras la extinción del triángulo previo (Argentina–Reino Unido-EE.UU.) el "Plan Pinedo" implicaba la búsqueda de un nuevo triángulo de inserción internacional (Argentina–EE.UU.–Brasil) y el esbozo de una política exterior acorde al mismo. El primer ciclo de la política exterior argentina (1880-1930), en los términos de Roberto Russell, fue coherente con la estructura de inserción internacional entonces vigente. Cuatro fueron los rasgos de este primer ciclo: la afiliación a Europa, el rechazo a EE.UU., el aislamiento respecto a América Latina y la defensa de la paz y del arbitraje para resolver los conflictos internacionales. Por eso, este primer ciclo de política exterior tuvo un amplio consenso que abarcó tanto al "orden conservador" como a los gobiernos radicales. Tras el fracaso del "Plan Pinedo", el nacionalismo civil y militar adquirió un carácter hegemónico, primero en lo cultural y pronto en lo político. El resultado fue una aversión generalizada al comercio exterior y a la inversión extranjera directa, según advirtió Carlos Díaz Alejandro.

1.1. 50 años de ensimismamiento: la Argentina se vuelca hacia adentro

La Segunda Guerra Mundial y el peronismo "fueron el golpe de gracia al patrón de inserción internacional de la Argentina", señala Russell, y el país se volcó hacia adentro, en un proceso de ensimismamiento que duró 50 años.

Dice Roberto Russell: "El mundo es desde los años noventa amable con el país del lado de la demanda. Puesto de modo sencillo, el mundo, esta vez Asia en lugar de Europa, pide de nuevo lo que la Argentina produce, y esto es una bendición".[65]

La "amabilidad del mundo" con respecto a la Argentina a partir de la década del 90, se manifiesta en los siguientes datos: entre 1990

---

[65] Russell, Roberto (Ed.), op. cit.

y 2010, el poder de compra de las exportaciones argentinas creció per cápita 9.5% anual, en tanto entre 1880 y 1914 el aumento había sido de 5.5% por año. El resultado es que el stop and go –fases de expansión, seguidas por crisis recurrentes del sector externo–, que fue la regla del proceso de acumulación argentino, en especial a partir de 1950, y en forma de paroxismo desde 1974, comenzó a quedar atrás. En esos años, desde 1990, se produjo un verdadero boom de productividad agrícola. Advierte Pablo Gerchunoff que la productividad del sector aumentó entonces 30% con respecto al promedio 1975-1990, y 50% en relación al promedio de 1960-1975.

Dice Roberto Russell que en el primer Centenario (1910), cuando la Argentina era la séptima economía del mundo en términos de ingreso real per cápita, el problema del país no era económico, sino político: la vigencia de la "ley de la discordia" entre los grupos dirigentes. El hecho es que el "orden conservador", no obstante su extraordinaria efectividad en relación a la inserción internacional y el crecimiento económico, siempre fue cuestionado en su legitimidad política, sobre todo por la fuerza que surgió en 1890: el radicalismo, que desarrolló sistemáticamente una estrategia insurreccional desde su fundación, a través de tres revoluciones cívico-militares (1890, 1893 y 1905).

Por eso indica Luis Alberto Romero que esta crisis de legitimidad del "orden conservador" fue reconocida desde su origen por su principal ideólogo, Juan Bautista Alberdi, cuando sostuvo que lo que surgía en 1880 en los combates de Los Corrales y Puente Alsina, era sólo la "república posible", y que habría que esperar el advenimiento de la "república verdadera". Y ésta nunca llegó.

Capítulo 2

Claves del retraso y el progreso de la Argentina.

Uno de los mayores éxitos de la historia mundial, seguido de 40 años de depresión económica a partir de 1950.

¿Cuándo la Argentina se retrasó en términos de ingreso real per cápita y cuándo progresó, en relación a los países avanzados y al resto de los emergentes?

¿Cuáles son los indicadores que caracterizan a ambos períodos de la relación de la Argentina con respecto a la economía mundial?

Estas son las preguntas centrales que se formulan Martín Lagos y Juan J. Llach con el objetivo implícito de interpretar, con estas categorías/indicadores, los últimos diez años de la historia argentina, y en especial la situación actual.[66]

El período de mayor retraso de la historia económica argentina tuvo lugar entre 1950 y 1991; y la etapa de caída más profunda se produjo entre 1975 y 1991, momento en que al derrumbe se sumó la extrema volatilidad.

La historia del retraso argentino fue precedida por uno de los mayores éxitos de la historia de la economía mundial. Entre 1870 y

[66] Lagos, Martín y Llach, Juan José, Claves del retraso y del progreso de la Argentina, Buenos Aires, Temas Grupo Editorial, 2011.

1913 (43 años), el PBI per cápita de la Argentina creció 2.42% anual, mientras que el promedio mundial fue 1.31% por año.

A lo largo de cuatro décadas, el PBI per cápita de la Argentina creció al doble del promedio mundial, casi dos veces por encima del mundo avanzado, incluso EE.UU, y fue más de tres veces mayor que el ritmo de los países en desarrollo (0,85% anual). De pronto, entre 1913 y 1940, creció sólo 0,5% por año. El PBI per cápita era 99% del promedio de los 16 países más avanzados en 1910 y cayó a menos del 30% entre 1975 y 1990.

Lagos y Llach señalan que son cuatro las variables clave del retraso argentino: el cierre (o apertura) de la economía, medido por la suma de exportaciones e importaciones como porcentaje del PBI; la volatilidad en los niveles del producto bruto; la aceleración de la inflación (auge de su tasa anual) y el impacto de las dos guerras mundiales en el crecimiento del país (comportamiento diferencial de las series estadísticas). El período 1975-1991 fue el peor de la historia económica argentina. No sólo el PBI per cápita cayó -18.4% a lo largo de 16 años, sino que la brecha negativa con respecto al crecimiento mundial se amplió acumuladamente a -2.70 puntos porcentuales por año.

Además, la crisis del sector externo (carencia de dólares suficientes provenientes de exportaciones genuinas capaces de financiar una alta tasa de crecimiento sostenido) adquirió un carácter convulsivo; y cada 5-7 años se produjo una crisis en la balanza de pagos que por su magnitud arrastró incluso al sistema político.

El impacto de la Primera Guerra Mundial fue decisivo como freno estructural de largo plazo de la economía argentina. El golpe se notó ante todo en la caída del coeficiente de inversión. La Argentina tardó 40 años en recuperar la tasa de inversión promedio del decenio 1905-1914, en que llegó a adquirir un nivel de 30% / 35% por año.

Si esta es la causa estructural de largo plazo del retraso argentino, no es la fundamental, dado que la pérdida de relevancia en el contexto mundial tuvo lugar sobre todo después de 1950. La caída de la relación exportaciones/PBI entre 1929 y 1950 fue de más de 60%, la mayor del mundo; y en las siguientes cuatro décadas el porcentaje fue todavía mayor.

La clave del retraso argentino después de la Segunda Guerra Mundial fue identificada por Carlos Díaz Alejandro (Ensayos de Historia Económica Argentina, 1970). Dice Díaz Alejandro: "El amargo recuerdo de la Gran Depresión y de la confusión consecuente con la Primera Guerra Mundial induje a los responsables de la economía (Perón, Miguel Miranda) a descuidar los planes para el crecimiento económico a largo plazo en beneficio de la seguridad económica inmediata".

Las políticas adoptadas en este período (1946-1949) afectaron duramente al potencial agroexportador en el momento en que el comercio mundial se abría. Al mismo tiempo, el proteccionismo autárquico, surgido al reproducir la hipótesis de una nueva depresión mundial y del consiguiente colapso del comercio internacional, aumentó en gran escala el precio doméstico de los bienes de capital.

Esta política autárquica golpeó ante todo a la industria manufacturera, que perdió la capacidad de exportar a los mercados mundiales (EE.UU. / Brasil) que había revelado a partir de 1940. La acción del IAPI después de 1946 provocó un derrumbe de la producción agrícola, acompañada por su degradación, con una caída sistemática de las exportaciones agroalimentarias año tras año, a pesar del precio récord de los commodities en el mercado mundial, y del hecho de que la Argentina experimentara en esos momentos uno de los mejores términos de intercambio de su historia.

Un elemento decisivo de la visión de Perón en 1946, que está atrás de la "respuesta tardía a la Gran Depresión" identificada por Díaz Alejandro, es la idea de que el país enfrentaba después de la Segunda Guerra Mundial una situación semejante a la del 30.

Se percibía que el fin del conflicto iba a estar acompañado por masas de desocupados, carencia de empleos, una población urbana (Gran Buenos Aires) creciente en número y expectativas. Todo esto acompañado del peligro de que la situación derivara en un avance de las izquierdas en sintonía con el auge del comunismo internacional. Esto

El desarrollismo del Siglo XXI

llevó a la nueva conducción del Estado a optar en 1946 por el proteccionismo autárquico y la extracción sistemática de la renta agrícola a favor de los sectores urbanos.

Capítulo 3

Evolución histórica del agro argentino

El boom inmigratorio crea la fuerza de trabajo. Diferencia estratégica de la Argentina: escasa población y potencia exportadora

"Entre 1870 y 1913 la Argentina fue el país con mayor crecimiento del PBI per cápita a nivel mundial, con una tasa media anual de crecimiento compuesto de 2.50%, seguida por Canadá con el 2.2% y Estados Unidos con el 1.8%", dicen Barsky y Gelman.[67]

En ese contexto, "en 1913 las exportaciones argentinas eran de lejos las primeras de América Latina, con US\$ 510.3 millones, que representaban el 32.1% del total, a pesar de tener sólo el 9.5% de los habitantes". En ese período también, "mientras el resto de los países de la región multiplicaba sus exportaciones por 7.3 veces, la Argentina lo hacía por 45.2".

Lo notable de las cifras del crecimiento y de las exportaciones argentinas en las últimas tres décadas del siglo XIX y la primera del siglo XX, es no sólo su extraordinaria diferencia con el resto de América Latina. También es que son similares a las de países como Australia, Nueva Zelandia y Canadá –las tierras nuevas de ocupación temprana– cuyo desarrollo recorre un fuerte paralelismo con la Argentina.

---

[67] Barsky, Osvaldo y Gelman, Jorge, Historia del agro argentino. Desde la Conquista hasta comienzos del Siglo XXI, Buenos Aires, Sudamericana, 2009.

También fue excepcionalmente alto el crecimiento poblacional argentino: entre 1850 y 1912, la tasa de crecimiento demográfico ascendió a 3.1% anual, más del doble que la de América Latina (1.5%), y obra, fundamentalmente, de la inmigración europea masiva.

Entre 1869 y 1914 la población total de la Argentina pasó de 1.737.066 habitantes a 7.885.237 habitantes; y en ese crecimiento la inmigración europea representó 51.3%. Señalan Barsky y Gelman que "el porcentaje es mucho mayor si entre las mediciones censales se toman los argentinos que nacieron como hijos de inmigrantes dentro del período considerado".

Este auge poblacional significó también "una gran expansión absoluta de la población rural que pasó de 1.136.406 personas a 3.359.737", la mayor parte ubicada en la región pampeana. El papel de la Argentina en la economía mundial no sólo se revelaba por su crecimiento y exportaciones. Lo decisivo era su capacidad de atracción de inversión extranjera directa (IED), el flujo fundamental de la primera globalización del capitalismo, que tuvo lugar en 1873 y 1913. En 1914 registraba el 42.5% del total de inversión directa en América Latina, y atraía –ella sola– el 50% de la inversión británica en el mundo, más que la India.

Este extraordinario éxito histórico fue obra de la producción agroalimentaria. En 1871 sólo se realizaban pequeños embarques de trigo y harina hacia el Paraguay; y "en 1890 se exportaban 845.000 toneladas" a todo el mundo, en primer lugar a Europa. En 1914, las exportaciones argentinas de harina y trigo habían trepado a 4.604.000 toneladas.

Apareció allí la característica estratégica de la producción agroalimentaria argentina en el mercado mundial. El hecho de que la escasa población del país –y por ende el bajo consumo interno–, al cruzarse con una gran expansión de la producción, rápidamente colocó al país entre los primeros exportadores de granos (trigo, maíz, lino) del mundo. En el quinquenio 1909-1913 es el segundo exportador mundial de cereales después de Rusia, y deja atrás a EE.UU. y Canadá. En 1907, la Argentina es el primer exportador mundial de trigo y el segundo hasta la Primera Guerra Mundial.

En los cinco años que corren entre 1905 y 1909, la Argentina es la primera exportadora mundial de maíz, y mantendrá ese cetro varias décadas; y lo mismo ocurre con el lino.

El impacto de la inmigración europea –4 inmigrantes por cada argentino originario– se produjo sobre un amplio espacio vacío, la región pampeana; y creó allí, sin una estructura social preexistente o un pasado feudal, una nueva sociedad.

Por eso, la producción agrícola y ganadera de la Argentina, en la región pampeana, fue de elevado nivel tecnológico desde el comienzo: "los inmigrantes generaron un movimiento de progreso tecnológico más alto que el que se estaba verificando en países como Australia, Canadá o Nueva Zelandia".

"El modelo tecnológico general de la agricultura pampeana se volvió homogéneo paulatinamente. Los agricultores fueron adquiriendo una creciente destreza en el manejo de la maquinaria, que era el elemento más relevante de este patrón tecnológico". Junto a ella, "la difusión de semillas mejoradas impulsada por el aparato comercializador y los estados nacional y provincial, fue un segundo aspecto de este modelo básico, que los productores terminaron dominando", dicen Barsky y Gelman.

Esta dupla de la innovación productiva agrícola y ganadera de la Pampa húmeda –mecanización más semillas mejoradas– era totalmente privada. Participaban de esta avanzada tecnológica también las grandes unidades productivas. "El sistema de explotación extensiva (grandes estancias) no fue obstáculo para la inversión de capitales ni para profundos y admirablemente rápidos adelantos tecnológicos". Así las antiguas estancias de organización tradicional se convertirán en empresas rurales de alta capacidad y especialización productiva.

Carlos Díaz Alejandro[68] señala que la productividad del agro en la Argentina (productividad de la totalidad de los factores) fue superior a la de Estados Unidos entre 1900 y 1909 (91 vs. 85); levemente

---

[68] Díaz Alejandro, Carlos, Essays on the Economic History of the Argentine Republic, New Heaven & London, Yale University, 1970. La traducción es propia.

inferior entre 1910 y 1919 (81 vs. 85); volvió a crecer entre 1920 y 1929 (96 vs. 86); y alcanzó una paridad completa entre 1930 y 39 (96 vs. 96). Luego, en 1940, se produce una ruptura, y Estados Unidos se adelanta irreversiblemente.

Agrega Díaz Alejandro: "En contraste con las estructuras dualistas propias del subdesarrollo, el sector rural mostró en la Argentina una productividad promedio superior a la manufactura industrial (…) Las actividades rurales de la zona pampeana eran tan capitalistas como las de Estados Unidos o Canadá".

El desarrollo agrícola y ganadero pronto adquirió características industriales. "En 1878 se instaló en el país la primera fábrica de maquinarias agrícolas, que al igual que las siguientes tienen su origen en los talleres que la reparaban". Son los propios productores agrícolas de la región pampeana, los que se transforman en industriales.

Todo esto ocurría mientras aumentaba continuamente la propiedad agropecuaria. "La gran dinámica del mercado rural de tierras y la creciente puesta en valor del agro, sumadas al mecanismo silencioso pero constante de la herencia, fueron las principales formas de división de las mayores unidades productivas, y marcaron el continuo aumento de la propiedad agropecuaria, fenómeno que se acentuarán en las décadas siguientes", precisan Barsky y Gelman. En un decenio 1905-1914 se vendieron 81.707.670 hectáreas de las 150.000.000 que se estimaban útiles en todo el país para la agricultura y la ganadería; y "más de la mitad de esas ventas correspondieron a la región pampeana".

La principal diferencia de la producción agrícola y ganadera en la Argentina con respecto a la de Australia, Canadá o Nueva Zelandia no estaba entonces ni en el nivel tecnológico, ni en la estructura productiva, ni en el tamaño de las unidades. El déficit agudo que experimentaba la Argentina en relación a sus competidoras era en el proceso de movilización de las cosechas, del campo a los puertos: caminos de tierras, falta de elevadores de campaña y puertos congestionados e insuficientes. Se estima que alrededor del 25% de las cosechas argentinas se perdía por estas deficiencias en su movilización.

El libro de Osvaldo Barsky y Jorge Gelman, imprescindible para comprender no sólo el desarrollo agroalimentario argentino, sino la misma historia del país, se centra –tras el análisis del período 1870-1913– en el examen del salto tecnológico y el cambio de la estructura agraria que se produce a partir de la década del 90.

Lo primero fue un aumento espectacular de los rendimientos productivos. "Entre 1990-1991 y 2006-2007, la producción de cereales y oleaginosas creció un 144.3%, una tasa directa de 9% anual. La producción de cereales y oleaginosas que promedió los 35 millones (de toneladas) durante la década del 80, en los noventa, al culminar la década, llegó a un total de 64.3 millones de toneladas". Así, en la campaña 2007-2008, superó los 96 millones de toneladas.

El motor decisivo de este proceso de cambio fue la expansión de la soja, casi inexistente en 1970, y que en la campaña 2007-2008 ocupó 16.141.337 hectáreas, y produjo 47.5 millones de toneladas (53% de la superficie cultivada y 54.4% del volumen producido).

También se modificó la estructura de la producción agraria, aunque no la de la propiedad. Surgieron unidades productivas de mayor tamaño con alta inversión de capital, sin que esto implicara una mayor concentración de la propiedad. Este es el factor fundamental que está detrás del boom de rendimiento, esto es, de productividad, de los últimos 15 años.

También se desarrolló una estructura social y económica de gran movilidad, "cuya dinámica acompañó la extraordinaria expansión productiva y regional, y constituye la causa (el sistema de actores)" de este crecimiento excepcional.

La concentración de las unidades productivas, sumado al salto tecnológico y al boom de rendimiento y productividad –más el desarrollo de una infraestructura de electricidad y telecomunicaciones en el interior del país– desató un proceso de reocupación del espacio rural, con la re-creación de pueblos y ciudades medias, muchos de ellos hasta ese momento prácticamente desaparecidos, dotados de una nueva y densa trama social.

Cuadro V - Evolución del área sembrada por grupos de cultivos
1872-1990 (en miles de hectáreas)

Año	Granos	Oleaginosas	Hortalizas	Cultivos industriales	Forrajeras	Frutales	Total
1872	202*						
1888	2.217*						
1890/91	1.202*						
1895/96	4.604*						
1900/01	4.607*	607					5.288
1905/06	8.492	1.022					9.515
1910/11	10.325	1.521					11.847
1915/16	11.987	1.635	160	140	7.525		21.448
1920/21	10.553	1.988	191	131	8.443		21.308
1925/26	13.965	2.569	132	261	6.021		22.950
1930/31	16.929	3.091	350	351	5.711	246	26.679
1935/36	16.150	2.882	344	699	5.554	260	25.892
1940/41	17.148	3.523	391	742	5.741	297	27.843
1945/46	14.225	3.685	402	866	6.635	370	26.186
1950/51	13.748	2.836	445	1.002	7.387	453	25.872
1955/56	13.705	2.276	430	1.132	7.751	558	25.853
1960/61	13.351	2.451	481	1.217	7.674	611	25.787
1965/66	14.134	2.826	432	1.057	6.481	520	25.451
1970/71	13.663	2.901	486	1.008	5.000	582	23.641
1975/76	14.629	2.217	505	1.572	4.247	629	23.802
1980/81	14.523	2.371	564	2.922	3.832	618	24.832
1985/86	12.633	4.066			2.962		
1989/90	10.859	3.588					

* Los datos de 1872 se refieren a trigo y maíz, los de 1888 y 1895-96, a trigo, maíz,
lino y alfalfa, y los de 1890-91 corresponden a trigo. A partir de 1901 los granos
incluyen trigo, avena, cebada, centeno, alpiste, maíz, arroz y mijo.
Fuentes: Guido Di Tella y Manuel Zymelman, Las etapas del desarrollo económico,
pp. 39, 89 y 107; Vicente Vázquez Presedo (ed.), EHA. Compendio 1873-1970, pp. 94
y 95, y EHA (Suplemento 1970/90), p. 91.

---

[69] Lobato, Mirta y Suriano, Juan, Atlas Histórico, Nueva Historia Argentina, Editorial Sudamericana, Buenos Aires, 2000, p. 574.

Cuadro VI - Producción agrícola total y por grupos de cultivos
1900-1990 (en miles de toneladas)

Año	Granos	Oleaginosas	Hortalizas	Cultivos industriales	Forrajeras	Frutales	Total
1900/01	4.579	390					4.969
1905/06	8.724	592					9.315
1910/11	5.392	609					6.002
1915/16	9.892	913	860	1.445			13.111
1920/21	10.979	1.585	1.017	2.826			16.409
1925/26	15.072	1.977	645	5.862			23.556
1930/31	18.308	2.057	1.555	4.573	6.265	1.540	34.300
1935/36	15.100	1.697	799	5.486	5.918	2.862	30.864
1940/41	19.984	2.375	1.766	5.840	5.143	2.078	37.187
1945/46	9.643	2.010	2.338	8.903	7.753	2.147	32.796
1950/51	10.931	1.673	2.672	9.401	4.307	2.589	31.573
1955/56	11.855	1.208	2.923	10.840	6.531	3.057	36.414
1960/61	11.605	1.413	3.873	10.655	6.554	3.709	37.812
1965/66	14.628	1.763	3.201	12.963	5.737	4.440	42.733
1970/71	16.268	1.897	3.951	11.396	5.079	5.680	44.273
1975/76	16.289	1.800	3.868	16.172	3.151	6.589	47.869
1980/81	22.545	2.015	4.144	20.125	2.613	5.863	57.005
1985/86	21.931	4.819			1.575		
1989/90	17.185	4.507					

Fuente: V. Vázquez Presedo. EHA. Compendio 1873-1070, pp. 114,115; EHA
(Suplemento 1970/90), p. 1C .

La profundización de la especialización en esta nueva estructura productiva se manifestó a través de en un complejo sistema de contratos. El alto nivel de mecanización se ejerció por especialistas independientes (por cada 10 productores rurales apareció un contratista de maquinaria).

En este cuadro de innovación surgieron los pooles de siembra,

---

[70] Lobato, Mirta y Suriano, Juan, Atlas Histórico, Nueva Historia Argentina, Editorial Sudamericana, Buenos Aires, 2000, p. 575.

convertidos en canales de atracción de capital para la producción agrícola y ganadera. Estos pooles, por definición, no invierten en la compra de tierras ni de maquinaria y subcontratan las tareas agrí-[71]

Cuadro VII - Exportaciones agrícolas (trigo, maíz y lino), 1891-1990
(en miles de toneladas)

Año	Trigo	Maíz	Lino
1891	395	65	12
1895	1.010	772	276
1900	1.029	713	223
1905	2.868	2.222	654
1910	1.883	2.660	604
1915	2.511	4.330	981
1920	5.007	4.474	1.062
1925	2.993	2.936	960
1930	2.213	4.670	1.169
1935	3.860	7.051	1.777
1940	3.640	1.874	752
1945	2.357	571	134
1950	2.767	793	138
1955	3.616	362	-
1960	2.485	2.569	63
1965	6.660	2.802	-
1970	2.306	5.232	-
1975	1.778	3.883	-
1980	4.481	3.524	49
1985	9.618	7.040	0,4
1990	5.862	2.848	0,2

Fuente: V. Vázquez Presedo: EHA. Primera Parte, 1875-1914, p. 194; EHA. Compendio 1873-1970, p. 258, y EHA (Suplemento 1870/90), p. 191.

---

[71] Lobato, Mirta y Suriano, Juan, Atlas Histórico, Nueva Historia Argentina, Editorial Sudamericana, Buenos Aires, 2000, p. 578.

colas. Por eso, invierten la totalidad de sus capitales en innovación tecnológica y producción en gran escala.

Los pooles de siembra son unos 50, siembran 1.3 millones de hectáreas y facturan US$ 1.000 millones por año o más. Convertidos en eje de "un sistema de redes productivas de alta capacidad de gestión", se han extendido a Bolivia, Uruguay, Brasil y Colombia.

3.1. Agro e industria.

La Argentina, imán de la inversión extranjera. Convergencia estructural con el mundo avanzado. Vínculo simbiótico con Gran Bretaña
Julio J. Nogués advierte que la tasa riesgo-país de la Argentina entre 1866 y 1879, medida según el diferencial de tasas en los títulos públicos nacionales y los del Reino Unido, cayó 8 puntos en ese período.[72]
Por eso, el país fue un imán de atracción de capitales británicos y franceses en primer lugar, y hacia fines de 1890 había recibido más de 50% del total de las inversiones de Gran Bretaña (primer acreedor mundial) en el mundo. Esto produjo un proceso de convergencia de los factores productivos (capital, valor de la tierra, trabajo) con los niveles del Reino Unido, que era entonces la cabeza de la acumulación capitalista global. El stock de capital creció 4,8% anual entre 1890 y 1913; y la IED era, en la composición del capital fijo y en general de la tasa de inversión, 32% en 1900 y 48% en 1913. Gran Bretaña fue el único país capitalista avanzado que mantuvo abierto su mercado agrícola en la primera y la segunda Revolución Industrial. De ahí que su integración con la Argentina adquiriera un carácter simbiótico. Fueron los dos países más integrados del sistema mundial, según subrayó H. S. Ferns (Gran Bretaña y Argentina en el siglo XIX).

Un punto de especial importancia que señala Nogués es que la tasa de industrialización de la Argentina fue en este período una de las más elevadas del mundo. Creció 6,6% anual entre 1870 y 1890, y 8,9% entre 1890 y 1913.

---

[72] Nogués, Julio, Agro e industria (Del Centenario al Bicentenario), Buenos Aires, Editorial Ciudad Argentina, Hispania Libros, 2011.

¿Cuál fue el impacto económico que produjo en la Argentina la inmigración europea masiva? La Argentina fue el país que atrajo más inmigración europea en relación a su población originaria en la historia del sistema mundial (40%, mientras que en EE.UU nunca fue superior a 25%).

Pero lo decisivo fue lo que implicó en la virtual creación de la fuerza de trabajo, donde representaba 70%/80% en 1900. El cálculo de Nogués es que, en términos de ingreso real per cápita, la inmigración europea provocó un incremento de casi 50% en 4 décadas (1870-1913). El dato estratégico central es que Gran Bretaña, principal exportadora mundial de capitales en esta etapa histórica (48% de su ahorro interno estaba en el exterior) concentró sus inversiones (67% del total) en los países que ampliaban su frontera agroalimentaria, y de esa manera satisfacían su demanda doméstica.

Esos países eran EE.UU., Canadá, y sobre todo la Argentina, que recibió inversiones por un 24% del total (igual que EE.UU.). Lo más importante de este proceso es que se tradujo en una convergencia estructural (incremento del PBI per cápita / aumento de la productividad) entre la Argentina y Gran Bretaña, y entre ésta y el resto de los países exportadores de agroalimentos. Por eso, el PBI per cápita argentino era 86% respecto del norteamericano entre 1895 y 1899; y el Producto creció 5% anual entre 1875 y 1929, con un PBI industrial que se expandió por encima del agropecuario.

Después de 1945, el mercado mundial volvió a abrirse y EE.UU., a través del Plan Marshall, reconstruyó a Europa, dando comienzo a lo que puede caracterizarse como una segunda globalización. Los términos de intercambio en la Argentina entre 1945 y 1948 fueron superiores a 140 puntos. Significa que estuvieron en una escala solamente menor a las del récord histórico de 1895-1913.

Pero la Argentina perdió esta oportunidad extraordinaria para aumentar sus exportaciones. El crecimiento de la industria manufacturera se contrapuso al del agro, mientras que los salarios reales aumentaron 62% entre 1945 y 1949.

El resultado fue que la producción agroalimentaria se hundió, y la industria se tornó no competitiva y así perdió su capacidad de exportar. A partir de entonces, y hasta los últimos 10 años, el problema económico de la Argentina fue la falta de exportaciones de todo tipo, ante todo para desarrollar su industria y acelerar la formación de capital, según advirtió Carlos Díaz Alejandro.

A partir de 1948-1950, la crisis económica argentina se manifiesta en crisis estructurales del sector externo (balanza de pagos), que provocan devaluaciones masivas, caída de los salarios reales, recesiones profundas y saltos megainflacionarios. Entre 1974 y 2004, el PBI se [73]

Cuadro VIII - Volumen de la producción manufacturera, 1966-1973
(Índice base: 1960=100)

Rubros	1966	1967	1968	1969	1970	1971	1972	1973
Alimentos (1)	130,5	136,1	140,3	145,3	153,3	156,7	160,0	165,5
Textiles y cuero	106,4	105,5	111,2	113,2	115,1	122,8	128,7	136,7
Madera	137,2	126,7	136,2	146,1	146,5	152,1	156,5	158,7
Papel (2)	146,0	139,3	149,5	160,1	176,9	195,3	201,6	198,1
Químicos (3)	159,8	162,2	175,8	204,6	219,3	245,3	263,0	279,9
Prod. min. (4)	136,9	142,4	165,3	182,6	196,8	197,5	203,4	198,2
Metales básicos	160,6	171,0	195,3	224,7	247,2	280,1	316,4	335,2
Maquinarias	143,6	144,6	153,5	178,1	191,2	220,4	236,6	261,4
Otras	115,5	121,3	122,1	138,2	143,2	150,3	157,5	164,8
Total industria	135,8	137,8	146,8	162,7	173,0	189,7	201,0	213,7

(1) Incluye bebidas y tabaco.
(2) Incluye imprenta y editoriales.
(3) Incluye derivados del petróleo, carbón, caucho y plástico.
(4) Se refiere a productos minerales no metálicos, a excepción de los derivados del petróleo y del carbón.
Fuente: Banco Central de la República Argentina, Sistema de cuentas del producto e ingresos de la Argentina, Vol. II, Buenos Aires, 1975.

[73] Lobato, Mirta y Suriano, Juan, Atlas Histórico, Nueva Historia Argentina, Editorial Sudamericana, Buenos Aires, 2000, p. 478.

contrajo 14 veces por las crisis del sector externo. El PBI per cápita era 70% respecto del de EE.UU. en 1945 y 28% en 1990.

[74]

Cuadro IX - Evolución de la industria argentina
1895-1985

Año	Número de establecimientos	Personal ocupado	Fuerza motriz (miles de HP)
1895	24.114	174.800	60.500
1914	48.779	410.200	678.700
1935	38.456	467.315	2.681.700
1937	46.399	573.092	2.959.600
1939	50.361	619.233	3.292.200
1941	53.797	729.731	3.537.200
1943	61.172	869.185	3.861.600
1946	86.440	1.007.829	4.158.100
1948	81.937	1.082.604	4.446.000
1950	83.370	1.093.591	4.895.500
1954	151.828	1.173.159	6.369.900
1963	143.100	1.320.100	
1974	126.400	1.525.200	6.753.400
1985	109.400	1.381.800	9.971.100

Fuente: V. Vázquez Presedo: EHA. Primera Parte, 1875-1914, pp. 60 y 61; EHA. Compendio 1873-1970, pp. 153 y 172, y EHA (Suplemento, 1970/90), pp. 131 y 134.

[74] Lobato, Mirta y Suriano, Juan, Atlas Histórico, Nueva Historia Argentina, Editorial Sudamericana, Buenos Aires, 2000, p. 577.

Capítulo 4

Peronismo y desarrollo económico.

El conflicto con EE.UU.: Braden o Perón

El 11 de febrero de 1946 el Departamento de Estado publicó en Washington el "Libro Azul" (Blue Book), titulado "Consulta de las Repúblicas de América sobre la situación argentina". Al día siguiente apareció en todos los diarios de Buenos Aires: faltaban 10 días para las elecciones presidenciales convocadas por el régimen militar surgido del golpe del 4 de junio de 1943.[75]

El "Libro Azul" acusaba a todos los gobiernos argentinos desde Ramón Castillo (1940-43) en adelante por su posición neutral en la Segunda Guerra Mundial y la ayuda que habrían ofrecido al Eje durante el conflicto.

Además de Castillo –y de su ministro de Relaciones Exteriores, Enrique Ruiz Guiñazú– los cargos se extendían a sus sucesores en el gobierno de facto, los generales Arturo Rawson, Pedro Ramírez, Edelmiro Farrell y al vicepresidente, ministro de Guerra y secretario de Trabajo, coronel Juan Domingo Perón, así como al GOU (Grupo de Oficiales Unidos), considerado respaldo activo del régimen Nazi.

El Departamento de Estado, a través del subsecretario de Asuntos Latinoamericanos, Spruille Braden, también presentó en el "Libro Azul" su caracterización del 17 de octubre de 1945: "Fue un especta-

---

[75] Rapoport, Mario, y Spiguel, Claudio, Relaciones tumultuosas. Estados Unidos y el primer peronismo, Buenos Aires, Emecé, 2009, p. 262

cular ejemplo de la fuerza ejercida por el régimen militar, que obligó a los temerosos trabajadores a cerrar las fábricas y puestos de trabajo, mediante la intimidación de bandas nazis armadas".

La respuesta de Perón se produjo en el cierre de la campaña (12 de febrero de 1946). En vez de defenderse, atacó: Planteó que la opción del 24 de febrero era "Braden o Perón". Afirmó ser un admirador de Estados Unidos y citó elogiosamente a Franklin Delano Roosevelt, que contrapuso al antiguo embajador en la Argentina. "Braden –dijo Perón– es el inspirador, el creador, el organizador y la verdadera cabeza de la Unión Democrática; y éste es el hombre que quiere imponernos, sin éxito, el destino que Cuba ha sufrido".

La fórmula Perón–Quijano ganó las elecciones de febrero con 1.500.000 votos, mientras que la Unión Democrática (Tamborini-Mosca) obtuvo 1.280.000 sufragios. Después de las elecciones, Perón afirmó: "Agradezco a Braden profunda e infinitamente; le debo al menos un tercio de los votos que he obtenido".

Tras asumir la presidencia, Perón mantuvo el 29 de julio de 1946, una larga conversación con el Embajador de EE.UU. –y sucesor de Spruille Braden–, George Messersmith: "Perón me dijo –informó al Departamento de Estado– que la Argentina había sido siempre aislacionista en su política exterior. Este ha sido un terrible error histórico y el precio se pagó en la Segunda Guerra Mundial. La Argentina –agregó Perón– jamás volverá a repetir los errores cometidos en el pasado".[76]

El 27 de enero de 1945 una misión norteamericana viajó a Buenos Aires -señalan Mario Rapoport y Claudio Spiguel- encabezada por Rafael de Oreamuno, diplomático costarricense. Ésta llegó a un acuerdo con Perón para que la Argentina pudiera incorporarse al sistema panamericano y a las Naciones Unidas. Perón aseguró que "se llevarían a cabo elecciones limpias y democráticas"; y que "todas y cada una de las repúblicas americanas podían estar seguras de estos compromisos".

---

[76] Van Der Karr, Jane, Perón y los Estados Unidos, Buenos Aires, Editorial Vinciguerra, 1990.

Juan D. Perón

Respecto a la cooperación con EE.UU., Perón advirtió "que la Argentina estaba preparada y deseosa de hacer todo lo que fuera requerido", en referencia a la declaración de guerra al Eje –que se realizó el 27 de marzo de 1945–, "sin que el país y el gobierno resultaran humillados". Perón presentó la "Tercera Posición" como alternativa ideológica al capitalismo y al comunismo. Pero sus opciones de política exterior no se conformaron según esa matriz doctrinaria. En este ámbito, su acción externa no surgía de una opción entre la Unión Soviética por un lado y Washington por el otro, sino que la alternativa era entre Gran Bretaña y Estados Unidos, los verdaderos términos de la inserción internacional de la Argentina.

La situación que surgía del fin de la Segunda Guerra Mundial no era la bipolaridad (Yalta) ni la emergencia de la Guerra Fría, sino la aparición de EE.UU. como superpotencia mundial, que encabezaba una nueva etapa de la acumulación capitalista. En ella, la política exterior argentina tenía sólo dos polos de referencia: EE.UU. y Gran Bretaña; cuando concluye definitivamente la larga relación especial con Londres –estudiada por H. S. Ferns "Argentina y Gran Bretaña en el siglo XIX"– sólo quedaba en pie el vínculo con EE.UU. y la necesidad de un acuerdo con él.

El momento de la "necesidad" llegó en 1948, cuando se agotó la etapa de industrialización sustitutiva del primer peronismo, financiada con la renta agraria a través del IAPI. Perón advirtió entonces que, sin los capitales y los bienes de equipo de EE.UU., era imposible continuar con el proceso de industrialización de la Argentina. Por eso buscó un acuerdo con Washington.

"Perón necesita ajustarse a una nueva estructura del poder mundial", señalaba un informe de inteligencia norteamericano en marzo de 1954: "En la actualidad, la Argentina no tiene un vínculo seguro con ninguna gran potencia; la conexión británica ya no sirve como soporte para su progreso económico y su estabilidad (…) Consideraciones básicas, políticas, económicas hacen imposible para Perón alinearse definidamente con la URSS".

Agregaba que "Perón se convenció desde 1952 que le era indispensable incorporar capitales externos para lograr sus metas internas (industrialización), permanecer en el poder y desarrollar con éxito su política exterior en América Latina".

Los términos del acuerdo con EE.UU. fueron la ratificación del TIAR (Tratado Interamericano de Asistencia Recíproca) y el préstamo otorgado por el Eximbank. Luego vinieron los acuerdos petroleros con la Standard Oil y la instalación en Córdoba de la empresa norteamericana de fabricación de automotores Henry J. Kaiser, en sociedad con el Estado. El capital norteamericano que se incorporó en esa etapa fue preponderante en la Argentina, sobre todo por el peso de Kaiser. Merck (fabricación de productos químicos) y Monsanto (material plástico). También se instalaron empresas alemanas, como Bayer, Mercedes Benz, Deutz, Fahr y Hanomag, y capitales italianos (Fiat) y franceses.

El acuerdo con la Standard Oil se realizó a través de la California Argentina de Petróleo SA, una subsidiaria de la empresa estadounidense. El contrato fue firmado por Perón en mayo de 1955 y enviado para su ratificación en el Congreso.

El acercamiento de Perón a EE.UU. se basaba "en la quiebra de la tradicional triangulación argentino-norteamericana-británica (…) en la acentuación del esquema bipolar y en la nueva aceptación de las corrientes comerciales mundiales". En el plano interno, lo empujaba "la crisis económica-financiera, expresión del techo alcanzado por las reformas peronistas y las limitaciones del proceso de industrialización", señalan Rapoport y Spiguel.

4.1. Política económica del peronismo 1946-1948.
"La posguerra traerá paralización y desocupación".
Inminencia de la tercera guerra mundial. EE.UU., factor geopolítico, no económico ni tecnológico.
El eje del mundo está en Europa.
Dice Perón en 1944: "Está por terminar la guerra en Europa, y los que

no somos ya muy jóvenes conocemos lo que son las consecuencias de las terminaciones de las guerras en Europa. Los gobernantes de hoy deben mirar fijamente ese período de posguerra que viene cargado de oscuros nubarrones que las mentes más privilegiadas no pueden prever en sus consecuencias cuando comienza a descargar su acción".[77]

Por eso, advertía Perón que "la posguerra traerá profundos problemas (…). En primer término, una paralización y una desocupación. Traerá asimismo, una agitación natural en las masas, pero también una (agitación) que no será natural, sino artificial de esas mismas masas".[78]

La visión de Perón sobre la situación internacional surgida del fin de la Segunda Guerra Mundial estaba centrada en Europa; y lo que allí aparecía era que los dos grandes vencedores del conflicto (EE. UU. y la URSS) estaban en igualdad de condiciones, en un cuadro de virtual empate estratégico, profundamente inestable y de corta duración que tendía, por su lógica interna, a convertirse en un nuevo choque bélico, "en una tercera guerra mundial".

La URSS poseía un excepcional vigor político, surgido de la Revolución Bolchevique de 1917. Se sumaba a esto no sólo la capacidad de acción propio de un sistema totalitario, sino el hecho de expresar la cuestión social, el punto primero de la agenda internacional desde la primera posguerra.

En la visión de Perón no estaba presente la potencia industrial, comercial y financiera de EE UU, que tenía en 1945 la mitad del PBI mundial, y dos tercios del stock de oro del mundo, además de 4/5 partes de la producción manufacturera global.

Esta omisión del factor norteamericano en la visión estratégica de Perón posterior a 1945 era un rasgo que compartía con la cultura cívica de la Argentina de entonces, de derecha a izquierda, con la

---

[77] Gerchunoff, Pablo y Llach, Lucas, El ciclo de la ilusión y el desencanto. Un siglo de políticas económicas argentinas, Buenos Aires, Ariel, 2003, capítulo III.

[78] Perón, Juan Domingo, "El sindicalismo gremial sucede al sindicalismo político. El pensamiento del Secretario de Trabajo y Previsión", Buenos Aires, s/e, 1944, p. 28.

excepción muy notable de Federico Pinedo. El verdadero significado internacional de EE.UU. como la potencia decisiva del sistema mundial en lo industrial y financiero recién se tornó evidente para Perón cuando el Plan Marshall reconstruyó a Europa Occidental con epicentro en el boom económico alemán.

La integración comercial y monetaria de la economía internacional comenzó en la posguerra solo a partir de 1948 y era un fenómeno todavía no percibido por la visión estratégica de Perón de 1946. La situación económica argentina era en la segunda posguerra completamente distinta de la primera. En los cinco años de la Segunda Guerra Mundial desde la entrada de EE.UU. (1941-1945) "la Argentina le vendió al conjunto de América el 50% de sus exportaciones totales y el saldo neto de la balanza de pagos fue 63% en divisas de libre transferencias y 37% en divisas de compensación (…). Por eso, en 1946, las reservas internacionales del Banco Central estuvieron constituidas en 65% por oro y divisas de libre transferencia y 35% por divisas de compensación."[79]

La situación económica argentina entre 1946 y 1948 se puede resumir así: el PBI creció 8% anual, el consumo aumentó 14% por año con salarios reales que se elevaron 40% en condiciones de pleno empleo. De ahí que el consumo total pasara de 81% en 1945 a 93% en 1948; y la participación de los asalariados en el PBI pasó de ser de 37% en 1946 hasta alcanzar su récord histórico, nunca sobrepasado de 47% en 1950.

4.2 Crisis de 1948: un punto de inflexión histórico. EE.UU. reconstruye Europa a través del Plan Marshall. Agotamiento de la estrategia sustitutiva de importaciones.

Los años posteriores a la finalización de la segunda Guerra Mundial representan la etapa de reconstrucción del capitalismo avanzado sobre la base del aumento incesante de la productividad. Los países europeos devastados por la guerra recuperan y reconstruyen sus economías a través del Plan Marshall. Estados Unidos se revela como la

---

[79] Gerchunoff, Pablo y Llach, Lucas, op. cit.

primera potencia económica mundial; tras ellos, la Unión Soviética se convierte en la segunda economía industrial del mundo. La ruina de Europa enfrenta a las dos grandes potencias extracontinentales que se destacan sobre el resto de los países: Estados Unidos, cuya inmensa capacidad de producción industrial domina toda la economía occidental y que se hace cargo, virtualmente, de la dirección del sistema monetario internacional y la URSS, que a pesar de su debilidad estructural domina el Este de Europa.[80]

La ayuda estadounidense a través del Plan Marshall (julio de 1947), que es aceptado por Europa Occidental y rechazado por la oriental, divide al continente en dos bloques. A partir de 1950, comienza en Europa Occidental un período de crecimiento económico que se caracteriza por la progresión rápida y sostenida de la actividad económica, sobre todo de la productividad, del empleo y del incremento del poder adquisitivo de la población. La difusión del crecimiento es medida básicamente por la propagación de la productividad que rompe las inercias económicas y engendra un fuerte impulso productivo. El aumento de la demanda global, que comprende los gastos de consumo y de inversión, y el considerable progreso técnico favorecen el incremento de la productividad. Esto permite que hacia 1948 el comercio y la producción mundial alcancen el nivel que tenían antes de la guerra y que lo supere después de la guerra de Corea.

El crecimiento de los países occidentales desde el final de la guerra es sorprendente por su amplitud y duración. Nunca antes los países capitalistas habían conocido un ciclo de prosperidad tan largo. Hay dos períodos claramente definidos: el primero entre 1945 y 1950, es el de la reconstrucción de las economías nacionales; en el segundo desde 1950 hasta la primera crisis del petróleo (1973-1975) donde

---

[80] Castro, Jorge, Perón y la globalización. Sistema mundial y construcción de poder, Buenos Aires, Editorial Catálogos, 1999; y Castro, Jorge, La visión estratégica de Juan Domingo Perón, Buenos Aires, Ediciones Distal, 2012.

el crecimiento económico es continuo y generalizado.[81] La característica central del capitalismo en ese período es un sostenido movimiento ascendente de la productividad y de la renta real per capita.[82] La educación y el progreso técnico juegan un papel central en este aumento constante de la productividad total de los factores,[83] como habían sostenido previamente Joseph Schumpeter y Karl Marx, al afirmar que el progreso técnico es el elemento más relevante de la acumulación de capital.[84]

En este contexto global, Perón convoca a un Congreso de la Productividad, que tiene como principal objetivo establecer las bases de un nuevo consenso económico que permita superar la estrategia sustitutiva de importaciones que se había agotado en la crisis de 1949-1953. El eje de este nuevo consenso nacional que propone Perón es la idea de la productividad como principal herramienta para el mejorar el nivel de vida de la población.

4.2.1 Desaparecen las reservas del Banco Central. Se profundiza la dependencia de la importación de petróleo. Obsolescencia del equipamiento industrial.

La primera etapa de la industrialización en la Argentina es una consecuencia directa de la crisis de los años treinta y de la contracción de las importaciones. Estos factores ofrecen una posibilidad a la industria argentina para fortalecerse y crecer. Sin embargo, la experiencia de sustitución obligada de importaciones no es aprovechada con un sentido estratégico de manera de adaptar la industria al nuevo ordenamiento que surge en la economía mundial al reabrirse el comercio internacional tras la Segunda Guerra Mundial.

---

[81] Leon, Pierre, Historia económica y social del mundo, Madrid, Encuentro, 1978.
[82] Maddison, Angus, Historia del desarrollo capitalista. Sus fuerzas dinámicas, Barcelona, Editorial Ariel, 1989, p. 12.
[83] Ibíd.
[84] Ibíd.

Cuadro X - Índice de precios mayoristas y términos de intercambio
1945-1955
Base 1939=100

Años	I		II		III		IV		V		VI
	Nivel general	Índice móvil anual	Índice productos agropec.	Índice móvil anual	Total productos no agropec.	Índice móvil anual	Total productos nacionales no agropec.	Índice móvil anual	Productos importados	Índice móvil anual	Términos de intercambio II/IV
1945	190	100,0	139	100,0	217	100,0	183	100,0	353	100,0	76,5
1946	220	115,8	221	159,0	220	101,4	195	106,6	320	90,7	113,3
1947	228	103,6	220	99,5	232	105,5	220	112,8	282	88,1	100
1948	263	115,4	246	111,8	273	117,7	260	118,2	324	114,9	94,6
1949	324	123,2	280	113,8	347	127,1	336	129,2	391	120,7	86,3
1950	390	120,4	327	116,8	422	121,6	415	123,5	452	115,6	78,7
1951	581	149,0	498	152,3	624	147,9	598	144,1	728	161,1	83,3
1952	762	131,2	590	118,5	852	136,5	827	138,2	949	130,4	71,4
1953	851	111,7	712	120,7	923	108,3	906	109,6	987	104,0	78,5
1954	877	103,1	719	101,0	957	103,7	944	104,2	973	98,6	75,6
1955	956	109,0	757	105,3	1,054	110,1	1,039	110,1	1,087	111,7	72,8

Fuente: DNEC, Boletín de Estadística, varios números y BCRA, Boletín Estadístico, septiembre 1962, año 5, n°9, pág. 51-62.

[85] José Villarruel, "Estado, clases sociales y política de ingresos, 1945-1955" en Mario Rapoport, Economía e Historia. Contribuciones a la historia económica argentina, Buenos Aires, Editorial Tesis, 1988, p. 445.

El resultado es una meritoria experiencia industrial cuya característica central es una estructura productiva con escasa vocación exportadora, alta dependencia de las compras del Estado y escasa flexibilidad ante los cambios.

El primer gobierno peronista llega al poder con la idea de que la expansión de la demanda interna a través del aumento de los salarios reales es el mejor camino para alcanzar un crecimiento sostenido y evitar la desocupación. El efecto de este enfoque es que el auge del consumo en vastos sectores de la población aumenta los niveles de capitalización de la industria y permite que pueda invertir para modernizarse y ofrecer nuevos y mejores productos en el mercado. De esta forma, se pensaba, que el círculo se cierra y el crecimiento económico estaba asegurado.

El fundamento de las ideas económicas de Perón es la experiencia argentina de la primera posguerra mundial. Señala que gran parte de la estructura industrial que crea la sustitución forzada de las importaciones provocada por la guerra, desaparece si no hay aumento del consumo. El incremento del consumo interno es la única forma de mantener en pie la estructura industrial creada durante el conflicto.

Por eso, el pensamiento económico del peronismo entre 1946 y 1949 se basa en la idea del subconsumo. La consecuencia práctica es que el aumento significativo de los salarios se transforma en una herramienta central para aumentar la capacidad de consumo de la población, y de esta forma, mantener y reproducir la industria nacional.[86]

Esta visión implica que la tasa de capitalización crece vía expansión del mercado interno, antes que por el aumento del nivel de ganancia. Esta idea funciona excepcionalmente durante los tres primeros años del primer gobierno de Perón, en los que el aumento de los ingresos reales de los trabajadores crece más de 50 %. La Argentina surge de la guerra como un país acreedor, no tanto por el aumento de las exporta-

---

[86] Bitrán, Rafael, El Congreso de la Productividad, Buenos Aires, El Bloque Editorial, 1994.

ciones, como por la disminución de las importaciones.[87] En esos años, experimenta un movimiento ascendente que alcanza su punto máximo a fines de 1948. Pronto aparecen las limitaciones de esta orientación. El inconveniente que presenta esta política económica, como todas las estrategias de industrialización basadas en la sustitución de importaciones, es el mismo. Su característica central es que demanda permanentemente divisas para compensar la escasez de capital, a su vez consecuencia del bajo volumen de exportaciones. Este enfoque se agotó a fines de 1948, cuando se frenan las importaciones de petróleo por falta de divisas en la reservas del Banco Central. Es lo que le informa a Perón la comisión presidida por Alfredo Gómez Morales.

[88]

Cuadro XI - Una década deficitaria
Intercambio comercial argentino en 1949-1958
(millónes de dólares)

Balanza comercial
Importaciones
Exportaciones

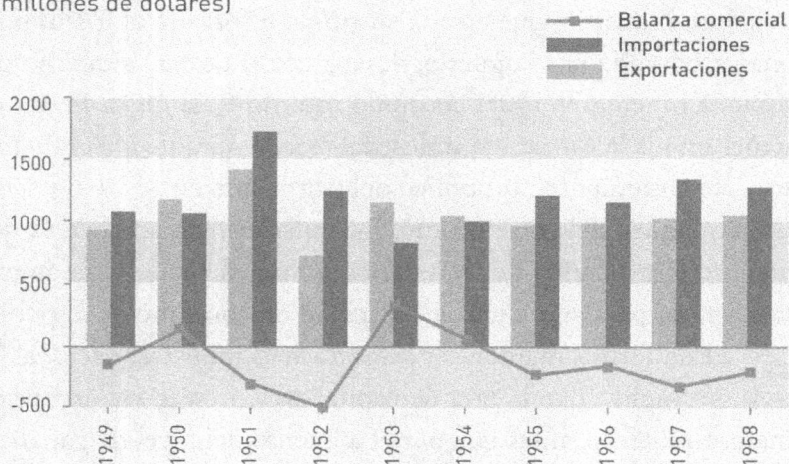

---

[87] Di Tella, Guido y Zymelman, Manuel, Las etapas del desarrollo económico argentino, Buenos Aires, Eudeba, 1967.
[88] Gerchunoff, Pablo y Llach Lucas, El ciclo de la ilusión y el desencanto. Un siglo de políticas económicas argentinas, Buenos Aires, Ariel, 2003, p. 247.

La crisis revela que la única forma de crecer en términos de la distribución del ingreso es capitalizando, es decir, aumentando la plusvalía relativa.[89] La contradicción aparece cuando queda al descubierto la necesidad de aumento de la plusvalía en pleno proceso de incorporación de amplios sectores sociales, en el medio de una revolución social como la que vivía el país a partir del 17 de octubre de 1945. En este marco, toda política tendiente a mejorar la capacidad exportadora provocaba necesariamente una fuerte oposición de los trabajadores organizados, que en última instancia, controlaban las empresas y eran el resorte final de decisión política.[90].

4.2.2. Giro de 180 grados de Perón. Vuelco al capital extranjero y acuerdo con EE.UU. El contrato con la Standard Oil / California-Argentina. Congreso de la Productividad: "La productividad es la nueva estrella polar del pensamiento económico del peronismo".

En 1952 la crisis se transforma en permanente. Las exportaciones caen bruscamente en el período 1945-1954. Sólo entre 1950-1954 son 37% inferiores a los niveles alcanzados en los años de la depresión de 1930-39.[91] Los niveles de productividad son igualmente bajos o negativos. La única salida a esta situación es la rectificación del enfoque económico, ya que el subconsumo piensa la acumulación sin advertir la necesidad de aumentar la productividad.

El agotamiento de la primera fase de la sustitución de importaciones determina la búsqueda de una nueva estrategia. Al abrirse la década del 50 Perón decide una alternativa.[92] Impulsa en este marco la realización del Congreso de la Productividad.

El Congreso no es una medida aislada. Es una de las tres iniciativas que Perón efectúa para lograr un aumento de la productividad tras

---

[89] Peralta Ramos, Mónica, Acumulación de capital y crisis política argentina: 1930-1974, México, Siglo XXI Editores, 1978.

[90] Halperín Donghi, Tulio, La larga agonía de la Argentina peronista, Buenos Aires, Ariel, 1997.

[91] Díaz Alejandro, Carlos, Op. cit., p.116.

[92] Halperín Donghi, Tulio, Op. cit., p. 29.

la crisis de 1948-1953. Las otras dos son la incorporación de capital extranjero a la industria, a través de las inversiones en la actividad automovilística y petrolera (acuerdo con la Standard Oil y Henry Kaiser) y la reinserción competitiva del sector agropecuario en la economía mundial revirtiendo los desincentivos del período 1946-1953 (IAPI). Los tres componentes son el resultado del examen que Perón hace de los cambios en el sistema mundial. El mundo de la segunda posguerra, en especial Europa Occidental, estaba inmerso en una revolución capitalista de extraordinaria magnitud, cuyo ritmo de crecimiento es impuesto por el aumento de la productividad. Por esta razón, el Congreso de la Productividad, la atracción de inversiones extranjeras para la industria y la reinserción competitiva del sector agropecuario en la economía internacional, forman parte de

[93]

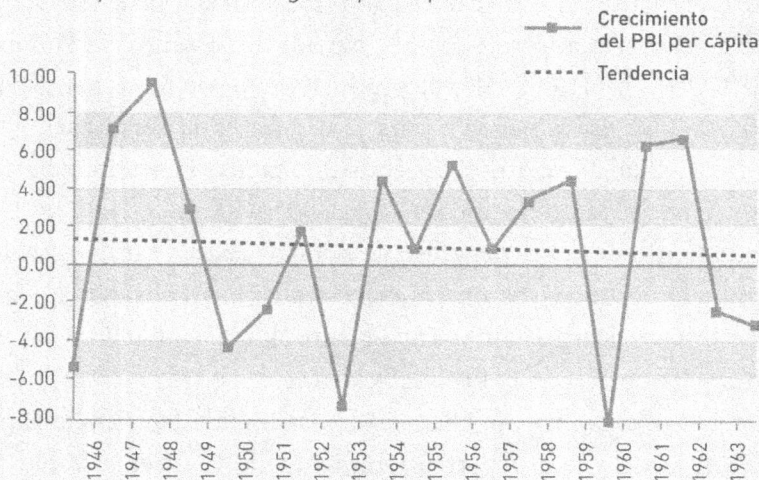

Cuadro XII - Stop and Go
Variación porcentual del ingreso per cápita

— Crecimiento del PBI per cápita
····· Tendencia

---

[93] Gerchunoff, Pablo y Llach Lucas, El ciclo de la ilusión y el desencanto. Un siglo de políticas económicas argentinas, Buenos Aires, Ariel, 2003, p. 294.

Cuadro XIII - Un punto de inflexión
Exportaciones argentinas, en millones de dólares

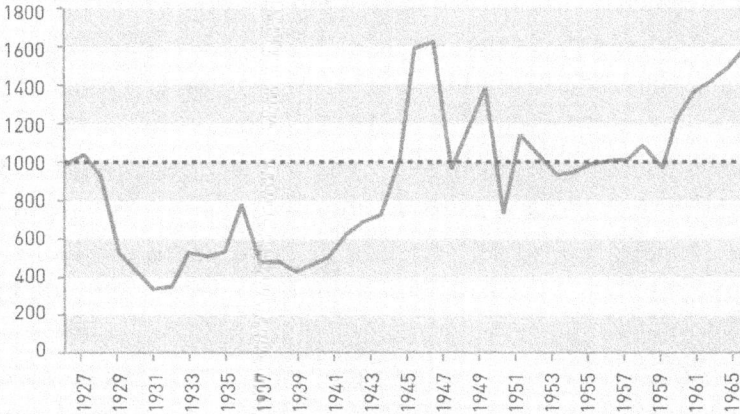

1800	
1600	
1400	
1200	
1000	
800	
600	
400	
200	
0	

1927 1929 1931 1933 1935 1937 1939 1941 1943 1945 1947 1949 1951 1953 1955 1957 1959 1961 1965

una sola política: aumentar la productividad en todos los sectores de la economía a través de un nuevo consenso social para no quedar al margen de la tendencia principal de la época.

Esta es la visión de Perón en los años 1953-1955. Perón dispone una nítida percepción sobre el momento histórico, pero no tenía como transformarla en política. La historia posterior revela que la productividad sólo puede incrementarse como parte de un proceso de acumulación que sea inmediatamente competitivo en la economía mundial, lo que no ocurría en la Argentina de esa época, ni en el ámbito de la industria ni en el del agro.

---

[94] Gerchunoff, Pablo y Llach Lucas, El ciclo de la ilusión y el desencanto. Un siglo de políticas económicas argentinas, Buenos Aires, Ariel, 2003, p. 298.

4.3. El milagro alemán: revolución capitalista en Alemania.
Ludwig Erhard en la Argentina.
Perón descubre la productividad: impulso deliberado de la acumulación capitalista.
El Congreso de la Productividad de 1955.

Desde principios de la década del 50, Perón comenzó a advertir este nuevo signo de los tiempos. El Congreso de la Productividad llevado a cabo el 21 de marzo de 1955 es un claro ejemplo del carácter evolucionista, determinista y voluntarista que inspira el pensamiento de Perón. La reconstrucción de la Europa de la segunda posguerra sobre la base del aumento incesante de la productividad que desata el Plan Marshall (1948) centrada en Alemania y en la obra de Konrad Adenauer y Ludwig Erhard (que estuvo en Buenos Aires en 1954 y se entrevistó con Perón), que da origen al "milagro alemán", y el agotamiento en la Argentina del proceso económico basado en la sustitución de importaciones son factores que Perón observa anticipadamente con un sentido estratégico y que lo impulsan a proponer la realización de un congreso cuyo principal objetivo es instalar un nuevo consenso alrededor de la idea del aumento de la productividad como la estrella polar que oriente toda la acción de la economía y la sociedad.

Esta iniciativa de Perón, escasamente analizada en la literatura especializada, es una respuesta a la línea principal del desarrollo de la evolución, aquella que mostraba que las naciones que más crecían eran las que aumentaban sostenidamente la productividad. La propuesta de Perón muestra a un líder no comprometido dogmáticamente con el pensamiento ideológico de sectores determinados, sino a uno que intenta comprender los acontecimientos de la época, procurando identificar el problema central en cada momento histórico.

El aumento de la productividad como estrella polar de su pensamiento económico muestra que Perón opta por impulsar la fuerza fundamental de la acumulación capitalista. Asume que el crecimiento económico sólo puede surgir de una profundización sistemática y deliberada de la lógica de esa acumulación. La crítica de Perón al capitalismo se refiere no a su capacidad de acumulación e innovación, que reconoce y respeta, sino a su utilización por la burguesía para construir poder político que le permita explotar a los trabajadores.

La respuesta de Perón a esta situación no es frenar la acumulación de capital, sino transformar la estructura de poder, impulsando la organización de los trabajadores para que enfrenten y, en el límite, superen al dominio (explotación). En el Congreso Nacional de la Productividad, Perón da un paso más allá cuando afirma que no sólo la acumulación capitalista no debe frenarse, sino que hay que impulsarla deliberadamente, a través de una política sistemática de aumento de la productividad. Y, congruente con su método histórico-evolutivo, procura acelerarla. Esta es la percepción estratégica fundamental de Perón al finalizar su primer gobierno (1945-1955).

4.3.1. Aumento de la productividad.
Los salarios solo pueden aumentar a través de la eficiencia en la producción.
Nuevo pacto social productivo

La idea rectora del Congreso fue el alza de la productividad como la "Estrella Polar" en el terreno económico. Su objetivo principal fue establecer las bases de un nuevo consenso social que tuviera como eje la elevación constante de los niveles de productividad de la economía. Rafael Bitrán, en su obra El Congreso de la Productividad, expone que "para el período 1952-55 la movilización de la clase obrera cobrará un significado especial ya que en esos años se dirimirá la estrategia político-social y económica que debía implementar el gobierno para acelerar la acumulación de capital en el ámbito industrial. El CNP, a su vez, configuró un particular intento de conciliar institucionalmente y en las fábricas a ambos factores. En tal sentido, dicho Congreso expresa y otorga sustancia al proyecto económico global ensayado por el peronismo a partir del Plan de Emergencia".[95] Ante las nuevas necesidades del desarrollo capitalista, Perón presenta al CNP como el escenario institucional para sellar un nuevo pacto social entre las organizaciones obreras, las empresarias y el Estado.[96]

Esta iniciativa de Perón para instalar la productividad como valor económico central de la economía se complementa con otras tres políticas: 1) la modificación de las relaciones laborales; 2) la reinserción de la economía agropecuaria en el mercado mundial; y 3) la vinculación de la industria con el mundo a través de la inversión extranjera o transnacional.

Reinsertar a la economía agropecuaria en el mercado mundial y vincular a la industria con el mundo a través de las inversiones transnacionales son políticas que tienen como objetivo aprovechar las ventajas comparativas del país en el sector agroalimentario. Cabe mencionar que la Argentina disponía en 1930, más de la mitad del número de segadoras y trilladoras existentes en EE.UU., donde la cantidad de unidades productivas era mucho mayor.[97]

El éxito del Congreso Nacional de la Productividad dependía de que la dirigencia política y la social comprendieran y aceptaran el nuevo tiempo histórico, marcado por la recuperación de Europa y Japón y la aceleración del proceso de integración mundial. Sostiene Scott Mainwaring: "Perón necesitaba llegar a algún tipo de compromiso. Debía mantener el equilibrio entre el compromiso (y la dependencia) que el régimen había contraído con la clase obrera y sus esfuerzos por estimular a la industria. En la práctica, este "equilibrio" dictó un ligero giro hacia la derecha. Si bien Perón continuó comprometido con la clase obrera, este compromiso estaba limitado por la necesidad de revitalizar la economía y combatir la falta de apoyo que estaba sufriendo el régimen... Perón sostuvo que los futuros aumentos de salarios dependerían de los aumentos de la productividad y que esta

---

[95] Ibíd., p. 53.
[96] Ibíd., p. 266.
[97] Díaz Alejandro, Carlos, Op. cit., p. 161.

última era la preocupación más urgente de la Nación. Los futuros logros materiales dependerían de un aumento de la productividad (de esta forma protegía a la industria)".[98]

Para Bitrán, "el CNP puede ser concebido como uno de los hechos del escenario político-institucional en que el gobierno peronista más se acercó a los intereses del empresariado. Sin embargo, paradójicamente, sus mismos resultados parecen haber constituido el último hito en que un sector de la burguesía (aquel dominante en la CGE y que había apoyado la gestión de Perón) tomó conciencia de las limitaciones estructurales implícitas en el peronismo para representar sus intereses globales como clase. De hecho, el propio Congreso demostró que el movimiento Peronista se había constituido en el principal obstáculo para efectivizar la racionalización productiva que la nueva coyuntura exigía y que el mismo gobierno impulsaba".[99]

El peronismo es el movimiento que ha dado respuesta a los cambios que el mundo imponía a la Argentina en sus respectivas épocas. Esta capacidad para adelantarse a los hechos es obra del carácter determinista, evolucionista y voluntarista del pensamiento de Perón.

---

[98] Mainwaring, Scott, "El Movimiento Obrero y el Peronismo, 1952-1955", Desarrollo Económico 21: 84 (enero-marzo 1982).

[99] Bitrán, Rafael, El Congreso de la Productividad... Op. cit., p. 272.

Capítulo 5

Visión de Rogelio Frigerio.

Rechazo a la reforma agraria: carácter capitalista del agro argentino.

Significado decisivo de la inversión extranjera.

Rogelio Frigerio advirtió que el problema del desarrollo de la Argentina es una manifestación en el terreno nacional de una crisis del proceso de acumulación capitalista. En ese sentido, lo primero que comprueba es que la agricultura argentina es de naturaleza profundamente capitalista, estructuralmente vinculada al mercado mundial, prácticamente desde su origen, o incluso en el período colonial previo a la independencia.

Significa que la fuerza de trabajo agrícola no es sólo completamente salarial, sin que exista prácticamente producción autosuficiente, sino que, además, el proceso de transferencia de propiedad sobre la tierra se realiza exclusivamente de acuerdo a las reglas del mercado capitalista, sin la presencia de derechos señoriales de tipo personal.

El resultado de esta caracterización del problema agrario es que las dos cuestiones cruciales que presenta son de orden estrictamente capitalista. En primer lugar, su nivel de capitalización, escaso y sobre todo insuficiente para desatar un proceso sostenido de desarrollo (reproducción ampliada) y luego su relación con el mercado mundial, y el impacto que éste tiene, en sus diversas fases históricas, en el desarrollo de la acumulación interna.

5.1. Núcleo de la crisis argentina: Insuficiencia en la tasa de formación de capital fijo

En lo que se refiere al sistema económico de la Argentina, tras haberlo caracterizado como capitalista y vinculado al mercado mundial, Frigerio señala que el punto crítico, decisivo en la crisis del sistema como tal, es la insuficiencia en la tasa de formación del capital (débil coeficiente de formación de capital fijo), consecuencia de una escasa tasa de inversión, a su vez resultado de un bajo nivel de ahorro interno (excedente estructural), producto de un proceso de acumulación en crisis.

A este círculo vicioso, que es el núcleo de la crisis del proceso de acumulación argentino, Frigerio lo caracteriza como "subdesarrollo" (incapacidad de desarrollar con recursos propios el sistema capitalista de acumulación), o lo que es igual, el freno estructural que muestra el proceso que vincula al ahorro con la inversión, la reproducción ampliada o desarrollo sostenible. Esta caracterización del "subdesarrollo" en la Argentina tiene para Frigerio un carácter estrictamente económico, no sociológico ni cultural. La premisa de la visión de Frigerio era el carácter hondamente moderno e integrado al sistema mundial de la estructura económica argentina.

El pensamiento estratégico-económico de Frigerio surgió en las décadas del 50 y del 60, antes de la globalización del sistema capitalista, que tendrá lugar a partir de los años 70, como consecuencia de los dos shocks petroleros de 1973 y 1979 y como respuesta a ellos.

Pero Frigerio sabe que el sistema capitalista es un proceso histórico unificado a través de sucesivos mecanismos de acumulación y siguiendo a Marx, advierte que el núcleo del capitalismo no está en la esfera de la circulación —esto es, en el mercado—, sino en el marco decisivo de la producción que se modifica a través de crisis que revelan

Rogelio Frigerio

el surgimiento y despliegue de sucesivas revoluciones tecnológicas, la primera de las cuales fue la Revolución Industrial (1780-1840).

Por eso, el capitalismo es un fenómeno virtualmente global desde la Revolución Industrial, unificado a través de un solo mecanismo de acumulación mundial y que lo será efectivamente en algún momento histórico, lo que ocurrió, en los últimos 20 años, a partir de la unificación del sistema en 1991.

5.1.1. Crítica a la CEPAL y a la teoría de la dependencia: "No hay una economía política del desarrollo"

Refiriéndose a la CEPAL y a la teoría de la dependencia, señala Rogelio Frigerio: "No hay una economía política del desarrollo como categoría distinta a la economía política en general. Las leyes de ésta última rigen toda la vida económica mundial, y la deliberación que se ponga en la adopción de una política de desarrollo debe partir del reconocimiento de esas leyes (...) El crecimiento económico del mundo desarrollado es un hecho objetivo que forma parte de un proceso de integración económica mundial, presidido por leyes objetivas de la economía".[100]

De ahí que "no haya una política de los países subdesarrollados enfrentada e incompatible con la política de los países desarrollados, (y) del mismo modo, que la división internacional del trabajo del siglo XIX definía una estructura mundial indivisible, las tendencias universales de esta segunda mitad del siglo XX son válidas e imperativas por igual, tanto para el sector adelantado como para el rezagado".

Por eso es "errónea toda política que arranque de la noción de enfrentamiento irreductible entre los intereses de uno y otro mundo y es acertada, en cambio, toda política que parta de la noción de la integración y de la unidad de intereses entre ambos". De ahí que "el aumento de la productividad, con todos sus efectos acumulativos y reproductivos, es la única pauta del crecimiento económico (...), y

---

[100] Frigerio, Rogelio, "El camino del desarrollo", en Altamirano, Carlos (ed.), Bajo el signo de las masas, 1943-1973, Buenos Aires, Ariel, 2001.

este aumento está condicionado por el coeficiente capital-hombre, entendiéndose por capital la totalidad de los insumos".

"Nuestros pueblos –comenta Frigerio– están objetivamente forzados a acelerar las etapas en el proceso de crecimiento para desarrollar integralmente las fuerzas productivas, introduciendo las formas más avanzadas de la técnica, tanto en la agricultura como en la industria". En consecuencia, Frigerio rechazó siempre la reforma agraria: "La transformación de la base agraria en nuestros países no es un problema de la tenencia de la tierra, sino de aumentar su productividad, mediante el agregado de capital y tecnología".

Igualmente estratégico es el papel del capital extranjero en el proceso de acumulación nacional: "El aporte del capital exterior no es facultativo ni secundario. Librado a los recursos del capital doméstico o a los saldos del comercio exterior, el desarrollo de nuestros países tardaría muchas décadas en alcanzar niveles dinámicos. El despegue (take off) debe ser drástico y rápido para que produzca resultados. En la etapa inicial del desarrollo económico, el capital internacional –público y privado- juega el papel impulsor decisivo".[101]

5.1.2. Subdesarrollo, concepto estrictamente económico, no sociológico ni cultural.

El significado histórico-estructural de la unificación del sistema es que el capital (ahorro transformado en inversión) tiene igual naturaleza en los centros históricos de la acumulación (los países avanzados) como en los "subdesarrollados" (es el caso de la Argentina, y en general de América Latina).[102]

De ahí la importancia crucial, históricamente decisiva, de recurrir al capital extranjero para resolver la crisis del proceso de acumulación

---

[101] Real, Juan José, Treinta años de historia argentina, Buenos Aires-Montevideo, Ed. Actualidad, 1962, p. 174 y ss; Real, Juan José, Lenin y las concesiones al capital extranjero, Buenos Aires, Edición del autor, 1968.

[102] Real, Juan José, Treinta años de historia argentina, op. cit., p. 171 y 176.

argentino (subdesarrollo provocado por la insuficiencia del coeficiente de formación del capital fijo).

103

Cuadro XIV - El mejor de los mundos posibles
Tasa de inflación y crecimiento del producto en los años de Frondizi

Crecimiento del PBI
Inflación minorista

(PBI) 1958 1959 1960 1961 (Inflación)

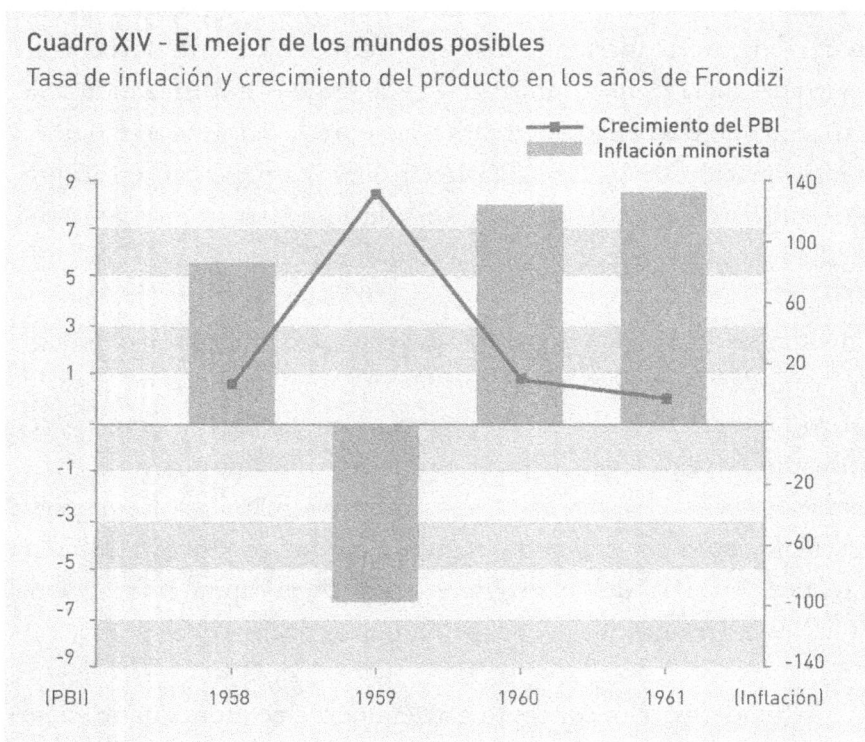

La crisis del proceso de acumulación argentino se manifiesta para Frigerio en los siguientes términos. En 1948 se agota el stock de reservas de la Argentina y la crisis del sector externo señala el fin del esfuerzo de industrialización sustitutiva arrastrada por el mercado interno realizado por el gobierno de Perón entre 1946 y 1948.

La comisión integrada por Cereijo y Gómez Morales le informa a Perón a finales de 1948 que sólo restan en el Banco Central US$ 300 millones, insuficientes para importar un año de combustibles

---

[103] Gerchunoff, Pablo y Llach Lucas, El ciclo de la ilusión y el desencanto. Un siglo de políticas económicas argentinas, Buenos Aires, Ariel, 2003, p. 268.

Cuadro XV - El retorno de las Pampas
Índices de productividad y tecnología
(1960=100)

■ 1960
■ 1970

	250.00
	200.00
	150.00
	100.00
	50.00
	0.00

Producción (promedio quinquenal) | Productividad (promedio quinquenal) | Cantidad de tractores | Potencia total de los tractores

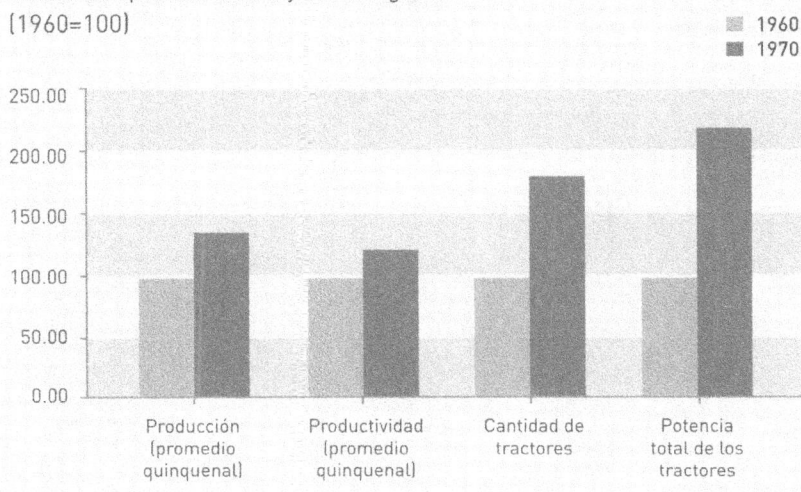

Fuente: Cirio (1988).

y que la crisis energética, que es su consecuencia, impide generar la energía suficiente para mantener el aparato industrial creado como respuesta al aumento de la demanda interna provocada por el boom de consumo que ha tenido lugar entre 1946 y 1948. En ese período el nivel del ingreso per cápita de los trabajadores aumentó más del 50% en términos reales.

La respuesta de Perón a esta crisis fue un giro de 180 grados en su estrategia económica, precedida por una modificación esencial en su política exterior, cuya prioridad a partir de entonces fue la búsqueda de un acuerdo estratégico y económico con EE.UU.

Así se llega a 1958-1962, en que la dupla Arturo Frondizi-Rogelio Frigerio lidera uno de los gobiernos más innovadores y de mayor sentido nacional acorde a la época de la historia argentina; y todo lo

[104]Gerchunoff, Pablo y Llach Lucas, El ciclo de la ilusión y el desencanto. Un siglo de políticas económicas argentinas, Buenos Aires, Ariel, 2003, p. 314.

Cuadro XVI - Un saldo más positivo
La balanza comercial argentina (millones de dólares)
y su tendencia

que en el proceso histórico de la Argentina tiene un carácter trascendente no es una etapa del pasado que ha quedado atrás, sino un nuevo punto de partida, dotado de la virtud de la perennidad.

5.2. El mundo después de 1948 según Rogelio Frigerio.
Inviabilidad de la tercera guerra mundial. EE.UU., única fuente posible de capital y tecnología.

El núcleo del desarrollismo, cuando fue formulado por Rogelio Frigerio y sus amigos entre 1946 y 1948, es una apreciación estratégica acertada sobre la imposibilidad de que en el mundo se produjera una nueva guerra total, a pesar del estallido de la Guerra Fría. [106] "En Yalta estaba ya el germen de la coexistencia pacífica",

---

[105] Gerchunoff, Pablo y Llach Lucas, El ciclo de la ilusión y el desencanto. Un siglo de políticas económicas argentinas, Buenos Aires, Ariel, 2003, p. 316.
[106] Díaz, Fanor, Conversaciones con Rogelio Frigerio, Colección Diálogos Polémicos, Buenos Aires, Editorial Hachette, 1977.

Cuadro XVII - Tres décadas de estancamiento
Crecimiento anual del ingreso per cápita en países seleccionados

País	1929-39	1939-50	1939-45	1945-50	1950-60
Argentina	-0,52	1,62	0,83	2,58	1,10
Brasil	1,68	2,27	0,57	4,35	3,39
Chile	-0,66	1,70	2,24	1,06	1,18
México	-0,42	3,50	4,01	2,89	2,93
Australia	1,00	2,28	2,84	1,61	1,69
Canadá	-0,60	4,12	6,94	0,84	1,84
N. Zelanda	2,07	2,47	1,17	4,06	1,12
EE.UU.	-0,50	3,48	10,14	-3,97	1,58
Europa*	1,31	0,01	-3,61	4,53	4,38

*Europa es en realidad el conjunto formado por Alemania, Francia, el Reino Unido
e Italia, que tenía una participación de alrededor de 80% en el producto bruto de
Europa Occidental.
Fuente: Maddison (1995).

dice Frigerio; y la Guerra Fría, no obstante la intensidad del enfrentamiento entre las superpotencias (EE.UU. / URSS), que utilizaron
en su conflicto todos los medios, salvo el choque bélico directo, fue
un período estable que duró 40 años.

El dato central de la Guerra Fría es que las superpotencias, más allá
de la contienda ideológica, coexistían. Lo mismo advirtió Winston
Churchill después de su discurso de Fulton, Missouri ("Una cortina
de hierro cae sobre la mitad de Europa") en el que reclamó que Occidente se rearmara, pero al mismo tiempo señaló que "como no hay
guerra, debe haber paz", esto es, negociaciones. Y con Stalin.

La Guerra Fría tomaba su verdadero significado, en este contexto:
no la ausencia de conflicto entre las superpotencias, sino la imposi-

---

[107] Gerchunoff, Pablo y Llach Lucas, El ciclo de la ilusión y el desencanto. Un siglo
de políticas económicas argentinas, Buenos Aires, Ariel, 2003, p. 286.

Cuadro XVIII - Crecer sin trabas
Crecimiento y comercio

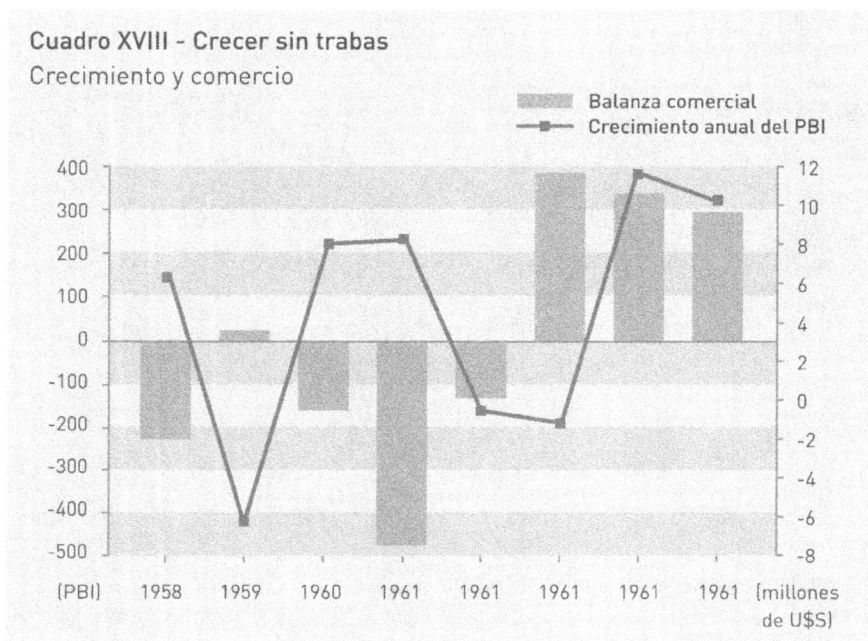

	Balanza comercial
	Crecimiento anual del PBI

bilidad de guerra y, si no había guerra, esto implicaba que las cuestiones sin disputa, en algún momento se iban a negociar, sobre todo las referidas a la división de Europa y en especial de Alemania.

La naturaleza del sistema internacional hacía que esta "coexistencia pacífica", que no era una ideología, sino la descripción de un hecho histórico, tuviera un carácter competitivo entre las superpotencias antagónicas.

Frigerio advertía que la Unión Soviética, no obstante su vuelco a la autarquía realizado por Stalin después de dar por concluida la etapa de la "nueva política económica" (NEP), lanzada por Lenin, que preveía como un elemento central del desarrollo soviético la colabo-

---

[108] Gerchunoff, Pablo y Llach Lucas, El ciclo de la ilusión y el desencanto. Un siglo de políticas económicas argentinas, Buenos Aires, Ariel, 2003, p. 300.

ración en primer plano del capital extranjero, era parte integrante del mercado mundial capitalista.

En consecuencia, el sistema mundial era básicamente capitalista, incluyendo el sistema centralmente planificado, y autárquico de la Unión Soviética. Por eso la regla en él era el nivel de incremento de la productividad que lograran sus protagonistas. Éste indicador clave tendría la última palabra en la competencia "pacífica" impuesta por la "coexistencia" inevitable surgida de Yalta.

El resultado de esta percepción estratégica que descartaba la posibilidad de una tercera Guerra Mundial, era que el papel del capital extranjero, decisivo para el proceso de acumulación de los países subdesarrollados, salía del marco establecido por la pugna entre imperialismo y antiimperialismo, fijado por Lenin, y se hacía posible recurrir a él como elemento central de una política nacional. El mérito de Frigerio es haber identificado esta tendencia esencial y colocado dentro de ella la cuestión nacional.

La revolución científico-tecnológica que tiene lugar dentro de la crisis del proceso de acumulación capitalista de la era industrial, y como respuesta a ella, crea un potencial extraordinario de producción que requiere el surgimiento de un mercado mundial integrado, capaz de incorporar a la producción y al consumo a los países en desarrollo, que representa las 4/5 partes de la población mundial.[109]

La necesidad histórica que tiene el capitalismo de ampliarse a los países en desarrollo se debe a que le queda chico un mercado mundial limitado a los países avanzados (EE.UU., UE, Japón), frente al enorme auge de su potencial productivo creado por la revolución tecnológica.[110]

---

[109] Odena, Isidoro, Entrevista con el mundo en transición, Buenos Aires, Ediciones Crisol, Segunda edición actualizada, 1976.
[110] Ibíd., p. 11 y 119.

Capítulo 6

Los aportes de Silvio Frondizi: EE.UU. y la integración mundial del capitalismo. "Fusión superimperialista de capitales"

Silvio Frondizi estima que la situación internacional después de 1945 puede caracterizarse como la "integración mundial del capitalismo" y es el resultado del enorme desarrollo de las fuerzas productivas y de la movilización de recursos que se produjo en EE.UU., con la consiguiente interdependencia económica[111].

Este desarrollo habría provocado una drástica ruptura del equilibrio entre las potencias capitalistas y dado lugar a una nítida primacía de EE.UU. Por eso, el capitalismo avanza en la etapa de la integración mundial a través de esta potencia, y se produce una integración de la producción en el plano internacional, así como en la etapa previa ocurrió en los mercados nacionales.

La lógica de este proceso de integración mundial a través de la producción es la siguiente: se realiza mediante la división internacional del trabajo, que lleva a una socialización / complejización creciente, que da lugar a la creación de grandes holdings, primero nacionales y luego internacionales, hasta culminar con un "trust único mundial, que comprende a todas las industrias y a todos los estados sin excepción (…). Se produce una fusión "superimperialista" mundial de los

---

[111] Frondizi, Silvio, La realidad argentina. Ensayo de interpretación sociológica. Tomo I, "El sistema capitalista", Buenos Aires, Ed. Praxis, 1955.

capitales", según Vladimir Illich Lenin, Prólogo a "Economía mundial e imperialismo" de Nicolás Bujarin, diciembre de 1915.[112]

El contenido de esa "fusión superimperialista mundial de capitales" es hoy el sistema integrado transnacional de la producción, núcleo productivo de la globalización, del cual las empresas transnacionales (ETN'S) son los actores fundamentales, que actúan a través de las inversiones extranjeras directas (IED).

6.1. "Fabuloso desarrollo técnico y prodigioso aumento de la productividad en EE.UU."

La emergencia de la integración mundial del capitalismo es inseparable del extraordinario desarrollo de las fuerzas productivas de EE.UU. durante la Segunda Guerra Mundial: "El proceso de concentración (en EE.UU.) ha marchado del previo y prodigioso desarrollo técnico. La War Production Board estima que en 1945 que la capacidad de producción de la industria norteamericana aumentó en su conjunto no menos de 40% desde 1939. En cuatro años, la producción de las máquinas-útiles (herramientas) casi iguala a la producción de los 30 años precedentes. El número de dichas máquinas pasó de 908.000 en 1940 a 1.700.000 en 1943. Como consecuencia, se elevó 25% la productividad de la mano de obra.[113]

"Lo mismo ocurrió –dice Silvio Frondizi– en la agricultura, hecho que configura un verdadero salto cualitativo (...). Así, de 1939 a 1944, la producción media supera en 27% a la de los años 1935-1939. En 1944, la producción agrícola requirió 3.000 millones de horas menos que en 1939, lo que representa una economía de 1.5 millones de trabajadores anuales".

La Segunda Guerra Mundial provocó, en síntesis, "un fabuloso desarrollo técnico y un prodigioso aumento de la productividad en EE.UU.". El excepcional desarrollo de sus fuerzas productivas en la

---

[112] Véase Tarcus, Horacio, El marxismo olvidado en la Argentina: Silvio Frondizi y Milcíades Peña, Buenos Aires, El Cielo por Asalto, 1996, p. 126 y ss.

[113] Frondizi, Silvio, op. cit., p. 22.

Silvio Frondizi

Segunda Guerra Mundial enfrentaba a EE.UU., al concluir el conflicto, con una profunda contradicción. Por un lado, el resto del mundo y en primer lugar Europa, se encontraba hondamente empobrecido y por otro, a pesar del surgimiento de nuevas regiones de crecimiento en el Sur y en el Oeste del país, el mercado interno resultaba insuficiente para absorber la gigantesca capacidad de producción creada entre 1939 y 1945. Por eso, EE.UU. lanzó el Plan Marshall para reconstruir Europa y comenzó a realizar inversiones industriales para desarrollar a países latinoamericanos, en primer lugar Brasil y México.

6.2. La integración mundial del capitalismo adelanta la globalización. Nuevo significado estratégico de la inversión extranjera directa.

La concepción de la integración mundial al capitalismo adelantaba la aparición de la globalización como fase particular de la acumulación capitalista que se desarrollaría a partir de la década del '70 como respuesta a los dos shocks petroleros de 1973 y 1979. También mostraba que la inversión norteamericana apuntaba a desarrollar la industria manufacturera en algunos países de América Latina, lo que le otorgaba un nuevo significado estratégico para los países de la región.

La crisis del sector externo (crisis de divisas) en 1949 de la Argentina cambia su relación con EE.UU.: "Hacia fines de 1949, la Argentina se ve obligada a negociar urgida por la falta de divisas, el bloqueo económico y político, el desgaste amenazador de su equipo productivo (se necesitaban US$ 5.000 millones para renovarlo) y otras consecuencias de la presión imperialista y de la incapacidad revolucionaria de la burguesía nacional".[114]

Por eso el año 1949 fue un punto de inflexión hacia el capital extranjero, sobre todo norteamericano, y en general en la política exterior de Perón respecto a EE.UU. Se pasó de la confrontación a la búsqueda de una alianza estratégica. Crisis del sector externo: entre 1948 y 1952, el saldo neto de divisas se redujo a una décima parte.

---

[114] Ibíd., p. 151.

Pasó de US$ 1.991 millones a US$ 177 millones.[115] El punto más crítico de la crisis del sector externo tenía lugar en el sector petrolero. En 1952, 60% de las divisas disponibles eran destinadas a la importación de petróleo crudo.

Por eso, Perón se vuelca al acuerdo con la Standard Oíl (California Argentina) para lograr el autoabastecimiento petrolero, lo que constituiría el antecedente directo de la política que llevaron a cabo Arturo Frondizi y Rogelio Frigerio entre 1958 y 1962.

---

[115] Ibíd., p. 185.

Capítulo 7

Visión estratégica de Federico Pinedo: Estados Unidos, nuevo eje del sistema mundial. Integración con Brasil. Estrategia de industrialización competitiva y exportadora.

La visión estratégica de Federico Pinedo sobre la inserción de la Argentina en el mundo tiene más relevancia que nunca. Esta visión estratégica está constituida por componentes fundamentales. En primer término, Pinedo piensa que el crecimiento económico de la Argentina es inseparable de un determinado tipo de inserción internacional; no hay crecimiento económico sostenido en una economía cerrada; por este motivo, hay que buscar la participación de la Argentina en las corrientes centrales de la época en lo que se refiere a la innovación tecnológica, la capacidad empresaria y al financiamiento. La formación de Federico Pinedo está profundamente impregnada por la cultura y la experiencia de la generación del ochenta y, esencialmente, por las enseñanzas de su maestro, Juan B. Justo, quien tempranamente comprende que no hay alternativa autárquica al crecimiento de la economía capitalista, que ante todo tiene un signo mundial.

El segundo elemento que distingue al pensamiento de Pinedo es la certidumbre de que la inserción internacional se debe establecer con lo más avanzado de la época, en términos de capacidad de crecimiento, innovación tecnológica y financiamiento. La generación del

80 había enfatizado que la inserción internacional del país estaba vinculada a la principal potencia de entonces: Gran Bretaña. Luego de la crisis del 30, Pinedo sostiene que la Argentina comete un error estratégico de envergadura al insistir en otorgar prioridad a Europa en lugar de hacerlo con los Estados Unidos.

Esta visión sobre el significado crucial de Estados Unidos no es una crítica a la generación del 80, sino un reconocimiento históricamente situado al papel que la economía estadounidense cumple en el proceso mundial de acumulación capitalista. Pinedo revela en junio de 1941, en un discurso en Nueva York, su visión sobre los Estados Unidos: "Nosotros los argentinos figuramos entre aquellos que con más frecuencia han incurrido en el grave error de mirar a Europa como el modelo principal y casi exclusivo, sin fijar nuestra mirada más que en forma esporádica en esta enorme nación, los Estados Unidos, que hasta hace poco parecía tan lejana de la nuestra y tan extraña a nuestro futuro destino. No hemos reparado que en nuestro propio continente, un pueblo despejado y enérgico desarrollaba y organizaba una nueva forma de existencia".

La búsqueda de la inserción prioritaria de la Argentina con los Estados Unidos es para Pinedo una cuestión de interés nacional en un determinado contexto histórico. Considera que las decisiones de los estadistas dependen del momento en que se toman y, en el período de la Generación del 80, la opción por Europa era la más adecuada. Sin embargo, comprueba que el mundo de principio de siglo no existía más, y en el nuevo escenario internacional que surgía el papel de los Estados Unidos era absolutamente crucial. Por este motivo, el crecimiento económico, basado en un agro mundialmente competitivo y en una industria argentina especializada en recursos naturales e integrada con la brasileña, dependía de la construcción de un triángulo entre Estados Unidos, Brasil y la Argentina. Sostiene Pinedo en una entrevista a La Nación (septiembre de 1941): "Después de una gira por los Estados Unidos vuelvo a la Argentina profundamente convencido de la necesidad de promover en toda las formas posi-

Federico Pinedo

bles, nuestro acercamiento hacia esa nación maravillosa. Los Estados Unidos no son un país: forman un mundo, rico, próspero, culto, progresista y emprendedor para el cual está abierto el camino al futuro".

El tercer componente de la visión de Pinedo se relaciona con la creación de las condiciones políticas internas que permitan realizar un crecimiento económico sostenido y una inserción internacional con lo más avanzado de la época, como lo hará con Alvear en 1941 y con Perón en 1953. Pinedo comprende que la mejor política económica, la más racional, la más comprensiva de las condiciones mundiales, poco puede si carece de fuerza y legitimidad política.

Pinedo ha sido testigo directo de las dificultades que experimenta un gobierno con una legitimidad cuestionada. Su experiencia durante la presidencia del general Agustín P. Justo es su principal guía al respecto. Por esta razón, Pinedo se reúne con el líder radical, Marcelo T. de Alvear en enero de 1941 en Mar del Plata y le propone un gran acuerdo nacional, cuyos puntos principales contemplaban la eliminación del fraude, la incorporación del radicalismo al sistema político y la creación de un gobierno de unidad nacional capaz de sustentar la estrategia de industrialización, y la nueva inserción internacional.

Dice Pinedo sobre EE UU: "La naturaleza ha dotado a EE.UU de manera privilegiada, pero es el trabajo del hombre, el empuje de la audacia, la tenacidad norteamericana, lo que ha puesto en valor toda la inmensa riqueza del país, y sacado provecho de recursos que en otras partes del mundo no se han explotado, o lo han hecho solo a medias."[116] "Es la organización norteamericana, su régimen político, lo que ha hecho que la riqueza del país se traduzca en el bienestar material de masas enormes de seres humanos".

Señala Federico Pinedo que "nosotros los argentinos figuramos entre aquellos que con más frecuencia han incurrido en el gran error de mirar a Europa como el modelo principal y casi exclusivo, sin fijar nuestra mirada más que en forma esporádica en esta enorme nación, EE.UU.,

---

[116] Castro, Jorge, Vigencia de la visión estratégica de Federico Pinedo, Cuaderno N° 243, Centro de estudios Nueva Mayoría, 2001.

que hasta hace poco parecía tan lejana de la Argentina y extraña su futuro". Después de una gira por EE.UU., vuelvo a la Argentina profundamente convencido de la necesidad de promover en todas las formas posibles nuestro acercamiento hacia esa nación maravillosa. Los EE.UU. no son un país, sino un mundo, rico, próspero, culto, progresista y emprendedor para el cual está abierto el camino al futuro."

7.1. Federico Pinedo y Perón. Respaldo al giro estratégico de Perón hacia el capital extranjero y el acuerdo con EE.UU. después de 1948.

Dijo Federico Pinedo en 1955 en su polémica con José Aguirre Cámara por la política de las corrientes conservadoras con respecto al peronismo:

"Cuando las autoridades toman medidas que coinciden con la orientación del Partido (Demócrata-Conservador) o cuando reaccionan contra lo que el Partido ha denunciado reiteradamente como política errónea, es absurdo que no se lo apruebe y no se insista al gobierno a perseverar en esa acción. (…) Es el caso de la política del gobierno (Perón) frente a las inversiones del capital extranjero para el desarrollo de las fuerzas productivas del país. Siempre hemos sostenido la necesidad del concurso del capital extranjero en el desarrollo del país, señalando que era una bendición y una condición para el progreso argentino (…), y cuando vemos al gobierno seguir una política coincidente con esos principios, debemos felicitarnos por ello, y alentarlo a que siga en ella".[117]

Pero lo más importante de Pinedo no es su comprensión del nuevo papel mundial de EE.UU., cuando fue prácticamente el único de su generación en percibir este hecho central, ni tampoco el que impulsó una estrategia de desarrollo industrial sostenido (Plan Pinedo de 1940) y la integración con Brasil (antecedente directo del Mercosur). Lo decisivo del papel histórico de Federico Pinedo se encuentra en el plano estrictamente político, centrado en el carácter prioritario que

---

[117] Pinedo, Federico, *Porfiando hacia el buen camino. Salida del remolino político e ideológico*, Buenos Aires, Edición del autor, julio de 1955. El subrayado es propio.

tuvo para él frenar, y en lo posible revertir, el creciente enfrentamiento entre los argentinos, cuya intensidad llevaba inexorablemente a una guerra civil generalizada, que finalmente ocurrió en la década del 70. Por eso Pinedo propuso aceptar "con toda vehemencia y buena voluntad" el llamado de Perón a la pacificación nacional del 10 de julio de 1955, tras los trágicos acontecimientos del 16 de junio, ocurridos en ocasión de la insurrección de la aviación naval y de la infantería de marina que provocaron más de 300 muertos, muchos de ellos civiles, en especial en Plaza de Mayo.

De ahí que Pinedo exhortara a los argentinos, como respuesta al llamamiento de Perón, a "dejar de ser enemigos" y exigiera que "nos autoamnistiemos todos recíprocamente". Dijo Pinedo desde la cárcel de Las Heras en carta dirigida al ministro Ángel Borlenghi que "los hombres políticos sólo pueden ser hombres de Estado (…), y por eso deben indicar lo que puede hacerse en bien de la República en asuntos de capital importancia, sea partidario o adversario quien conduzca el país". Y agregaba: "Para enfrentar y resolver los siguientes problemas que enfrenta el país, hay que mejorar la posición de la República Argentina en el comercio mundial, hay que resolver la falta, esto es, la escasez de divisas extranjeras, la moneda mundial; hay que aumentar la producción del agro; hay que rehacer los equipos de la industria y su financiamiento; hay que crear un mercado financiero y monetarios modernos". (junio de 1953).[118]

Pinedo, en otro momento, le dirá a Perón: "Las guerras no se hacen para guerrear, sino para triunfar y el gobierno puede declarar sin exageración que ha triunfado en toda la línea y que no tiene enfrente enemigo organizado alguno. El fin de la guerra puede, por lo tanto, ser declarado por él a título de triunfador y darla por concluida en forma unilateral, ya que no tiene adversario que le dispute ese terreno". Agregó Pinedo: "Es un hecho que desde hace más de un cuarto de siglo la vida del país está perturbada en su funcionamiento (…).

---

[118] Azaretto, Roberto, Federico Pinedo. Político y economista, Buenos Aires, Emecé, 1998, p. 211 y ss.

El hecho indiscutible es que fundamentales resortes del sistema republicano han funcionado deficientemente o no han funcionado en forma alguna, y que ese fenómeno ha sido coetáneo con una perturbación acaso más acentuada del espíritu público (…). Por eso hay que pacificar espiritualmente al país".

Este logro, que es la pacificación de los argentinos, debe servir "para mejorar la posición de la Argentina en el comercio mundial y avanzar en materia de divisas extranjeras, para solucionar la situación del agro, de modo que pueda aumentar la producción, sin elevar los privilegios de nadie frente a la colectividad. También hay que resolver los problemas de la industria, haciéndola capaz de mejorar sus equipos y de sortear sus dificultades financieras, sin recurrir a novedades inflacionarias, que crean otra suerte de problemas".

Había advertido en 1953: "La paz política es una meta; la pacificación es un proceso encaminado a alcanzar esa meta, y ese proceso no puede dejar de seguirse porque la meta no aparezca al alcance de la mano desde el comienzo'.[119]

Pinedo consideraba que después de la convulsión por la que el país ha pasado el problema de la pacificación ha adquirido mayor importancia y presenta mayores dificultades, pero no por eso hay que renunciar a afrontarlo. "Habrá mucho que hacer por gobernantes y gobernados para que, luego de 10 años de juego político violento, pueda restablecerse o establecerse normas de acción promisorias de un porvenir tranquilo", comentaba Pinedo.

Por eso, "nadie propone que el partido (refiriéndose a los conservadores) salga a aplaudir un sistema de dirigir la cosa pública que es antagónico con sus ideas y sus métodos". Hay mil motivos para estar descontento de cómo se han manejado los asuntos públicos en los últimos 10 años y, si se le permite, debe apuntar lo que a su juicio constituyen errores y lo que debe hacerse para solucionarlos, yendo

---

[119] Pinedo, Federico, "Política evolutiva para salir del régimen dictatorial" (diciembre de 1953) en Trabajoso resurgimiento argentino, Tomo I, Buenos Aires, Fundación de Banco Galicia y Buenos Aires, p. 275.

mucho más allá del reclamo de libertades elementales, que son de importancia capital, pero que aun conseguidas dejarían innumerables problemas a resolver. A la inversa, cuando las autoridades toman medidas que coinciden con la orientación del Partido o cuando reaccionan contra lo que desde el Partido se ha denunciado como una política errónea, es absurdo que el Partido no lo apruebe y que no inste al gobierno a perseverar en esa acción".[120]

Destacaba en esos años, por ejemplo la política del gobierno peronista frente a las inversiones de capitales extranjeros para el desarrollo de las fuerzas productivas del país. En esa materia, decía, "el partido demócrata, como sus antecesores, como todos los grandes gobernantes que ha habido en el país, ha tenido una concepción firme e invariable, y ha seguido una política a la que el país debe gran parte de su desarrollo. Desde la Constitución del 53 hasta las vísperas del 4 de junio, los antecesores del Partido Demócrata y sus estadistas más caracterizados han sostenido que el concurso del capital extranjero al desarrollo del país era una bendición, y que era una condición del progreso argentino". Y agregaba "podemos tener dudas del éxito de los intentos oficiales de atracción de capitales por medios distintos que el probado procedimiento de tratarlo con equidad y respetar el derecho privado; pero, si vemos al gobierno inclinado a seguir con respecto a una rama importante de la producción argentina una política coincidente con esos principios debemos felicitarnos de ello y alentarlo a que prosiga esa política y que la generalice, en la medida que lo creemos compatible con el interés nacional permanente".

Y advertía que en materia de política internacional "hemos sostenido que la nación debe crearse afectos y no enemistades, y reiteradamente hemos insistido en que interesa a la República colocarse resueltamente del lado de las grandes naciones que tienen nuestro tipo de civilización (...) Cuando hemos considerado que la política del gobierno nos alejaba de nuestros amigos tradicionales y de las grandes

---

[120] Ibíd., p. 276.

naciones democráticas, que defienden en el mundo lo que al país le interesa que triunfe, hemos deplorado esa política; pero si vemos que desde su particular punto de vista el gobierno se aproxima a las naciones afines o suprime obstáculos para que nos entendamos con ellas, es nuestro deber alentar esa evolución".[121]

7.1.1. Prioridad política de Pinedo: pacificación de los argentinos. Revertir la tendencia a la guerra civil. Pinedo se opone a la Revolución de 1955 contra Perón.

Una vez caído Perón, Pinedo se opone a la Revolución de 1955, y consideró en "Necesidad urgente: claridad y verdad en materia económica":

"Porque conocemos la gravedad de esos males, estamos lejos de hacer cargos a los hombres que llegaron al poder en setiembre del año anterior (1955) o los que los sucedieron después de la rectificación de noviembre, por no haber convertido al país en un edén en el tiempo que han gobernado. No estaban por cierto en condiciones de hacerlo. Pero el tiempo pasa, y no sólo no se nota en las actuales autoridades indicación precisa de que repudian categóricamente la política que causó la mayor parte de nuestros males, sino que por momentos parece que hubieran asimilado y hecho propio lo fundamental de las concepciones económicas del régimen anterior, cuando debían haber comprendido por dura experiencia que era insostenible".[122]

Y un año después concluía: "No puede hacerse al país, a su independencia económica, a su bienestar, mayor agravio que mantener inexplotada esa riqueza que está al alcance de la mano, con el pretexto de defender la soberanía nacional. La soberanía se afecta prolongando indebidamente esta situación de dependencia del suministro extranjero para las necesidades vitales del país, que no sabemos cómo podrá satisfacerse y a precio de qué, en determinada emergencia interna-

---

[121] Ibíd., p. 278.

[122] Pinedo, Federico, "Necesidad urgente: claridad y verdad en materia económica (Unión Nacional, 1956)", en Trabajoso resurgimiento argentino... Op. cit., p. 489.

cional. El petróleo hay que sacarlo pronto de la entraña de la tierra y ponerlo al servicio del pueblo que tan vitalmente lo necesita".[123]

7.2. La formación de Pinedo: Juan B. Justo y su visión sobre EE.UU.

La visión estratégica de Federico Pinedo es inseparable de su formación en el Partido Socialista con su maestro Juan B. Justo que lo introdujo al pensamiento de Marx y a la obra de Rudolf Hilferding y Rosa Luxemburgo.

El núcleo de la comprensión de Juan B. Justo sobre el capitalismo como fenómeno económico y civilizatorio surge de su viaje a Estados Unidos en 1895 y fue formulado en dieciocho artículos en el diario La Vanguardia, que conformaron una obra fundamental del fundador del socialismo argentino: "Apuntes sobre Estados Unidos escritos para un diario obrero".

En el primer apunte resume el propósito fundamental de su viaje, visitar un país que "desde hace un siglo y medio atrae la atención del mundo" y "donde el capitalismo se desarrolla más grande y más libre", y "donde conviene estudiar su evolución".[124]

La visión de Justo fue diferente a la de Marx en Inglaterra. Afirmaba que "el carácter preeminente del país es su desarrollo económico", que ha coincidido con el crecimiento de la industria y el comercio universales bajo la influencia del vapor y de las máquinas. Tan marcada evolución ha sido posible porque el país está libre de todo militarismo, porque no tiene vecinos ni colonias por defender", diferenciándose "de las convulsiones de los países sudamericanos, donde la clase gobernante es de una incapacidad económica completa".[125]

Para Justo, "Norteamérica es el país de las invenciones y de las máquinas", donde "la competencia es un nuevo factor del crecimiento eco-

---

[123] Pinedo, Federico, "Los conservadores opinan sobre la situación del país (4/4/1957) en Trabajoso resurgimiento argentino... Op. cit.

[124] Justo, Juan B. "Apuntes sobre Estados Unidos escritos para un diario obrero", en La Vanguardia, Buenos Aires, abril-octubre de 1895.

[125] Ibíd.

nómico". Este Estado "es el mejor organizado y armado para las tareas de la industria" y es allí donde "el trabajo humano llega a un máximo de intensidad y eficacia", destacando "la capacidad productiva de cada obrero" que "es muy grande", en momentos en que "el proceso de integración en todo el mundo capitalista está causando la desaparición de las pequeñas empresas y el desarrollo de algunas muy grandes". [126]

En su descripción de las características más importantes de la economía norteamericana del siglo XIX analiza la situación de los trabajadores estadounidenses. Consideraba que "a juzgar por la exterioridad de las cosas, en general viven pasablemente bien en los Estados Unidos". Por ello expresa: "¡Cuán lejos están los trabajadores de muchos países, entre estos la República Argentina de vivir como los obreros norteamericanos! ¡Y sin embargo, cuán lejos están los mismos de una vida de abundancia regular y segura!". [127]

Además, consideraba que "el pueblo norteamericano ha vivido no sólo de justicia y libertad. La verdad es que si en este país están reguladas por la costumbre o por la ley relaciones entregadas todavía en otras partes a la ley brutal del más fuerte, y si es cierto, de una manera general, que para la raza blanca de los Estados Unidos ha sido libre la actividad intelectual" y que "este ha sido también para ella un país de igualdad, todo ha correspondido a condiciones económicas claramente comprendidas". [128]

Aseguraba que "el pueblo norteamericano es menos inteligente e instruido que educado y enérgico". En él "están tan arraigados sus hábitos de libre examen, de discusión, de voto y de respeto a la decisión de la mayoría, encarnación de la fuerza en toda sociedad humana adelantada, que para la acción efectiva es muy superior a otros pueblos avanzados en su desarrollo intelectual. La libertad de palabra, de prensa, de reunión y de asociación, están definitivamente incorporadas a la conciencia nacional. Es muy posible, pues, que contra lo que

---

[126] Ibíd.
[127] Ibíd.
[128] Ibíd.

haría suponer un examen superficial, los Estados Unidos sean pronto la nación más adelantada de la tierra". [129]

En el trabajo Economía, valor, interés (1913), Justo realiza una profunda crítica a la teoría del valor de Marx incorporando un nuevo concepto que llama "trabajo económico". Justo se oponía a la teoría marxista del valor porque veía exclusivamente en el trabajo obrero el parámetro para determinar el valor de un producto sobre la base del número de horas trabajadas en su elaboración.

Según Justo, a Marx le faltó reconocer que el aumento de productividad del trabajo era un nuevo componente del mejoramiento del salario del obrero. Además, incorpora en la determinación del costo del producto el papel de la dirección empresaria en la planta fabril, un componente hasta entonces ajeno a la teoría marxista del valor.

De esta manera, aportó datos relativos a un estudio de la evolución de los salarios en los Estados Unidos entre 1840 y 1899, demostrando que allí la jornada de trabajo ha ido acortándose paulatinamente. "Entre tanto, el movimiento simultáneo de los precios observó una relación inversa: a mayores salarios, menores precios o, dicho en otros términos, la curva de los salarios había aumentado más rápidamente que la de los precios". [130]

Por ello, "lo que nos importa, son los recursos de que dispone el trabajador, los medios de vida que consigue. Sería erróneo medirlos por la cantidad de moneda que recibe, por su salario nominal, porque en manos de gobiernos corrompidos e ineptos, los signos monetarios suelen envilecerse hasta representar un valor mucho menor". [131]

De ahí que, "para apreciar la verdadera recompensa del trabajo asalariado, del salario real, preciso es relacionar la expresión monetaria del salario o salario nominal, con los precios de los principales artículos y servicios que el trabajador necesita o desea. Se llega así a la expresión numérica más aproximada del standard of life, del nivel

---

[129] Ibíd.
[130] Justo, Juan B., Economía, valor, intereses, Buenos Aires, s/e, 1913.
[131] Ibíd.

de vida del trabajador, del conjunto de sus recursos para el bienestar y el desarrollo suyo y de sus hijos. Y este es el dato decisivo, porque de él depende el porvenir. Entre la pitanza que apenas alcanza al trabajador para mantener su fuerza muscular y engendrar una prole desgraciada, y el salario suficiente para la vida higiénica y la educación del productor y de sus hijos, hay una diferencia fundamental, aunque en ambos casos el trabajador sea explotado, y aun si lo fuera en igual grado. La miseria es acumulativa en las generaciones sucesivas; las capacidades y aspiraciones también lo son".[132]

En su obra Teoría y práctica de la historia afirma que "la elevación del nivel de vida en el desarrollo histórico se traduce en la modificación del porcentaje en los diversos gastos. Junto a los salarios reales, crece el margen de las ganancias pecuniarias para el trabajador que este puede destinar a los más altos fines. Progresan en general las necesidades del obrero y sus medios para satisfacerlas".[133]

Por lo tanto consideraba que un salario es rico cuando de él se destina la menor parte a la satisfacción de las necesidades materiales de la existencia y pobre cuando el por ciento mayor debe estar consagrado a solventar los requerimientos más próximos al nivel de vida de una mera subsistencia, fundamentalmente a la compra de alimentos.

En su teoría del trabajo económico, Justo considerará que "el valor está en la utilidad del trabajo. Y esto es más que una simple solución verbal. Quiero decir que además del trabajo técnico hay un trabajo económico, la actividad de los hombres que calculan la mejor aplicación posible del trabajo técnico de sí mismos y de los demás, de los hombres que reconocen la demanda y se ocupan de que ella sea atendida, sin exceso. No sólo el trabajo de dirección técnica, que guía nuestra acción intelectual sobre el medio físico – biológico tiene, pues, un alto valor. Lo tiene también el trabajo económico que combina y organiza los esfuerzos de los hombres en esa acción y los

---

[132] Ibíd.
[133] Justo, Juan B., Teoría y Práctica de la Historia, Buenos Aires, Lotito & Barberis, 1909.

dirige a satisfacer las necesidades más sentidas".[134] Además considera que "para acentuar el privilegio del capital, Marx ignora el trabajo económico como creador de valor".

7.2.1. Justo critica la teoría del valor de Marx: énfasis en el significado de la productividad

El 27 de junio de 1919 Justo elevó al Comité Ejecutivo del Partido Socialista el Informe de su actuación en las reuniones de la Internacional Socialista en Berna y en Ámsterdam. En este informe, y luego de la Revolución Rusa de 1917, sostiene que "en Rusia, teatro de la revolución política que hasta ahora haya pretendido ser más fundamental, vemos a sus directores debatirse con las dificultades que ellos mismos se han creado, menospreciando y persiguiendo por motivos políticos, a los hombres educados para los grados superiores del trabajo productor" agregando que "la dictadura bolchevique rompió con los hombres aptos e indispensables para los trabajos superiores".[135]

La dirigencia obrera y política bolchevique no había hecho otra cosa que seguir al pie de la letra las consignas que se desprendían de la teoría marxista del valor, al sostener que en la producción el único trabajo digno de reconocimiento era el de los obreros. Justo expresará que "solo después de miles de errores, la clase trabajadora de un país llegará a educarse para la dirección de la producción, y en ninguna parte podrá desde el principio renunciar a los servicios de los especialistas burgueses",[136] denunciados por los soviets como cómplices del capitalismo.

Estas afirmaciones y las observaciones de sus viajes llevaron a Justo a otorgar un papel fundamental en el contexto internacional a los Estados Unidos, que veía como la próxima gran potencia. Por el contrario, veía a la Unión Soviética como un régimen condenado al fracaso,

---

[134] Justo, Juan B., Economía, Valor, Intereses, Op. cit.

[135] Justo, Juan B., Informe al Comité Ejecutivo del Partido Socialista, 27 de junio de 1919.

[136] Ibíd.

al no estimular los aumentos de productividad y de la alta gerencia para generar trabajo económico y valor.

7.2.2. Juan B. Justo adelanta la globalización: defensa del comercio internacional y rechazo al proteccionismo. "Los argentinos son el pueblo más internacional de la tierra"

Justo hace en Internacionalismo y Patria, una nítida defensa del libre comercio internacional, que es el principal de los postulados que presenta en la Conferencia de la Internacional Socialista en Berna. Consideraba que "los países chicos, dada la limitación de sus recursos naturales, necesitan del libre comercio internacional más aún que los grandes". Sobre estas consideraciones reclamó "para los productos del trabajo argentino el derecho de ser admitidos en las mismas condiciones que los de cualquier otro país". Afirmaba que "la abolición del proteccionismo aduanero solo amenaza las ganancias espurias que a sus sombras realizan algunas empresas y la renta abusiva de tierras destinadas, gracias a la aduana, a cultivos que económicamente debieran ser hechos en otros países".[137] En este trabajo considera que es necesaria "la unificación económica del mundo, como los más grandes estados existentes han realizado la suya, esto es, aboliendo las trabas fiscales al comercio interior, que cuando se trata del mundo es el comercio internacional, y dándose un sistema uniforme de moneda y de medidas".[138]

Justo consideraba a la Argentina como "el pueblo más internacional de la tierra. Somos internacionales no solo por la raza, sino también por lo que consumimos" y porque "nuestros instrumentos de trabajo los recibimos del exterior". Pero además, "lo somos también por lo que producimos; y producimos para el mundo, más que cualquier otro país. Hay una estadística oficial referente al monto del comercio exterior por cabeza de la población: ese monto es en nuestro país uno

---

[137] Justo, Juan B., Internacionalismo y Patria, Buenos Aires, Ed. La Vanguardia, 1933, pp. 24-25.
[138] Ibíd., pp. 26-27. El subrayado es propio.

de los más altos de la tierra, muy superior al de los Estados Unidos en cuanto al monto por habitante".[139]

"Pero eso mismo nos presenta el fondo del asunto: se trata de la defensa del comercio exterior, de la necesidad de mantener expeditas las vías marítimas por las cuales vienen al país las cosas que necesitamos y salen las que producimos para el pueblo trabajador de otros países. Porque no producimos aquí los artículos de lujo: producimos alimentos y materias primas para las poblaciones europeas".[140]

"Contra el orgullo y el gusto por la prepotencia nacional, verdadero provincianismo, en que tantas veces se hunde la política de los pueblos, no hay defensa más segura que el socialismo, que de la competencia capitalista internacional deduce la solidaridad obrera cosmopolita, que quiere para el comercio internacional la mayor libertad, no en honor del librecambio abstracto, que tan mal disimula intereses capitalistas particulares, sino para mejorar la situación del pueblo".[141]

7.2.3. La hipótesis de Justo: la Argentina, país nuevo. El capítulo XXV, tomo I de El Capital: canon de interpretación del desarrollo capitalista argentino

Refiriéndose a la semejanza estructural entre EE.UU. y la Argentina en su común condición de "países nuevos", señala José Aricó: "La escasez de brazos y la extrema movilidad social que de ésta deriva (sumada a) la presencia de inmensos territorios libres, hace que aparezca ante nuestros ojos ese as de singularidad sobre el que la conciencia radical europea fundará las razones de la anomalía americana. Si para Hegel la existencia de tierra libre imposibilitaba la emergencia del Estado moderno, la inmigración constante diluía las diferencias de clase constitutivas de la sociedad burguesa. (…) Para Marx, la inexistencia de la presión sobrepoblacional (debido

---

[139] Ibíd., pp. 141-142. El subrayado es propio.
[140] Ibíd., p. 143.
[141] Justo, Juan B., Discursos y Escritos Políticos, Buenos Aires, Ateneo, 1933, p. 132.

a sus inmensos territorios desiertos) colocaba a EE.UU. fuera de la revolución europea que presagiaba".[142]

La novedad histórica de la civilización estadounidense y su semejanza estructural con la Argentina es lo que advierte Juan B. Justo en su viaje a EE.UU. en 1895. Dice Justo: "La población blanca de los Estados Unidos proviene de casi todas las naciones europeas, sobre todo las que más sobresalen por su energía y capacidad de organización. El capitalismo se ha desarrollado allí libre de toda traba feudal (…) y libre de todo militarismo, porque no tiene vecinos temibles ni colonias que defender (…), o donde, como en la República Argentina, una numerosa y activa población extranjera se mantiene afuera del organismo político del país".[143]

Agrega Justo que en EE.UU., "el capitalismo se desarrolla hoy más grande y más libre, y es allí, pues, donde conviene estudiar su evolución. EE.UU. —dice Justo en sus cartas para La Vanguardia— es el país de las invenciones y de las máquinas, (…) el mejor armado y organizado para las tareas de la industria y donde el trabajo humano ha llegado a un máximo de intensidad y eficacia".

El superior nivel de productividad de la economía norteamericana hace que el movimiento de los precios observe una relación inversa a la jornada de trabajo. Por eso, en ella "(…) a mayores salarios para sus trabajadores, hay menores precios; y sus condiciones de vida (ingreso real per cápita) aumentan sostenidamente. Este es el dato decisivo (respecto a EE.UU.) porque de él depende el porvenir". De ahí que Justo, al igual que su discípulo Federico Pinedo, enfatice la modernidad estructural del sistema capitalista argentino.

Para Justo, señala Aricó, "(…) la evolución económica argentina es un ejemplo concreto del proceso de colonización capitalista que se opera en los países periféricos en el siglo XXI. Es la expansión capitalista

---

[142] Aricó José, La hipótesis de Justo. Escritos sobre el socialismo en América Latina, Buenos Aires, Editorial Sudamericana, 1999, p. 66 y ss.
[143] Ibíd. El subrayado es propio.

en vastas tierras vírgenes despobladas, la que plantea a las clases gobernantes la necesidad de crear rápidamente una fuerza de trabajo asalariada, sin la cual la explotación capitalista no tendría fundamento (…). Es lo que plantea Marx en el capítulo XXV del tomo I de El Capital ("La teoría moderna de la colonización").

Para Justo, el capítulo XXV de El Capital adquirió "el carácter de un cánon interpretativo incuestionable" del desarrollo capitalista argentino. Por eso, señaló Justo en la polémica con Enrico Ferri: "De este modo, se ha formado en el país una clase proletaria numerosa, relativa a la población (de origen inmigratorio), que trabaja en la producción agropecuaria, en gran parte mecanizada; en los veinte y tantos mil kilómetros de vías férreas; en el movimiento de carga de los puertos, que están entre los más activos del mundo; en la construcción de las nacientes ciudades; en los frigoríficos, en las bodegas, en los talleres, en las fábricas. Y a esa masa proletaria (de origen europeo) se agrega cada año de 1/5 a ¼ de millón de inmigrantes."

"¿No es esta —se pregunta Justo— la mejor prueba de que la agricultura argentina es a tal punto capitalista, y está a tal grado vinculada a la economía mundial, que ya no puede engendrar las ideas políticas de los viejos pueblos de campesinos propietarios (autosuficientes)?"

Por eso el diagnóstico central de Juan B. Justo sobre la economía argentina era que "(…) el proceso económico del país, base de su evolución política y social, sigue el mismo curso del capitalismo internacional, pero con un ritmo más acelerado, al aplicar las grandes invenciones, las formas y los métodos de producción más adelantados (creados por los otros países capitalistas). (…) Las condiciones de país de colonización y su característica agrícola y ganadera, han permitido que las condiciones generales de vida de la clase obrera puedan ser superiores a las de los grandes países capitalistas".[144]

7.3. Federico Pinedo y la teoría de la dependencia: polémica con la CEPAL sobre el "atraso" de la Argentina. Rechazo a la teoría del

---

[144] Ibíd., p. 106.

deterioro de los términos de intercambio debido a la superior productividad del agro argentino.

Pinedo en el marco de los debates en torno a la teoría de la dependencia y el aporte de la CEPAL consideraba que:

"dos causas fundamentales parece tener, según los informes de la CEPAL, la miseria de los latinoamericanos, patentizada por el escaso ingreso que se ha calculado que tienen y que no lleva miras de mejorar, dado el escaso índice de crecimiento de ingreso per cápita. Una de las causas es la defectuosa estructura económico-social de estos países, con una reducida clase superior de alto ingreso que lo dilapida y una masa popular pobrísima, situación que resulta más que nada de una viciosa tenencia de la tierra, que para el conjunto social produce escaso ingreso y pobre capitalización. La otra causa es el estrangulamiento del desarrollo de estos países por el mundo exterior, que resulta de un conjunto de circunstancias que pueden ser anotadas como defectos de estructura del comercio exterior, reflejo de defectos de estructura del mundo entero".[145]

En lo que concierne a nuestro país importaba "negar la evidencia misma decir que la petrificada estructura social entorpece o impide, con su impermeabilidad, el surgimiento y el ascenso de los elementos dinámicos, capaces de impulsar la economía (…). La verdad visible, palpable, innegable, es que desde hace rato la inmensa mayoría de quienes ocupan o han ocupado lugar prominente en la vida económica o en otros aspectos de la vida social no provienen de un patriciado local con preeminencia heredada, ni llegaron a esta tierra en condición de potentados".[146]

Consideraba que "la estructura rural argentina, como lo sabe todo el que ha visto el país, o en alguna forma se ha enterado de lo que aquí existe, tiene las características propias de lo que en la terminología de la CEPAL puede señalarse como características de capitalismo. No está establecida en el campo una fracción importante

---

[145] Pinedo, Federico. "La CEPAL y la realidad económica latinoamericana", en Trabajoso resurgimiento argentino… Op. cit., p. 759.
[146] Ibíd., p. 763.

de su población, que tenga o haya tenido en ella tradicionalmente su medio de vida. Es imposible encontrar en él una masa de gente hambrienta de tierra, que espere asentarse en ella y vivir en ella consumiendo directamente lo poco que pueda sacarle. Las chacras de subsistencia precapitalistas, como las que ha habido o hay en otros países, son extrañas a nuestra estructura social".[147]

En los informes de la CEPAL, a su entender, se demostraba que "están actuando, contra nuestra posible prosperidad, defectos estructurales del mundo, que se manifiestan en tendencias del comercio internacional favorables a un grupo de naciones desarrolladas y fatal para todos los pueblos subdesarrollados, entre los cuales, naturalmente, se nos cuenta".[148]

Pinedo señaló: "La estructura rural argentina tiene los rasgos propios de lo que la CEPAL ha señalado como los propios del capitalismo. No hay en el campo argentino una fracción importante de su población que tenga o haya tenido tradicionalmente su medio de vida en ella. (…) Las chacras de subsistencia precapitalistas, como las que ha habido y hay en otros países (de América Latina) son extrañas a nuestra organización social".[149]

Reducida a su mínima expresión, la idea básica en que se apoya la teoría del "estrangulamiento externo de los pueblos subdesarrollados" consiste en que "por un conjunto de circunstancias, los precios de los productos que exportan los países subdesarrollados tienen tendencia a bajar con relación a los precios de los que exportan los países desarrollados. Es lo que se llama el empeoramiento o deterioro de los términos de intercambio. De ello resulta que los países subdesarrollados, manteniendo igual cantidad de sus exportaciones, reciben cada vez menos productos extranjeros, o que tiene que entregar cada vez más productos propios para recibir la misma cantidad de productos ajenos".[150]

---

[147] Ibíd., p. 763.
[148] Ibíd., p. 766.
[149] Ibíd., p. 103.
[150] Ibíd., p. 766.

"Como causa fundamental de que ese deterioro se produzca o tienda a hacerse sentir si indica la existencia de una supuesta ley económica que hace que la demanda de productos primarios, que preponderantemente exportan los países subdesarrollado, también llamados de la periferia, en especial los de Latinoamérica, tiende a crecer menos que la demanda de los productos industriales, que fabrican los países desarrollados, también llamados del centro".[151]

"En repetidas ocasiones se ha sometido a devastadora crítica el conjunto concatenado de aseveraciones contenido en la doctrina que acaba de resumirse Se ha demostrado que tiene menos valor que el que por juicio ligero puede atribuirse al concepto en sí de que importa siempre un perjuicio el dar mayor cantidad de productos propios por igual cantidad de productos ajenos, porque ello depende de la alteración de los relativos costos, ya que dar 12 en vez de 10 medidas de trigo por comprar una máquina no resulta perjudicial si el esfuerzo y el gasto, o sea el costo con que se produce una medida de trigo, ha bajado a la mitad (...) Se ha puesto en evidencia que valen poco las cifras con que se da por demostrado que los precios de los productos primarios tienden a bajar en comparación con los de los artículos manufacturados, porque ello aparezca demostrado partiendo de las cifras de año X, si partiendo de los datos del año Y o Z el resultado es distinto u opuesto, lo que sucede constantemente".[152]

"Vale la pena apuntar al respecto algunos datos, tomados del anuario de la FAO correspondiente a 1961: En carne de toda especie, en millones de dólares, exportaron en 1960: Dinamarca 382, Nueva Zelanda 227, Argentina 222, Holanda 221, Australia 166, Estados Unidos 130. En cereales por millones de dólares exportaron en 1960: Estados Unidos 1724, Canadá 569, Argentina 316, Australia 229, Francia 192 (...) Como se ve, nuestros colegas o concurrentes en nuestras más importantes exportaciones no son latinoamericanos, no son tampoco países subdesarrollados, siendo forzoso admitir que

---

[151] Ibíd., p. 767.
[152] Ibíd., p. 768.

la ley del deterioro de los términos de intercambio, si existe, ha sido benévola con ellos, ya que en vez de estar, por efectos de ella sumidos en la pobreza, están colocados entre los países de más alto ingreso per cápita en el mundo entero. Cuando se examinan esas cifras se llega a la conclusión de que no es razonable identificar la condición de fuerte exportador de esos productos con la condición de subdesarrollado".[153]
"Si a las calamidades resultantes de la estructura externa se yuxtaponen las consecuencias de la creciente opresión del mundo periférico subdesarrollado, a consecuencia de la estructura del comercio mundial, es lógico también que se quiera cambiar rápidamente esa situación atacando las fuentes del mal, en vez de contentarse con paliativos".[154]
"Como fundamental medida en la buena dirección, dice la CEPAL, para cambiar radicalmente la organización social debe empezarse en los países de la región por el régimen de la tierra. Si se lo hace bien, conforme a lo aconsejado por la CEPAL, se alcanzarán simultáneamente dos grandes objetivos: se abrirá la posibilidad de una mejor explotación del suelo y se privará a la minoría opulenta de recursos que dilapida".[155]
Simultáneamente, siempre según la CEPAL, debían "corregirse lo que ande mal fuera de nuestro mundo y que causa o acrecienta el mal de estos pueblos. Los países desarrollados deben prestar, dar y sobre todo deben impedir que los términos de intercambio sigan beneficiándolos a ellos y perjudicando a los subdesarrollados. Entre otras cosas deben avenirse a que, cuando bajen los precios de lo que ellos compran, la diferencia sea retirada a los consumidores de sus países (norteamericanos o europeos occidentales) por medio de un impuesto especial cuyo producto se pondrá a disposición de los subdesarrollados para que se desarrollen".[156]

---

[153] Ibíd., p. 770.
[154] Ibíd., p. 773.
[155] Ibíd., p. 774.
[156] Ibíd., p. 163.

7.3.1. Prebisch, Pinedo y el Plan de 1940. Promoción de la industria nacional y giro estratégico de largo plazo

Raúl Prebisch fue una de las personalidades de mayor relieve internacional de la Argentina del siglo XX. También fue –junto con Federico Pinedo– uno de los constructores del nuevo Estado que surgió de la Gran Crisis de la década del 30, la contracara y el instrumento de la transformación industrial del país, que modificó para siempre su estructura económica, social y política.[157]

Más adelante, a través de la CEPAL, Prebisch se convirtió en el principal intérprete e impulsor de la "estrategia de industrialización sustitutiva de las importaciones" de los países de América Latina, fundada en su concepción –y en la de Hans Singer– sobre el "deterioro de los términos de intercambio".

El 28 de noviembre de 1933, Federico Pinedo, entonces Ministro de Hacienda del presidente Agustín P. Justo, presentó ante el Congreso el "Plan de Recuperación Económica", escrito hasta en sus detalles por Raúl Prebisch.

El Plan estableció una nueva dirección estratégica para la economía argentina. Fijaba tres puntos fundamentales, que condicionaban el conjunto: una devaluación de 10% del peso frente a la libra esterlina, que se transformó en 20% en 1935; una profundización del sistema de control de cambios establecido en 1931, que forzaba a los importadores a establecer plantas industriales en el país; por último, un aumento general de tarifas, para promover la sustitución de importaciones.

También se lanzaba un vasto plan de construcción de carreteras, que las llevarían a 30.000 Km en 1939, comparada con los 2.100 Km existentes antes de 1930; y se estableció, por primera vez en la historia del país, una marina mercante nacional. De inmediato, se crearon la Junta Nacional de Granos y la Junta Nacional de Carnes como instrumentos de acción del Estado en los sectores fundamentales de la economía.

Pinedo sostuvo que el Plan era una "respuesta de emergencia" ante la

---

[157] Dosman, Edgar J., The Life and Times of Raúl Prebisch, 1901-1986, Canadá, McGill-Queen´s University Press, 2008.

Gran Depresión de la década del 30, pero al mismo tiempo fortalecía deliberadamente la demanda doméstica y promovía la industrialización sustitutiva de importaciones a través del control del sector externo, del tipo de cambio y de vastos programas de obras públicas. En 1938, la industria argentina, surgida del giro estratégico de 1933, era superior a la producción agrícola y ganadera en la composición del producto; se lograba el pleno empleo –tras haber alcanzado una tasa de desocupación de 20% en 1932– y los trabajadores industriales, tempranamente sindicalizados, constituían el sector mayoritario de los medios populares, sobre todo en el Gran Buenos Aires, Gran Córdoba y Rosario.

El desarrollo industrial de la década del 30 creó un sistema de comercio internacional de carácter trilateral donde los dos polos externos eran, por un lado, Gran Bretaña y por el otro, Estados Unidos.

El comercio con Gran Bretaña, fundado en las exportaciones de carnes y granos de la Argentina, era ampliamente superavitario, mientras que la provisión de bienes de equipo y de capital de EE.UU., transformaba al vínculo, con carácter inverso, en igualmente deficitario. En 1939, Gran Bretaña bloqueó la libra esterlina y la Argentina se encontró, súbitamente, carente de recursos para importar de EE.UU. los equipos imprescindibles para su desarrollo industrial. Prebisch y Pinedo advirtieron que la actitud británica mostraba, no sólo su decadencia irreversible, sino la aparición de un nuevo sistema de poder mundial, con eje en EE.UU.; también extinguía la estructura triangular del comercio exterior.

Para la Argentina, la cuestión era cómo ingresar en el nuevo sistema de poder mundial encabezado por EE.UU. en condiciones favorables, esto es, de desarrollo sostenido, y no en una forma dependiente que paralizara su crecimiento doméstico.

Ese fue el Plan de 1940 ("Plan Pinedo"), elaborado en forma directa por Raúl Prebisch y su equipo.[158] "El Plan Pinedo fue al mismo tiempo

---

[158] Véase Llach, Juan José, "El Plan Pinedo de 1940. Su significado histórico y los orígenes de la economía política del peronismo" en Desarrollo Económico, V. 23,

un audaz programa para promover la industria nacional, y un plan estratégico de largo plazo para afirmar el liderazgo regional de la Argentina en el Cono Sur, en alianza con EE.UU.", dice Edgar J. Dosman.

Se creaba un Banco de Crédito Industrial para promover en forma sistemática la industrialización del país; se lanzaba un programa masivo de construcción de viviendas para sectores medios y bajos; se instituía una agencia gubernamental para vender la producción agrícola al exterior; se nacionalizaba los ferrocarriles británicos, con un plan de pagos que se extendía durante 60 años; y se orientaba, por último, la producción industrial a las exportaciones, sobre todo hacia los mercados de Brasil y EE.UU.

El Plan se fundaba en una doble reorientación de la política exterior argentina: hacia EE.UU. en primer lugar y luego hacia Brasil. Para Prebisch, se trataba de terminar con la tradicional rivalidad geopolítica entre Brasil y la Argentina, y constituir entre los dos países una zona de libre comercio bajo la forma de unión aduanera, que fomentara la especialización sectorial –y así la integración– tanto industrial como agrícola.

7.3.1.1. Economía mundial integrada. Pinedo, Marx y el deterioro de los términos de intercambio.

El segundo gran momento de la vida pública de Prebisch fue cuando asumió la dirección ejecutiva de la CEPAL (Comisión Económica para América Latina y el Caribe) el 14 de marzo de 1949. El núcleo de su obra en la CEPAL se funda en la teoría sobre el "deterioro de los términos de intercambio", presentada en el Manifiesto de La Habana (1949).

Allí afirma, como premisa central, que la economía mundial es una realidad orgánicamente unificada ("un sólo sistema de cambio con comunes ciclos económicos"). En ella, hay una "tendencia secular a la caída de los precios de los productos primarios en relación a los precios de los bienes manufacturados". Esto hacía que, dentro de ese sistema

---

Nº 92, enero-marzo 1984.

mundial, hubiera roles estructuralmente diferenciados, según que los países fueran industriales o productores de commodities agrícolas.[159]

A su vez, el ciclo económico inherente al capitalismo como sistema mundial era un fenómeno que se desataba entre los países industriales, y luego de extendía al resto. Por eso, su estructura de mostraba un "centro" y una "periferia"; y la asimetría entre ambos se manifestaba en los diferentes niveles de productividad, con una virtual acumulación de este indicador en la producción y en los países industriales.

La visión de Prebisch se fundaba en la realidad histórica y en la experiencia de América Latina en la década del 30, pero no se ajustaba al desarrollo de los países de "colonización reciente", como Australia, Canadá, Nueva Zelandia, y también la Argentina.

En ellos —sociedades nuevas sin pasado feudal— la productividad agrícola y ganadera fue superior a la producción industrial incluso de los países centrales; y esta superior productividad creó las condiciones para el posterior desarrollo industrial.

Es lo que le señaló Federico Pinedo a Prebisch en una discusión que retomaba, entre los antiguos integrantes del Partido Socialista, la interpretación del capítulo XXV, Tomo I de El Capital de Marx: La moderna teoría de la colonización.

Raúl Prebisch murió el 6 de abril de 1986. Ocho años antes, el Comité Central del Partido Comunista Chino, con el liderazgo de Deng Xiaoping, inició el vuelco del país al capitalismo y a la globalización. También terminaba el sistema soviético de poder mundial; y con esta transformación geopolítica, se abría un nuevo período histórico de globalización del comercio internacional, las finanzas y la tecnología.

El legado de Prebisch no es una doctrina, ni una estrategia de crecimiento económico, sino un estilo de pensamiento y acción, convencido que desde la Argentina y América Latina podía ofrecerse una visión mundial. "Nunca fue neutral", dice Edgar J. Dosman.

---

159 Para el debate entre Pinedo y Prebisch, véase también: Cirigliano, Antonio Ángel, Federico Pinedo: teoría y práctica de un liberal, Biblioteca Política Argentina, Buenos Aires, Centro Editor de América Latina, 1986, p. 23 y ss.

TERCERA PARTE

El desarrollismo del siglo XXI

Capítulo 1

¿Qué es la acumulación capitalista en la segunda década del siglo XXI?

"No hay más historia que la presente", dice Georg Lukács, y "en la política, no hay pasado ni futuro, sino un solo un eterno presente", agregan Hegel y Carl Schmitt. El núcleo de la acumulación capitalista en la fase de la globalización del sistema es la internacionalización de la producción, cuyo eje son las empresas globales que actúan fundamentalmente a través de la inversión directa en el exterior.

Participar de la globalización es así integrarse a las cadenas transnacionales de la producción, y atraer la inversión extranjera directa (IED) de las empresas globales. De ahí que el interés nacional prioritario de los países emergentes y en desarrollo consista en atraer la inversión directa de las compañías globales, que son la manifestación institucional de las cadenas transnacionales de producción.

Esto implica que los países en desarrollo que no logren integrarse en estas cadenas transnacionales de producción, al no atraer o expulsar a la inversión directa de las empresas globales, se marginan por su propia voluntad del nuevo cuadro mundial; y por esa vía, se tornan crecientemente irrelevantes, lo que significa que atentan contra el interés nacional, definido de acuerdo a la época y por ella.

Por último, el sistema mundial ha ingresado en una etapa de pos-globalización, tras la crisis global 2008-2009, donde el eje del proceso de acumulación ha pasado de los países avanzados a los emergentes (China, India y Brasil, en primer lugar), y en que más de 25% de las empresas transnacionales y un porcentaje superior de la IED pertenece al mundo emergente.

Además, en el eje del sistema que es la integración creciente e irreversible entre las dos economías mayores del mundo, que son EE.UU. y China, ésta última no tiene sólo un PBI similar, o incluso superior al del primero en términos de capacidad de compra doméstica (PPP), sino que crece ahora sobre la base de su demanda interna y ha comenzado el proceso de internacionalización de su moneda (renminbi) para convertirla en una de las tres divisas globales, junto con el dólar y el euro.

Por eso, el interés nacional, o lo que es igual una política nacional de desarrollo, consiste ahora, en la segunda década del siglo XXI, en un doble movimiento de integración, hacia afuera, a las cadenas globales de producción y la sociedad mundial y hacia adentro, a través de la unidad y la integración nacional. Este quizás sea, sumariamente formulado, el contenido en esbozo de un desarrollismo del siglo XXI.

1.1. Convergencia estructural del mundo emergente con el avanzado. Aumento de la productividad y alza del ingreso per cápita.

Los países emergentes fueron responsables de más de 80% del crecimiento global en 2011-2012 ¿Qué arrastra el auge del mundo emergente? Es la convergencia estructural –productividad, ingreso per cápita– de los países emergentes hacia la frontera del sistema (EE.UU.) en un proceso que se inició hace 20 años (1991) y que se encuentra aún en su fase inicial.

La globalización, en el sentido de abarcar la totalidad del espacio mundial, tiene sólo dos décadas. La unificación del sistema en 1991 extendió la globalización al mundo entero y el capitalismo, virtualmente global desde la Revolución Industrial (1780-1840), lo fue efectivamente. Entonces, la convergencia estructural con EE.UU., que impulsó desde 1950 el crecimiento de Europa Occidental y Japón se extendió al mundo emergente y en primer lugar China. El puente entre ambos puntos de inflexión (1950-1991) fue el crecimiento de Japón durante 30 años a una tasa de 8% anual, seguido por los 4 Pequeños Dragones (Corea del Sur, Taiwan, Hong Kong y Singapur) hasta llegar al Gran Dragón (China).

Ahora se ha producido un nuevo punto de inflexión, de tanta o mayor envergadura que el de 1991. Se reveló en el colapso de Lehman Brothers (15/09/2008) que ha desatado una nueva fase de la acumulación global.

Ha ocurrido al mismo tiempo un giro espacial y una nueva revolución tecnológica, con el traslado del eje de la acumulación a los países emergentes y la aparición en EE.UU. de una revolución del procesamiento de la información centrada en Internet y las redes sociales, de mayor poder y resultado económico que las del '80 y el '90.

Lo decisivo en el mundo emergente es lo que sucede en Asia no japonesa. Era 14% del PBI mundial en 1990 y trepó a 27% en 2010. Si continúa este ritmo de crecimiento, sería 44% en 2030, y 49% veinte años después.

El mundo emergente crece el doble y el triple que los países avanzados y converge en productividad e ingreso per cápita (catch-up) dentro de la frontera tecnológica establecida por EE.UU. Entre 1990 y 2000, los países emergentes y en desarrollo que crecieron más rápido que EE.UU., fueron 35 sobre 111 (32%) y en los últimos 10 años aumentaron a 99.[160]

El caso de China es decisivo. Su porcentaje del PBI per cápita estadounidense era 2% en 1991 y, tras alcanzar 8% en 2000, ascendió a 20% en 2010: 12 puntos en una década. El proceso de convergencia se ha acelerado en los últimos 10 años y ahora, tras el punto histórico de inflexión 2008, los grandes países emergentes (China, India y Brasil) crecen sobre la base de la demanda interna y el consumo individual, con un aumento de los salarios reales, y un mayor ingreso real per cápita. La convergencia estructural adquirirá mayor celeridad en los próximos 10 años.

---

[160] The Conference Board, Annual Report 2011.

El financiamiento internacional sigue esta línea de crecimiento global. Por eso el flujo de capitales volcado a los países emergentes aumenta 10% / 15% por año y pasa de US$ 990.000 millones en 2010 a US$ 1,04 billones este año, según el Instituto Internacional de Finanzas (IIF). En el mundo emergente, Asia (China) recibe 55,7% del total de capitales globales, y América Latina (Brasil) 44,8%.[161]

China cierra la brecha con el mundo avanzado. Creció 9% anual entre 1979 y 1990 y aumentó a 10,4% por año en la última década. El porcentaje chino del PBI per cápita norteamericano (20%) es similar al que Japón tenía en 1951, Corea del Sur en 1977 y Taiwan en 1975. Si China crece 8% anual, en 2030 tendría 50% del ingreso por habitante de EE.UU.

Esta es la tendencia central de la época y es la que arrastra el crecimiento de la economía mundial en los próximos 10-20 años, quizá más. Esto no es un pronóstico, sino la identificación del hecho decisivo del presente.

La crisis global 2008-2009, que se desató en EE.UU. con el derrumbe de Lehman Brothers (15-09-08), no fue sólo una crisis financiera que se transmitió de inmediato al mundo y se transformó en recesión mundial –la más profunda desde la década del '30–, sino un punto de inflexión histórico, un nuevo comienzo, que dio origen a una fase históricamente novedosa del proceso de acumulación capitalista.

La recesión global de 2009 ofreció una doble particularidad: su brevedad (duró sólo 6 meses) y su carácter estructural, que modificó para siempre el proceso de acumulación, tanto en el mundo avanzado como en el emergente. Los países avanzados entraron en una etapa de bajo crecimiento económico, elevado desempleo y extrema volatilidad de los mercados (consecuencia de un salto cualitativo en la percepción del riesgo), también denominada "nueva normalidad". El mundo emergente, que representa 80% del crecimiento global en 2012, comenzó a crecer sobre la base de su demanda interna y el

---

[161] Institute of International Finance, Capital Markets Monitor Update, December 2012.

consumo de su población, lo que lo obliga a modificar, a través de un arduo proceso de reformas políticas y económicas, las estructuras que le permitieron crecer antes de la crisis.

El punto de partida de los países emergentes y de los avanzados para enfrentar las nuevas condiciones globales es completamente distinto. En el período 2007-2011, el PBI chino se expandió 44,5%, mientras que los de EE.UU. y la Zona Euro crecieron 0,8% y 0,4%, respectivamente.

Además, el virtual freno de la economía norteamericana (creció 1% en el segundo trimestre y 0,8% en los primeros seis meses del año) es parte de una tendencia de largo plazo. La tasa de crecimiento anual ha declinado de 4,3% en 1969 a 3% en 1990, y alcanzó 2,6% en 2011. Se estima que entre 2012 y 2020 se expandiría 1,5% - 1% por año por el retiro masivo de los baby boomers. China no sólo creció 9,5% en los primeros seis meses del año pasado, sino que comenzó a modificar su inserción internacional.

A partir de 2012, más de la mitad de sus exportaciones se destinaron a los países emergentes y dejaron atrás al mundo avanzado, su principal mercado en los últimos 30 años. La razón de este giro en la inserción internacional de la República Popular es que el comercio Sur-Sur (Asia-América del Sur) crece 4 veces por encima del promedio mundial (el vínculo bilateral China- Brasil aumentó 54% en 2010).

El crecimiento desigual es el rasgo característico del mercado mundial contemporáneo y revela no una situación circunstancial o cíclica, sino la irrupción de un nuevo mecanismo de acumulación global con eje en los países emergentes (China, India, Brasil), que crecen sobre la base de su demanda interna.

Este nuevo mecanismo se encuentra en plena transición y no se completará hasta que EE.UU. crezca sostenidamente sobre la base de sus exportaciones y el aumento de la inversión-productividad, y China y los emergentes lo hagan a través de la demanda interna y el consumo popular en un contexto de integración e interconexión cualitativamente superior del sistema mundial.

Este cambio interno en todas partes al mismo tiempo tiene un significado tanto político como económico (reformas estructurales) y equivale a una nueva globalización –o reglobalización–, en las condiciones del sistema mundial posterior a la crisis 2008-2009. Este fue el contenido de la crisis global de los primeros seis meses de 2011. Por eso proliferan los riesgos y se exacerba la desconfianza, porque ha surgido un sistema mundial extraordinariamente interconectado que experimenta sin excepciones una transformación estructural de fondo, económica y política.

El temor al riesgo y la extrema volatilidad de los mercados no es un fenómeno de debilidad psicológica, sino una manifestación de lucidez. Se identifica con una nueva época en la historia del mundo.[162]

1.1.1. Tendencias de la inversión de las empresas transnacionales. Emerge el sistema integrado transnacional de producción.

En los últimos años, la economía internacional está caracterizada por un triple fenómeno. En primer lugar, hay una aceleración del crecimiento mundial. En segundo término, el comercio internacional aumenta a un ritmo mayor que el producto bruto mundial. Y tercero, las inversiones extranjeras directas de las grandes corporaciones transnacionales se incrementan anualmente a una tasa mayor que el comercio internacional. La combinación de estos tres factores señala una de las tendencias centrales del proceso de globalización: mayor crecimiento económico mundial, mayor expansión aún del comercio internacional y todavía mayor incremento de flujo de inversiones extranjeras directas.

Estos grandes conglomerados son responsables de aproximadamente dos tercios del comercio internacional. La mitad de esas transacciones corresponden al intercambio "intrafirma". Su propensión a exportar está indisolublemente vinculada a un aumento en el nivel de las importaciones. Estas empresas transnacionales son también las titulares

---

[162] OCDE, Perspectives on Global Development 2010: Shifting Wealth, París, 2010.

de la inmensa mayoría de las patentes de las incesantes innovaciones tecnológicas que se aplican rápidamente en el terreno productivo. Significativamente, ese conjunto de grandes corporaciones emplea menos del 4% de la mano de obra mundial.

En 2010-11, los países emergentes y en desarrollo atrajeron más de la mitad del flujo global de inversión extranjera directa (IED), con una cifra de US$ 1.24 billones. El sistema integrado trasnacional de producción, cuyos actores son las 80.000 empresas transnacionales y sus 600.000 asociadas o afiliadas, se mueve, al igual que todos los indicadores de la economía mundial, hacia el mundo emergente.

El sistema generó valor agregado por aproximadamente US$ 16 billones en 2010, según el informe de la UNCTAD (1/4 del PBI mundial) y las empresas asociadas o afiliadas produjeron más de 1/10 del PBI global y 1/3 de las exportaciones mundiales. A este ritmo de crecimiento de la inversión directa, el flujo global de IED alcanzaría en 2013 a US$ 1.9 billones, igual al pico histórico de 2007.[163]

Más de la mitad de los 10 países que recibieron el mayor flujo de IED entre 2010 y 2012 son emergentes; y tres de los cinco primeros también lo son. Los dos mayores receptores son, de lejos, EE.UU. y China. El primero atrajo US$ 228.000 millones (+49% respecto a 2009); y China-Hong Kong recibió US$ 175.000 millones.

1.1.2. El colapso de la Unión Soviética en 1991 unifica el sistema y la IED se vuelca al mundo emergente.

Las dos regiones emergentes más favorecidas son, en primer lugar, el Sudeste asiático (China), y luego América Latina (Brasil). La primera obtuvo US$ 300.000 millones, y la segunda, US$ 159.000 millones.

Otra novedad en este nuevo ciclo del sistema transnacional de producción es que la inversión fija en el exterior de los países emergentes trepó a US$ 388.000 millones en 2010 (+21% sobre 2009), y

---

[163] UNCTAD, World Investment Report. Non-Equity Modes of International Production and Development, 2011.

alcanzó a 29% de los flujos globales (fue 16% en 2007). Los cuatro principales países de América Latina en términos de inversiones en el exterior son Brasil, Chile, Colombia y México, y realizan el 70% de sus colocaciones en otros países emergentes, sobre todo en la propia región.

Las inversiones en el exterior de EE.UU. fueron también las primeras, como lo es su condición de principal país receptor, con una cifra de US$ 329.000 millones en 2010. Lo siguió China-Hong Kong, que es ya el segundo inversor extranjero en el exterior, con una cifra de US$ 144.000 millones. El tercero es Alemania, con US$ 105.000 millones; y el cuarto Francia, con US$ 103.000 millones.

La novedad en gran escala de la inversión transnacional en los últimos dos años es Brasil, que recibió US$ 48.400 millones en 2010; y luego, en los primeros seis meses de 2011, alcanzó a US$ 32.500 millones, que representa un crecimiento de 168% con respecto a igual período del año pasado.

Según el Banco Central brasileño, la IED ingresada en el primer semestre equivale a 2.74% del PBI; y en los 12 meses previos a junio de 2011, hubo un ingreso de US$ 68.819 millones (3.06% del PBI). Esto sucedía cuando el índice BOVESPA cayó 13.5% en 2011, y hubo una disminución en la Bolsa de San Pablo del flujo de capitales del exterior de 70% en igual período (US$ 2.890 millones vs. US$ 9.740 millones). Se estima -ésta es la hipótesis- que la alta inflación (6.5% anual), al llevar al Banco Central a elevar cinco veces la tasa Selic hasta llegar a 12.5%, ha hecho que los capitales se dirijan directamente a la compra de títulos que pagan 12% - 13% anual, y dejen de lado a la Bolsa.

El resultado de esta ola de inversión que recibe Brasil es que, tras haber sido el 5to. país del mundo en materia de atracción de IED en 2010, sería el 4to. en el período 2011-2013, después de EE.UU., China, y Bélgica (esto es, Europa); y el stock brasileño superaría los US$ 500.000 millones en ese período (24.5% del PBI).

Brasil se convierte en un componente central del sistema integrado trasnacional de producción −núcleo estructural de la globalización− como parte de un proceso ascendente iniciado en los últimos 20 años, que se acelera a partir de la crisis global 2008-2009. Logra así un nivel de IED que tiende a adquirir un piso de US$ 100.000 millones por año, a partir del período 2013-2015, de acuerdo a las previsiones de la UNCTAD.

En términos históricos-estructurales, esta tendencia brasileña en relación a los flujos globales de IED es más importante que la que surge del boom exportador de materias primas de los últimos diez años, que le ha permitido crecer al ritmo más elevado de su historia desde la década del 70, a través de las ventas a China.

El informe de la UNCTAD no sólo muestra que se expande la producción trasnacional −creció 10 puntos entre 2009 y 2010, este último año fue 25% del PBI mundial, mientras que alcanzó a 15.6% en 2009−, sino que el proceso de internacionalización ha dado un salto cualitativo, debido a tres factores.

En primer lugar, la recesión y el bajo crecimiento de los países del G-7 ha hecho que la mayor parte de las empresas transnacionales (80% tienen su origen en el mundo avanzado, del que surge 70% de los flujos externos) racionalizaran su producción en las casas matrices, y se volcaran a sus afiliadas o asociadas en los emergentes.

En segundo lugar, a partir de 2008-2009, la recuperación de la economía global es liderada por los países emergentes, que crecen 2 o 3 veces por encima de los avanzados. Por eso está allí la fuente principal de los ingresos y de las ganancias de las empresas transnacionales, que trasladan por eso al mundo emergente el eje de sus intereses.

Por último, hay un crecimiento de casi 10 puntos de las empresas transnacionales de los países emergentes, incluyendo las firmas estatales, que constituyen un tercio del sistema integrado trasnacional de producción.

El proceso de transnacionalización de la producción constituye la raíz de la dinámica política y económica del sistema capitalista en el siglo XXI. Las firmas transnacionales se han constituido en empresas globales integradas que entregan productos a sus clientes en el mercado mundial en su conjunto.

Ello significa que comparten tecnologías y estándares de negocios, y se financian exclusivamente en el sistema financiero internacional, cuyo crecimiento está en relación directa, en forma de un aumento excepcional de la división internacional del trabajo, del auge del sistema integrado global de producción.

Este sistema se desarrolla sobre la base de la infraestructura global de información y telecomunicaciones, cuyo eje constituye ahora Internet. En él, ocurre lo esencial de la innovación en nuestra época que por ello tiene un carácter global, que hace que el incremento de la productividad tenga hoy su fuente casi exclusiva en la producción trasnacional.

Esta es hoy la frontera de la globalización, en ella, la industria manufacturera se descentraliza y dispersa globalmente, acompañada por los servicios –publicidad, marketing, seguros– a través de una compleja red de alianzas, subcontrataciones y outsourcing. Ésta es la avanzada del sistema capitalista global.

1.2. En la crítica al capitalismo, la cuestión previa es discernir si se encuentra en una fase ascendente o descendente del proceso de acumulación. La legitimidad del sistema capitalista depende de su capacidad para desarrollar las fuerzas productivas a escala global.

Lo primero que hay que saber en la segunda década del siglo XXI es si la crisis europea (que es la de los países periféricos de la Zona Euro, Italia y España en primer lugar) y la de EE.UU. (retraso del nivel de calificación de su fuerza de trabajo frente a la aceleración de la revolución tecnológica, sumado a la huelga de inversión del capital), más la desaceleración de la economía china, representan en conjunto una fase ascendente o descendente del capitalismo.

Si es el segundo caso, significaría que el capitalismo ha agotado su capacidad de expansión; si es el primero, estaría en condiciones de desarrollar las fuerzas productivas, guiado por el aumento de la productividad y la innovación tecnológica. Si esta segunda hipótesis se impone, el futuro le pertenece.

La Organización de Cooperación y Desarrollo Económico (OCDE), con sede en París, que vincula a los 32 países más avanzados del sistema mundial, en su libro "Perspectives on Global Development 2010: Shifting Wealth" analiza la estructura de la economía mundial después de la crisis global 2008-2009, y examina el nuevo realineamiento de fuerzas económicas y políticas del sistema internacional.[164]

Señala que el vuelco de la riqueza mundial desde los países avanzados a los emergentes es un proceso que se desarrolla desde hace 20 años, pero que se aceleró y adquirió un carácter irreversible en la primera década del siglo XXI.

En este último período (2000-2010), el número de países en desarrollo cuyo ingreso per cápita duplicó al de los países avanzados trepó de 12 a 65, en tanto los países pobres disminuyeron a menos de la mitad (pasaron de 55 a 25). Al mismo tiempo, China e India crecieron 3 y 4 veces por encima de los países avanzados.

El punto de inflexión histórico fue un acontecimiento geopolítico: el colapso por implosión de la Unión Soviética en 1991, que acarreó la unificación del sistema mundial. Indica la OCDE que el vuelco de la riqueza mundial (Shifting Wealth) no es un fenómeno transitorio, sino un cambio estructural de alcance histórico, irreversible.

Tres son los desarrollos fundamentales que se han producido en este período (1991-2010). En primer lugar, el shock laboral y salarial provocado por la duplicación de la fuerza de trabajo mundial. La plena integración al sistema capitalista de China, India, la Unión Soviética y los países integrantes del ex bloque comunista de Europa Oriental, incorporaron nuevas fuerzas laborales de 750 millones de trabajadores, 450 millones y 300 millones, respectivamente. El resultado fue el arribo de 1.500 millones de trabajadores al mercado mundial que duplicó la fuerza de trabajo del sistema capitalista, en lo que constituyó la mayor ampliación de su historia. En términos económicos, esta duplica-

---

[164] OCDE, Perspectives on Global Development 2010: Shifting Wealth, París, 2010.

ción redujo a la mitad la relación capital-trabajo, y disminuyó en una proporción semejante el costo laboral, sobre todo el menos calificado. Al mismo tiempo, la rentabilidad del capital se multiplicó por dos.

En segundo lugar, se produjo una modificación de la naturaleza del mercado mundial de commodities, como consecuencia de la irrupción de China e India en el comercio internacional. China se convirtió en el mayor consumidor de 4 de las 5 principales materias primas; y el precio de los commodities se convirtió en una función de la demanda de la República Popular, a diferencia de lo que había sucedido hasta 1991, en que dependía del ciclo estadounidense.

Por último, China se convirtió, junto con los demás países emergentes, en la mayor exportadora mundial de capitales y, por lo tanto, en acreedora neta de la economía global. La consecuencia de esta transformación estructural del mercado mundial de capitales fue el mayor boom de crédito de la historia, ante todo en los países avanzados, origen de la crisis financiera global de 2008 y 2009.

1.2.1. China, usina del crecimiento global. El mayor reductor de la pobreza en la historia del sistema capitalista.

Shifting Wealth afirma que discernir el papel histórico de China en los últimos 20 años constituye el núcleo de la comprensión del vuelco de la riqueza mundial. China se ha convertido "en la usina del crecimiento global"; y agrega que un papel semejante es el de Brasil, sólo que en el plano de la agricultura y la producción de alimentos, así como el de Arabia Saudita en petróleo y gas.

La OCDE señala que "en los últimos 20 años China ha duplicado su participación en la producción manufacturera mundial, triplicado su porcentaje de la producción de acero, y cuadruplicado su parte en el crecimiento del PBI global. China tiene ahora más de una décima parte del total de las reservas mundiales y recibe un décimo de los envíos que realizan a sus hogares los emigrantes que trabajan en el exterior. Una de cada tres marcas en el mercado mundial es china, y una de cada seis patentes también lo es".

China es "el más potente instrumento de reducción de la pobreza en la primera década del siglo". El porcentaje de la población china que vivía con menos de 1 dólar diario era 84% en 1991, y en 2005 había caído al 16%. En el mismo período, la pobreza en India –con 1.100 millones de habitantes, una sexta parte de la población mundial– cayó de 60% al 42%.

Lo más importante de la irrupción de China e India en la economía mundial es la modificación estructural que ha provocado en los términos de intercambio globales (precios relativos de las exportaciones vs. precios relativos de las importaciones).

La consecuencia ha sido que, para el resto de los países emergentes, desaparecieron las ventajas comparativas en los productos industriales trabajo-intensivos, y reaparecieron, en gran escala, las ventajas comparativas en la producción de commodities y materias primas. Esta es la mayor implicancia estratégica que el Shifting Wealth tiene para el resto de los países emergentes, e incluso los más pobres, ante todo en América Latina y África. Su estrategia de desarrollo surge ahora por necesidad del cambio irreversible de los términos de intercambio.

El origen de la crisis financiera internacional 2008 y 2009, señala Shifting Wealth, fueron los desequilibrios globales del sistema financiero, ante todo de China –primer exportador mundial de capitales– y de Estados Unidos, el mayor deudor mundial.

El déficit de cuenta corriente de EE.UU. con el ingreso masivo de capitales provenientes del exterior, sobre todo de China, implicó entre 2000 y 2008 una cifra acumulada de 4.7 trillones de dólares, que equivalen a 47.3% del producto norteamericano. El espejo invertido fue el superávit acumulado de la cuenta corriente china, que ascendió a 1.4 trillones de dólares.

Entre 2000 y 2008, EE.UU., considerado como país individual, atrajo 75% del ahorro mundial. El resultado fue que las tasas de interés bajaron a sus menores niveles históricos; y a medida que éstas disminuían y aumentaba el boom de crédito, la percepción de riesgo se debilitaba con igual intensidad. De ahí la crisis financiera desatada en EE.UU. y que, tras el colapso de Lehman Brothers (15/09/2008), se convirtió en mundial.

La conversión de China en el principal acreedor mundial se revela en el siguiente dato: los activos financieros norteamericanos en manos de la República Popular ascienden en 2010 a casi 3 trillones de dólares (2.4 trillones de dólares en reservas del Banco Central de Beijing, y 500.000 millones de dólares en el fondo soberano).

Shifting Wealth advierte que el elemento decisivo en el crecimiento de China en los últimos 20 años, en que aumentó su PBI once veces, y duplica el ingreso per cápita de su población cada 8 años, no ha sido el aumento de la tasa de inversión, sino el auge de la productividad de la totalidad de los factores (PTF) que mide la eficiencia en la producción.

China encabeza el ranking mundial de incremento de la productividad de la totalidad de los factores de toda la historia del capitalismo, con un crecimiento de 4.4% anual en los últimos 20 años, comparado con 1.1% en las economías avanzadas; 2.1% en India; y 0.5% - 0.6% en los países pobres.

Concluye Shifting Wealth con la afirmación de que en la situación mundial postcrisis, China, India y el resto de los emergentes fijan el nuevo escenario estratégico para el crecimiento de todos los países del mundo, tanto avanzados como en desarrollo.

Ellos establecen las tendencias globales en precios, ingresos y mercados, y determinan necesariamente el punto de partida de las nuevas estrategias de desarrollo.

Capítulo 2

¿Qué es el desarrollo económico? Aumento de la tasa de ganancia. Transformación estructural. Predominio del "capital intelectual o abstracto".

El proceso de acumulación "no es solo principalmente un aumento de la magnitud del capital en funcionamiento, sino fundamentalmente una modificación de su composición interna".[165]

Esta modificación cualitativa es lo que convierte a la acumulación capitalista en el motor del desarrollo (es lo que se denomina "convergencia estructural" a través del crecimiento de la productividad y el auge del ingreso per cápita) de las fuerzas productivas y del cambio tecnológico que se expresa en el nivel de incremento de la productividad.

El indicador fundamental de este desarrollo de las fuerzas productivas-convergencia estructural, es lo que sucede con la tasa de ganancia. "La tasa de ganancia es la relación entre la plusvalía (o valor) total generado y el monto del capital anticipado. Ella es la fuerza propulsora de la producción capitalista, y sólo se produce lo que se puede y cuando se puede, hacer con beneficio. La tasa de ganancia revela la existencia de una "demanda solvente".

De ahí el carácter revolucionario del capitalismo. Dice Marx: "La industria moderna no considera ni trata como definitiva la forma

---

[165] Vence Deja, Xavier, Economía de la innovación y del cambio tecnológico, Madrid, Siglo XXI de España Editores, 1995, pp. 26-27 y ss.

existente de un proceso de producción. Su base técnica es siempre y necesariamente revolucionaria".[166]

¿Cómo aumenta la productividad en el capitalismo? La forma capitalista de aumentar la productividad responde a la siguiente fórmula: CU/LS ("Capital Using/Labour Saving"). Significa que a medida que más capital se utiliza, esto es, se invierte, más fuerza de trabajo se ahorra. También implica que el aumento de la productividad necesariamente acarrea una reducción proporcional de la estructura de costos.

Hay que agregar que el capital que se utiliza es cada vez más abstracto, con mayor proporción de conocimiento científico y tecnológico, y la fuerza de trabajo, que es la contrapartida de la mayor inversión, dispone de una tasa más elevada de capital humano. Por consiguiente, disminuye el capital fijo, y el trabajo que se ahorra es ante todo el menos calificado y más repetitivo.

Esta tendencia a la abstracción en la composición del capital que se utiliza había sido advertida por Marx en los Grundrisse. La tendencia a acumular es la ley suprema del capitalismo. El sistema capitalista se ve forzado a acumular por las incesantes revoluciones que experimenta en los métodos de producción y la consiguiente depreciación del capital. Este impulso de coerción es el resultado de la incesante competencia, surgida de la necesidad de mejorar la producción y de ampliar su escala, simplemente para que la empresa (unidad productiva) se conserve y no perezca.

La productividad del trabajo se convierte en un momento determinado en la palanca más poderosa de la acumulación del capital; y a su vez, lo que fija el ritmo de la acumulación (su intensidad) es la tasa media de ganancia.

Hay que distinguir en las revoluciones tecnológicas cuatro niveles: el nuevo insumo esencial, como fue la microelectrónica en 1980, y ahora es la convergencia entre internet y las telecomunicaciones, que ha creado la nube o cloud computing, en la cual el acceso indistinto y que tiende a adquirir costo cero cumple un papel similar.

---

[166] Ibíd., p. 93.

El sector transportador (de ese nuevo insumo esencial) que fue a partir de la década del '70 la industria de alta tecnología (computación y software), ahora está constituido por los gigantescos stocks de equipos de computación que tornan irrelevante el acceso a la "nube".

La nueva infraestructura, que en los últimos 40 años fue la red mundial de telecomunicaciones e Internet, y ahora es la plataforma global de computación o cloud computing.

Innovaciones organizativas en gran escala, acompañadas necesariamente por cambios culturales. Ahora, en la "nube", las nuevas empresas de alta tecnología ("start ups") son nichos en la plataforma global de computación y no tienen necesidad de ampliar su tamaño ni de requerir mayores inversiones.

El primer efecto de la revolución en la microelectrónica (circuitos integrados-chips), fue una espectacular y sistemática caída del precio de sus insumos básicos, que disminuyeron siguiendo la "Ley de Moore", que establece que la capacidad de procesamiento de la información se duplica cada 18 meses y su precio cae a la mitad en este período. [167]

Ahora, el principal efecto de la "cloud computing" es que para convertirse en una "start up" exitosa, poseedora de un nicho específico en la cloud, no se necesita un gran capital.

Por eso, la principal fuente de incremento de la productividad en la era de la "cloud computing" es la interacción - integración entre empresas y empresas mediada por la simbiosis entre Internet y el sistema global de telecomunicaciones. "En la era de Internet —dice Manuel Castells—, la unidad básica de organización económica no es más la empresa o el emprendedor individual, sino la red que vincula e integra múltiples organizaciones que interactúan entre sí".[168]

El capitalismo es hoy un sistema transnacional integrado de producción y comercialización, unido por un código cultural-técnico que

---

[167] Castells, Manuel, Internet y la sociedad red, Madrid, Alianza Editorial, 2006, p. 326.
[168] Ibíd.

es el espíritu del informacionalismo, que equivale a una cultura de discusión y asociación creativa, en tiempo real, a escala global.

El impacto político de la revolución tecnológica del procesamiento de la información es un torrente horizontalizador que quiebra todas las instituciones burocráticas y centralizadas, en primer lugar al Estado.

Capítulo 3

Estrategia china de desarrollo: crecimiento sobre la base de las ventajas comparativas. Los Cuatro Pequeños Dragones marcan el rumbo.

Justin Lin es el vicepresidente del Banco Mundial y el principal teórico de la estrategia de desarrollo china y reúne dos condiciones que le otorgan una profunda originalidad: es doctor en Economía (suma cum laude) de la Universidad de Chicago y el mayor asesor del Comité Central del Partido Comunista.[169]

La tesis central de Lin es la siguiente: el crecimiento sostenido de un país en desarrollo depende de la mejora acumulada de sus niveles de productividad y la única forma de hacerlo es a través de la innovación tecnológica, que aumenta la productividad (expansión del producto por unidad de tiempo de trabajo en relación a los insumos utilizados). A esta afirmación, Lin agrega la siguiente precisión: en los países en desarrollo, es esencial que la política de innovación tecnológica desarrolle industrias siguiendo la línea de las ventajas comparativas, de modo que puedan desatar la totalidad del potencial productivo implícito en el nivel de retraso que tengan frente al mundo avanzado y, de esta manera, aceleren su crecimiento económico.

---

[169] Lin, Justin Yifu, Demystifying the Chinese Economy, Cambridge, Cambridge University Press, 2012; Lin, Justin Yifu, Economic Development and transition. Thought, strategy and viability, Cambridge, Cambridge University Press, 2009.

Por eso, señala que la estrategia de crecimiento asumida por los países subdesarrollados después de la Segunda Guerra Mundial, a través de la sustitución de importaciones y la construcción prioritaria de una industria pesada, se enfrentó con el problema de que no se sustentaba en las ventajas comparativas.

El resultado fue que esas industrias sólo pudieron sobrevivir mediante la protección gubernamental, los subsidios generalizados y el cierre de la economía, lo que provocó profundas distorsiones, sobre todo rentas parasitarias y una amplia corrupción.

El balance histórico de esta estrategia de sustitución de importaciones-industria pesada fue que muchos países en desarrollo pudieron completarla, pero al costo de una performance económica pobre y errática. Sólo un grupo de países del Sudeste asiático tuvo éxito en su estrategia de crecimiento económico después de la Segunda Guerra Mundial: Corea del Sur, Taiwán, Hong Kong y Singapur, encabezados por Japón. Se fundaron en la utilización efectiva de sus ventajas comparativas, esto es, especialización de recursos.

China, al comenzar en 1978 el explosivo proceso de crecimiento de los últimos 30 años, tenía vastos recursos naturales (pero limitados en relación a la magnitud de su población), abundante fuerza de trabajo y escasez de capital. Era, por eso, una economía basada en la agricultura, cuya ventaja comparativa era su fuerza de trabajo barata y abundante.

Por eso creció al volcar el recurso mano de obra a la producción de bienes industriales trabajo-intensivos, dedicados a la exportación, y así acumuló capital físico y humano; y a medida que su fuerza de trabajo se tornó más calificada y cara, también transformó su estructura económica.

Lin advierte que el papel del Estado en el proceso de desarrollo es crucial; es una tarea activa y estratégica de "intervención inteligente" que consiste en facilitar la acción de las empresas en la explotación de las ventajas comparativas. Agrega que la viabilidad de las firmas dependerá de si explotan, o por el contrario enfrentan, esas ventajas. Precisamente porque el papel del Estado es decisivo, señala Lin que en el proceso de desarrollo importan más las ideas que los intereses; y que los países que fracasan, como los de América Latina a través de la industrialización sustitutiva orientada al mercado doméstico, lo hicieron al desafiar sus ventajas comparativas.

Los países exitosos, en cambio, como los del Sudeste asiático, lo lograron al facilitar el desarrollo de la potencialidad implícita en estas ventajas, sumándole una especialización productiva orientada al mercado internacional.

El enfoque teórico de Lin se funda en advertir que el capital es el factor crítico del crecimiento económico y el elemento determinante de la acumulación de capital es la innovación tecnológica, por lo que significa como sinónimo de aumento de la productividad. Ella es la que evita que decline la tasa de retorno de las inversiones, a medida que el capital se la acumula.

En este marco, las instituciones no pueden ser consideradas aisladamente, sino que deben integrarse como partes del proceso de acumulación, precisando su papel en cada momento histórico.

La importancia de las instituciones es que permiten que el producto alcance su máximo potencial a través de una estructura de incentivos favorable a la innovación y la mejora de la calificación de la fuerza de trabajo. Las instituciones son así superestructuras condicionadas, pero no causadas, por la base o estructura, que son las fuerzas productivas.

La progresividad o el retraso histórico de un sistema de instituciones depende de si permite o no desplegar todo el potencial implícito en el desarrollo de las fuerzas productivas.

Se puede concluir que en la teoría del desarrollo que formula Justin Lin no hay ventajas competitivas (mejoras cuantitativas-cualitativas de la estructura tecnológica-industrial) que no se funden en ventajas comparativas.

3.1. Visión estratégica de Deng Xiaoping. Liberar la productividad y desarrollar las fuerzas productivas. Papel crucial del conocimiento científico y tecnológico.

Deng Xiaoping lideró el proceso de cambio interno y de integración de China al sistema mundial a partir de 1978, dos años después de la muerte de Mao Tse Tung, el fundador de la República Popular en 1949.[170]

Deng no tenía una estrategia definida de transformación, pero sí una estructura de pensamiento, una visión de largo plazo, sobre el potencial chino y el mundo en el que le tocaba actuar. Deng era un hombre de orden, respetuoso de las realidades del poder. Por eso creía —esta fue su convicción básica— de que sólo la plena vigencia del Partido Comunista Chino (PCCh) era capaz de conducir ordenada y fructíferamente la transición histórica del país.

En 1995, un año antes de su desaparición, Mao designa a Deng como uno de sus dos sucesores. El otro sería uno de los integrantes de la denominada "Banda de los Cuatro", cabeza de la Revolución Cultural.

Deng asume y afirma ser la continuidad completa de Mao Tse Tung y formula "tres directivas": ante todo el rechazo al revisionismo y la salvaguarda de la Revolución Cultural; la necesidad de afirmar la unidad y estabilidad del país; por último, el carácter imperativo de la modernización de la economía, el agro, la ciencia y la técnica, y la defensa nacional.

Lo primero que hizo, con el respaldo de Mao fue restaurar la disciplina y terminar con el faccionalismo provocada por la Revolución Cultural en el Ejército Rojo. Para eso, reinstaló a 25.000 oficiales superiores expulsados de la institución en los diez años previos y retiró al Ejército Popular de Liberación (EPL) de toda función de ejercicio del poder civil.

El argumento que utilizó para estas drásticas reformas de la estructura militar fue la reaparición de la amenaza soviética en gran escala sobre China como consecuencia de la retirada norteamericana de Vietnam, ocurrida en 1975.

Ese año, Mao lo envió a Francia como su representante personal.

---

[170] Vogel, Ezra, Deng Xiaoping and the transformation of China, The Belknap Press of Harvard University Press, 2011.

Deng Xiaoping

Fue el primer líder del Partido Comunista Chino en hacer una visita de estado a un país occidental avanzado en toda la historia de la República Popular.

Al llegar a París, Deng señaló que la prioridad tanto para los países occidentales como para China era enfrentar la amenaza mayor, que era la soviética. Tras regresar a Beijing, Deng creó un organismo de planeamiento y asesoramiento estratégico directamente dependiente de él, cuyo objetivo era ayudarlo a definir una estrategia de largo plazo para el desarrollo chino en el contexto mundial.

Lo primero que indica a su equipo estratégico fue la necesidad de otorgar un carácter prioritario al examen minucioso de la experiencia de los "Cuatro Pequeños Dragones" (Corea del Sur, Taiwán, Hong Kong y Singapur), que crecían a una tasa dos y tres veces superior al promedio mundial, en las fronteras mismas de la República Popular. En ese punto, frente al reclamo de Mao, Deng se niega a respaldar la Revolución Cultural, y rechaza hacerse cargo de su legado histórico. Esto va a llevar a su remoción del poder y a un nuevo ostracismo interno, el tercero de su larga trayectoria política, que había comenzado, al sumarse con dieciséis años de edad, al recientemente fundado Partido Comunista.

Su último exilio interno habría de durar hasta después de la muerte de Mao (1976); desde allí, respaldó el arresto de la "Banda de los Cuatro", y la designación de Hua Guaofeng como sucesor de la República Popular.

Deng vuelve al poder, como el segundo en la estructura de decisiones en 1978 y lanza de inmediato su política de reformas e integración al sistema mundial. El punto de inflexión sería el "Tercer Plenario del XI Congreso del Partido Comunista Chino", que se realizó en Beijing entre el 18 y el 22 de diciembre de 1978.

El Tercer Plenario sostuvo que, bajo el socialismo, la lucha de clases de las masas, debía ser abandonada y era necesario colocar la prioridad en el desarrollo de las fuerzas productivas, para de esa manera sustentar el crecimiento de las fuerzas sociales. Esta era la única forma de impulsar una política de modernización generalizada, en la industria, la agricultura, la defensa nacional, la ciencia y la técnica.

El Plenario sostuvo el principio, formulado por Deng, de que era necesario "buscar la verdad a través de los hechos", y no de la ideología. Había por eso que "emancipar la mente" y pensar de nuevo para enfrentar los nuevos problemas del desarrollo de las fuerzas productivas. Esto implicaba cambiar en sus raíces todos los aspectos referidos a las relaciones de producción –sistemas de propiedad y regulación– y a las superestructuras (ideas, creencias, formas de pensar) que impedían o frenaban el crecimiento de las fuerzas productivas, y su núcleo decisivo, el aumento de la productividad.

Por eso, el Tercer Plenario, por iniciativa de Deng, definió a la "modernización socialista" como "una extensa y profunda revolución". China dijo "emprende una nueva Larga Marcha para convertirse en un moderno y poderoso país socialista antes de finalizar el siglo".

Por último, el Plenario fijó la prioridad de las políticas de reformas e integración al mundo en la transformación del agro, que es "el fundamento de la economía nacional". Deng dijo en esa ocasión que el objetivo de China era el de cuadruplicar el producto bruto interno en los siguientes treinta años, lo que implicaba una tasa de crecimiento promedio de 7.2% anual. Deng se quedó corto. A partir de 1979, y durante tres décadas, la República Popular creció 9.9% anual promedio, y el comercio internacional, sumado exportaciones e importaciones aumentó 16.3% por año.

El PBI per cápita era US$ 182 en 1978 y alcanzó a US$ 3.688 (medidos en moneda corriente) en 2010, lo que significa que se duplicó cada ocho años; y la relación comercio internacional sobre PBI, que era 11.2% en 1978, trepó a 75% en 2010.

¿Cómo se revela el éxito de la "modernización socialista"?, se preguntó Deng en 1980. "A través de la tasa de crecimiento económico y, sobre todo de la eficiencia en la utilización de los recursos, la denominada productividad". Por eso, definió la esencia del "socialismo con características chinas" como "la liberalización y el desarrollo de la productividad y, mientras tanto, eliminar la explotación y evitar cuidadosamente la polarización social y política, para lograr, finalmente, una prosperidad generalizada".

El núcleo de la visión estratégica de Deng Xiaoping era el siguiente: "En el proceso histórico, el papel decisivo y dominante lo tiene el desarrollo de las fuerzas productivas, encabezado por el aumento de la productividad (…) Por eso no hay tarea histórica más importante que desarrollarlas, y el nivel que alcancen es el criterio o estándar (objetivo/cuantificable) para juzgar a un gobierno, a una política, o incluso a un sistema social".

Un concepto similar formuló León Trotsky en 1926: "Si el capitalismo es capaz de desarrollar las fuerzas productivas, tendríamos que llegar a la conclusión de que nos hemos equivocado de raíz en nuestro pronóstico, y que el capitalismo es todavía una fuerza progresiva, capaz de desarrollar sus fuerzas productivas más rápido que nosotros. En ese caso, habría que comprobar que el bolchevismo llegó al poder en Rusia demasiado pronto, y que la historia castiga muy rudamente los nacimientos prematuros".

"Actualmente –agregó Trotsky– la economía es mundial, y esto es lo que determina la suerte del capitalismo en todos los continentes. El capitalismo no puede desarrollarse aisladamente en Asia, con independencia de lo que ocurre en Europa o en EE.UU. La época de los procesos económicos nacionales o provinciales ha quedado definitivamente atrás".

Concluyó Trotsky, adelantado de Deng Xiaoping: "La ley fundamental de la historia es ésta: la victoria pertenece en última instancia al sistema que asegure a la sociedad humana el nivel económico más elevado. La disputa histórica será decidida –aunque no de un solo golpe– por el coeficiente de comparación de la productividad del trabajo".

A su vez, en la era de la globalización, señaló Deng, "la fuerza productiva primordial es la ciencia y la tecnología, tal como se la encuentra en la frontera del sistema mundial". La premisa de esta visión es que el desarrollo de las fuerzas productivas, o proceso de acumulación, es ante todo el despliegue de sucesivas revoluciones tecnológicas.

Por eso "hay que abrirse al mundo", agregó, e integrarse con lo más avanzado del sistema mundial, para utilizar su tecnología de punta, sus capacidades empresariales y gerenciales y sus inversiones, ante todo las fijas o directas. "Es imposible para cualquier país desarrollarse hoy aisladamente en el mundo actual".

"China no puedo reconstruirse a sí misma detrás de puertas cerradas y es incapaz de desarrollarse aislada del resto del mundo". Por eso, "tiene que mirar hacia afuera y al futuro".

Deng incitó a no dejarse paralizar por la creciente desigualdad social provocada por el avance de la modernización. "Hay que permitir, más aún impulsar, a que algunas regiones, actividades, y empresas se hagan ricas primero". De esta forma revelan una superior productividad, y permiten desarrollar el proceso de creación de lo nuevo.

Después del Tercer Plenario se crearon cuatro "zonas especiales" (espacios de instalación de estructuras exportadoras con libre ingreso de inversión extranjera). Fueron Shenzhen (frente a Hong Kong), Zhuhai, Shantou, y Xiamen (ésta última colocada ante Taiwán). Luego se le sumaron otras catorce en ciudades costeras encabezadas por Shanghai, y la totalidad de Fujian.

Deng formuló así esta apertura a través de la creación de las "zonas especiales": "Hay que abrir muchas más en Hong Kong, en China continental (…) sin una mayor apertura e integración a la economía mundial, no hay posibilidad alguna de desarrollar a China".

Agregaba que, habiéndose convertido Taiwán en uno de los dinamos del sudeste asiático, estaba en el interés de la República Popular asegurar su estabilidad y prosperidad.

El 17 de mayo de 1989, tras el retiro de Mijaíl Gorbachov de China, Deng decidió actuar contra las manifestaciones de la Plaza de Tiannamen. Dispuso primero que la Asamblea Nacional declarara el estado de sitio y en la madrugada del 4 de junio ordenó al Ejército Rojo que desalojara el principal espacio público de Beijing. Se estima que hubo entre 900 y 2.000 muertos por la represión y miles de detenidos.

La última y decisiva intervención de Deng Xiaoping fue el "Viaje al Sur" de 1992. Deng tenía entonces 87 años de edad. A partir de Tiannamen la política de reformas prácticamente se frenó y la respuesta a las sanciones internacionales fue un renacer del nacionalismo chino, tradicionalmente xenófobo.

Deng Xiaoping, retirado del poder político desde hacía tres años, tomó en 1992 un tren especial para recorrer las principales ciudades del sur de China, ante todo, Shenzhen y Shanghai. Su intención era pregonar la necesidad de dar un salto en las políticas de reforma e integración en el mundo, de igual o mayor envergadura que el de 1978, con la prioridad, esta vez, de atraer en gran escala la inversión directa de las empresas transnacionales.

Antes de partir, les dijo a los dirigentes del Partido y del Estado en Beijing: "Hay que ver la situación desde un punto de vista estratégico y global. Hay que fijar la atención en las regiones, localidades y actividades que tengan las mejores condiciones para crecer rápidamente en el contexto mundial. Shanghai es la carta ganadora de China".

Agregó: "¡No hay que tener miedo de tomar riesgos, ni de cometer errores! Si se los hace, se los corrige. Hay que hablar menos y actuar más". El mensaje central de Deng era simple: "China ha sido humillada por los imperialistas extranjeros, pero esa era histórica ha pasado para siempre. Ahora solo los que se retrasan son humillados". Deng Xiaoping murió el 19 de febrero de 1997, poco después de medianoche, a los 92 años de edad.

3.2. ¿Por qué China es la número uno? Se subestima el crecimiento de la economía china

Arvind Subramanian es uno de los dos mayores académicos de EE.UU. volcados al estudio de China, el otro es Nicholas Lardy, y ambos integran el más importante centro de investigaciones norteamericano sobre la economía global (Peterson Institute for International Economics).[171]

Subramanian fue el primero que advirtió que había una subestimación del verdadero nivel de crecimiento chino, tanto en los organismos financieros internacionales (FMI, BM), como en el mundo académico de EE.UU. y Europa.

El FMI estimó en 2010, utilizando tasas de cambio a valores constantes de mercado, sobre todo en dólares estadounidenses, que el valor total del PBI norteamericano ascendía a US$ 14.6 billones, en tanto que el de China alcanzaba sólo a US$ 5.7 billones. Este tipo de medición dejaba afuera el auténtico costo de vida en los dos países, e implicaba una primera —y notoria— subestimación del PBI chino. Al medir el producto de la República Popular, no según dólares constantes, sino de acuerdo a la capacidad de compra doméstica (Parity Power Purchase - PPP) fijada por Penn World Tables —índice vigente internacionalmente desde 1970—, Subramanian estimó que la economía china alcanzaba a US$ 14.8 billones, y era levemente superior a la norteamericana. Este aumento era el resultado de una diferencia de no menos de 27% entre un PBI medido en dólares constantes y otro en PPP.

Una segunda subestimación de la magnitud real de la economía china surgió al señalar Subramanian que las cifras referidas a la capacidad de compra doméstica (PPP) que se utilizaban para fijar el PBI de la República Popular, incluso en organismos internacionales, eran esencialmente urbanas, tomadas de las trece principales ciudades de China continental; y China es todavía un país primordialmente rural, con más de 700 millones de campesinos.

El costo de vida en China, que es lo que mide la capacidad de compra doméstica (PPP), es entre 20% y 30% inferior en el campo que en las ciudades. Si esto es así, su PBI sería significativamente mayor que el de EE.UU. (quizás US$ 15.5 billones o algo más).

---

[171] Subramanian, Arvind, Eclipse: Living in the Shadow of China´s Economic Dominance, Washington, Peterson Institute for International Economics, 2011.

Es obvio que la verdadera magnitud de la economía china no es una cuestión académica o un debate entre especialistas con tiempo excedente, sino una cuestión intensamente política, referida a la estructura del sistema del poder mundial, en especial a partir del punto de inflexión histórico que constituyó la crisis global 2008-2009.

A partir de allí, se estableció el G-20 como plataforma de gobernabilidad del sistema mundial –esbozo de una autoridad política global–, en que EE.UU. comparte las decisiones estratégicas con un grupo de países emergentes, ante todo China, India y Brasil.

El vínculo esencial en el G-20 es entre EE.UU. y China, las dos mayores economías del mundo, y también los principales, y mutuos socios comerciales. La clave del G-20 es pues el G-2; y un dato crucial es el poder relativo de los dos países, fijado ante todo en términos de la magnitud de su PBI. Fijar la atención en el tamaño del producto implica establecer la relación entre China y EE.UU. en términos de stock, de depósito parcial y pasivo, como dato dado de un momento histórico específico.

Pero lo que importa en el capitalismo, sobre todo en la etapa de globalización, en que tanto la producción como el sistema financiero se han transnacionalizado y sólo los poderes políticos continúan siendo realidades nacionales de tipo territorial, no son los stocks –lo que vale, lo que estable tendencias, esto es, los flujos.

Los dos flujos fundamentales del capitalismo transnacional son el comercio internacional (sumando importaciones y exportaciones), lo que incluye a las inversiones, ante todo las directas (IED) y el canal financiero, revelado en la capacidad de crédito y financiamiento, sinónimo, usualmente, de la magnitud del superávit de cuenta corriente.

Subramanian ha elaborado un "Índice de Dominación Económica" (IDE), que mostraría, en su percepción, la capacidad de un Estado para usar medios económicos aptos para lograr que otros Estados actúen según sus objetivos o dejen de hacer algo para responder a éstos. Ese IDE está compuesto de tres indicadores: tamaño del PBI, magnitud y tendencias de su comercio internacional (importaciones

+ exportaciones)y condiciones financieras internas e internacionales, incluyendo el status global de su moneda.

El resultado es que, tras prever que el crecimiento chino se reduciría en los próximos 20 años (2030) a 7% anual promedio (China creció 11% anual entre 2000 y 2011), y el de EE.UU. alcanzaría a 2.2% / 2.5% promedio por año, Subramanian sostiene que en ese período el PBI de la República Popular duplicaría el estadounidense y representaría 20% del producto global, en tanto que el norteamericano sería 15%. En esa etapa, el comercio internacional chino casi triplicaría al estadounidense.

Hay que agregar que China es, desde hace diez años, el principal exportador mundial de capitales, resultado de un superávit de cuenta corriente que fue 11% del PBI en 2007 y ahora se ha reducido a 6%. Por eso tiene el mayor volumen de reservas de la economía mundial (US$ 3.24 billones), que triplica a las del país que lo sigue en orden de importancia (Japón, US$ 1.2 billones); y su moneda (yuan/renminbi) se transforma rápidamente en la tercera divisa global (dólar, euro, yuan).

Lo que puede ser es; lo posible es el despliegue de lo implícito en lo real. China es ya la primera economía del mundo, sobre todo en términos de tendencias –flujos–, la esencia de la reproducción del capital.

3.3. El crecimiento chino post crisis global 2008-2009. La clave de la nueva fase de reformas consiste en liberar las tasas de interés como parte de la internacionalización del renminbi.

El primer ministro Wen Jiabao sostuvo en marzo de 2007 que "el crecimiento económico chino es inestable, desbalanceado, descoordinado e insustentable". Nicholas Lardy, uno de los dos principales expertos en la economía china de EE.UU., analizó las características de esta "insustentabilidad" en su último libro, publicado en Washington en enero de 2012.[172]

---

[172] Lardy, Nicholas, Sustaining China´s Economic Growth after the Global Financial Crisis, Washington, Peterson Institute for International Economics, 2012.

Lardy sostiene que el núcleo de la crisis de acumulación china se encuentra en el sistema financiero, que ha sido "reprimido" desde 2003. Antes de eso, la tasa real de retorno de los depósitos de los ahorristas era 3% anual y a partir de entonces, entró en un "territorio negativo", como consecuencia de una decisión del Banco Central, que tiene un completo control sobre este indicador financiero.

El objetivo del Banco Central era otorgar a los bancos estatales una fuente de financiamiento que les permitiera brindar un enorme nivel de crédito a tasas negativas, a las grandes empresas, sobre todo del Estado. Las empresas estatales son públicas (en el sentido accionario) y logran financiamiento a través de la colocación de acciones en los mercados bursátiles de Shanghai, Shenzhen y Hong Kong. Éstas empresas, no obstante su gigantesca expansión, no distribuyen dividendos entre sus accionistas, que primordialmente es el propio Estado, y pagan un número limitado de costos, usualmente sólo de carácter local.

Si se les suma el verdadero alud de crédito que recibieron a tasas negativas el resultado es una fenomenal capacidad de capitalización y expansión. Esta política produjo otros dos resultados. En primer lugar, un extraordinario aumento del ahorro individual como porcentaje del PBI. Entre 1997 y 2003, el nivel de ahorro individual fue 29% del ingreso disponible; después de 2003, trepó a 36%.

De inmediato, impulsó una caída de 25% en el nivel de consumo, hasta ubicarla en 34% del PBI en 2011, la posición más baja entre las economías mayores.

En forma paralela, se reveló una segunda tendencia. Fue el boom de la construcción, que representó 19% del PBI al año pasado, cuando muchos inversores compraron 3 y 4 unidades, porque el objetivo no era habitarlas, sino ahorrar en términos físicos. Lardy agrega que la construcción, sobre todo en el segmento inmobiliario, fue el principal impulso del crecimiento económico a partir de 2005 y mientras el valor promedio de las nuevas unidades aumentó 4.6% anual, la tasa de interés de los depósitos bancarios era negativa en -0.7%.

El nivel máximo de inversión inmobiliaria en China fue en 2011 (9.1% del PBI) y en EE.UU. alcanzó en 2005 a 1.6%, en India 5.2% en 2008, en Taiwán 4.3% en 1980. La tasa de inversión inmobiliaria en la República Popular es por eso un fenómeno "insostenible e insustentable". Lardy formula lo ocurrido con el auge del PBI en relación a sus tres componentes (consumo, inversión y exportaciones netas): el consumo ha caído; las exportaciones netas se han tornado nulas o negativas; y todo depende ahora de la tasa de inversión, en el momento en que crece sobre la base de su demanda interna.

Las cifras que revelan esta situación son las siguientes: la relación inversión/producto era 37% en 1997-2003, y después aumentó a 44.1%, acercándose a 50% al final de la década. En forma paralela, el consumo individual cayó sistemáticamente, era 46% en los años 90 y luego, a partir de 2003, disminuyó a 34% en 2011.

Lardy estima que la "represión financiera" es un subproducto de la política de devaluación del renminbi, uno de los principales impulsos al boom de las exportaciones. Entre 1995 y 2002, la tasa real de cambio se apreció 4.4% por año y de pronto, entre 2003 y 2010, disminuyó a 0.5% anual. En este período, las exportaciones crecieron 30% por año.

Al mismo tiempo, el stock de reservas del Banco Central creció exponencialmente y, tras alcanzar US$ 120.000 millones a fines de 2003, aumentó a US$ 3.4 billones al concluir 2011.

Lo que está en juego en China este año es esta estructura macroeconómica "insostenible". Por eso se experimenta la mayor disputa política desde 1978, porque se enfrentan poderosos y arraigados intereses creados.

Esto sucede cuando la crisis global 2008-2009 ha convertido a China en el principal país integrante del sistema capitalista junto con EE.UU., y se ve obligado a integrarse con el mundo avanzado, sobre todo en el terreno estratégicamente decisivo del mercado financiero internacional, a través de la internacionalización del renminbi. El primer paso de esta necesidad impostergable es terminar con la "represión financiera". Este año se despliega en China el mayor conflicto político del mundo actual.

3.4. Cooperación estratégica con EE.UU.: necesidad histórica. La base estructural del G-2, nuevo eje del poder mundial

¿Qué es lo que obliga a China y a Estados Unidos a cooperar estratégicamente en la segunda década del siglo XXI?, se pregunta Henry A. Kissinger. Y contesta: es la necesidad histórica, en la forma de "aceleración de la globalización y alcance cada vez mayor de la revolución tecnológica, que impone a EE.UU. y China interactuar en el mundo entero". En esa interacción, "el conflicto no es inevitable", como no lo fue la emergencia de EE.UU. como poder mundial en el siglo XX, cuando la hegemonía era británica.[173]

Este es el "hecho geopolítico" que obliga a colaborar estratégicamente a los dos principales países del mundo, así como la amenaza soviética –común adversario– fue lo que selló la paz entre ambos en la Guerra Fría.

Pero la necesidad no basta, se requiere una visión estratégica común de alcance global, a la que tanto China como EE.UU. puedan subordinar sus aspiraciones nacionales y esa visión sólo puede surgir de una comprensión compartida de aquello que los obliga a interactuar en la segunda mitad del siglo XXI, que son las tendencias fundamentales del presente (tecnología y globalización). Urge, en síntesis, una visión común sobre el sentido –dirección, significado– de la necesidad histórica en esta etapa de la historia del mundo.

Para establecer esta visión común, Kissinger propone una fórmula que al mismo tiempo es un programa, sobre la premisa desarrollada por Marx de que "todo programa es reaccionario", salvo que exprese las tendencias de mayor potencialidad del presente. En este sentido, la fórmula "Comunidad del Pacífico" expresa el vuelco de EE.UU., tras la crisis mundial 2008-2009, hacia el nuevo eje de la acumulación global, situada en los países emergentes, y ante todo en Asia (China / India). Advierte Kissinger que este giro de EE.UU. hacia Oriente expresa

---

[173] Kissinger, Henry, On China, New York, The Penguin Press, 2011.

una tendencia más amplia, que es el traslado del poder mundial del Oeste al Este, del Atlántico al Pacífico, con el agregado de que este movimiento tiene para la civilización estadounidense un significado antes político que económico y financiero.

La razón de esta primacía de lo político es que se ha agotado la etapa de unipolaridad hegemónica que se desarrolló entre 1991 y 2008 y que sirvió de "resguardo y sustento" a la expansión de la globalización al mundo emergente.

Tras el punto de inflexión histórica de 1991, en que el colapso de la Unión Soviética unificó el sistema, los acontecimientos y la revolución tecnológica impusieron durante diecisiete años la unipolaridad hegemónica estadounidense. Pero esa etapa concluyó con la crisis global 2008-2009 que se convirtió en un nuevo punto de inflexión, de mayor importancia histórica incluso que el de hace dos décadas, cuando terminó la Guerra Fría.

3.4.1. China y EE.UU. se integran estructuralmente

En el transcurso esta etapa, sobre todo en los últimos diez años, China y EE.UU. se convirtieron en los dos países más interdependientes e integrados del mundo actual, y al mismo tiempo, la República Popular se transformó en un actor global en lo económico y en lo político.

Así, la globalización -mecanismo global de acumulación capitalista– adquirió en la última década dos rasgos fundamentales: Por un lado, el eje del proceso de la acumulación global estaba todavía en EE.UU., hacia el que China convergía a través de sus exportaciones industriales al tiempo que reciclaba su gigantesco superávit de cuenta corriente mediante la compra sistemática de títulos del Tesoro norteamericanos, hasta convertirse en su principal acreedor, con activos por más de US$ 1.5 billones. El resultado fue que el núcleo del proceso de globalización entre 2000 y 2008 lo constituyó el vínculo entre EE.UU. y China, también denominado "desequilibrios macroeconómicos globales" (superávit comercial chino y déficit de cuenta corriente norteamericano, correlativos y unidos por un principio de necesidad). En segundo lugar, China se transformó en un actor global a través de este proceso de integración estructural.

Por eso dice Kissinger que el vínculo entre EE.UU. y China ha atravesado tres fases sucesivas: ideológica (Guerra de Corea, 1950-53), geopolítica (alianza de facto frente a la amenaza soviética, Mao-Nixon) y, ahora, integración. Las fases sucesivas no desaparecen en la historia, sino que son subsumidas por la más relevante, que es siempre la del presente.

A partir de la crisis global 2008-2009, advierte Kissinger, China comenzó a crecer sobre la base de su demanda interna; y este giro de su proceso de acumulación implica que se hace cada vez menos dependiente de EE.UU., y cada vez más integrada al Asia, porque las cadenas trasnacionales de producción de los países manufactureros asiáticos (Japón, Corea del Sur, Taiwán, Malasia, Singapur, Indonesia, Tailandia) tienen su eje en China continental.

La conversión de China, y de toda Asia alrededor de ella, en un actor global, no hace otra cosa más que reflejar que el centro de los acontecimientos mundiales ha girado del Atlántico –"donde estuvo resguardado en los últimos tres siglos"– al Pacífico, en el que se situó en los mil doscientos años previos.

¿Cuál es la "moneda" que compra poder, esto es, influencia en el sistema internacional del siglo XXI?, se pregunta Kissinger. Es disponer, dice, de una amplia panoplia de "incentivos y riesgos" y de los dos, China y Asia disponen en abundancia, y dispondrán cada vez más en las próximas décadas. En este sentido la fórmula que propone Kissinger sobre la "Comunidad del Pacífico" refleja el ajuste de EE.UU. ante el giro de la situación mundial, cuyo eje está cada vez más en Asia.

A su vez, también para China la cooperación con EE.UU. es fundamental porque allí está, y cada vez con mayor fuerza, la frontera de la innovación tecnológica, que es el núcleo del crecimiento económico, ante todo en el interior de la República Popular, en los próximos 40-50 años.

3.4.2. Cultura estratégica china. Por primera vez surge una visión global, no sólo nacional.

"En los primeros veinte años del siglo XXI se abre para China una oportunidad histórica de crecer a pasos gigantescos debido a una convergencia única de tendencias internacionales y domésticas", dice el presidente Hu Jintao. Pero el peligro que enfrenta es igualmente grande; consiste, en "perder esta oportunidad". En ese caso, se convertirá en un "país rezagado", sumergido en el atraso por su propia falta de voluntad.

El premier Wen Jiabao insiste: "Las oportunidades históricas son raras y pasan"; y China ya ha perdido una oportunidad previa debido a "sus grandes errores, especialmente la catástrofe de diez años que se denominó la Gran Revolución Cultural". Y agrega que "la primera parte del nuevo siglo es un período de oportunidad que debemos atrapar firmemente, y en el que podemos realizar mucho del potencial nacional". "La situación mundial se ha puesto en estado de flujo", ha adquirido carácter líquido, señaló Hu Jintao en julio de 2009.

La visión global de China fue precisada Dai Bingquo, consejero de Estado y número tres del régimen (diciembre de 2010): "El mundo se ha empequeñecido estratégicamente, y los principales problemas requieren ahora un grado sin precedentes de integración mundial (…) Por eso, la cooperación global está en el interés de China"; y asegura que "China puede triunfar en este mundo globalizado porque está amplia y profundamente integrada al mundo". El empequeñecimiento del sistema mundial es "resultado de la globalización económica, del desarrollo en profundidad de la informatización, y de los rápidos avances en la ciencia y en la tecnología".

La visión estratégica china tiene sus raíces en Mao Tse-Tung y Sun Tzu: es una visión defensiva, dice Kissinger, que otorga prioridad a los medios diplomáticos, políticos y comerciales sobre los militares y que procura siempre lograr la ventaja psicológica sobre el adversario, descartando el ataque directo. Para eso, dijo Mao, lo esencial es descubrir "la dirección de los acontecimientos (…), su energía potencial".

La estrategia china tiene un significado holístico unificado, que tiende a ver toda situación estratégica como un conjunto y una unidad (lo que Hegel denominaría "una totalidad") que integra pasado y futuro, fuerza y debilidad, lejanía y cercanía.

Su premisa es que el mundo nunca puede ser dominado, y que sólo se puede intentar armonizar con sus tendencias centrales. El mundo es más rico como pluralidad de sentido que la más esforzada de las voluntades humanas.

La visión china es defensiva pero no pasiva, cuando es posible, hay que tomar la iniciativa, aunque el adversario sea más poderoso. Y muestra tres componentes: un análisis sistemático de las tendencias de largo plazo, un estudio cuidadoso de las opciones tácticas y una exploración de las posibles decisiones operativas. Luego de concluida la fase intelectual, se lanza sin temor a la acción y a la iniciativa. Siempre y en todos los casos, distingue entre lo esencial y lo accesorio. "Taiwán es un pequeño asunto, el gran tema es el mundo", le dice Mao a Nixon en 1972.

Quizás por esta cultura estratégica surgida de sus 5.000 años de historia es que el presidente Jiang Zemin le dijo a George W. Bush en carta personal, trasmitida a través de Kissinger: "El futuro del mundo depende de la cooperación estratégica entre EE.UU. y China".

CUARTA PARTE

El papel del Estado en el desarrollismo del siglo XXI.

Significado del planeamiento estratégico

Capítulo 1

Prioridad de la estrategia. Pensar de nuevo, para pensar lo nuevo

En el planeamiento estratégico, lo fundamental es la estrategia y lo accesorio el planeamiento. Raymond Aron entre 1972 y 1980 preparó y publicó los dos tomos de Pensar la guerra, Clausewitz, que constituyeron un nuevo punto de partida en el conocimiento político y estratégico. Sobre Clausewitz, muestra el desarrollo de la visión estratégica de Raymond Aron, cuando pasa de la "Teoría de la guerra" a través del estudio del conflicto, a la "Teoría de la crisis".

La guerra –como concepto– dice Aron siguiendo a Clausewitz, es una puja de voluntades, un antagonismo que emplea la violencia y se funda en la reciprocidad de acción de los protagonistas. Como tal, es una prueba de voluntad que se resuelve por la violencia. Lo propio de la guerra no es el fin, sino el medio: la coerción física. Los fines no los fija la guerra sino el Estado a los que sirven, esto es, la política.[174]
¿Qué es lo que caracteriza al antagonismo bélico? La existencia de una intención hostil, que no es un fenómeno psicológico, un ánimo crítico o negativo, sino la existencia de hechos o decisiones reales que afectan los intereses vitales de la contraparte o antagonista.

En la visión de Clausewitz, subraya Aron, la guerra era un conflicto entre Estados que se resolvía por la sangre, ejercida por ejércitos con-

---

[174] Aron, Raymond, Sobre Clausewitz, Buenos Aires, Ediciones Nueva Visión, 2009.

vencionales, que al llevar la ofensiva contra el adversario o enemigo, atravesaban fronteras nacionales.

En el siglo XX, la guerra comenzó a ser ejercida por unidades subestatales –guerrillas, partidos revolucionarios– y su ámbito de acción fue primordialmente interno, no internacional. Fueron guerras populares o prolongadas y sus teóricos no fueron más los oficiales de Estado Mayor de los ejércitos convencionales, sino Mao Tse Tung, Ho Chi Minh o Che Guevara. Así, la estrategia se transformó de examen de la guerra en teoría del conflicto.

Luego llegó la globalización a través de la revolución tecnológica del procesamiento de la información, que en términos políticos es una avalancha horizontalizadora que quiebra, o en el límite derrumba, todas las estructuras verticales, jerárquicas y autoritarias, en primer lugar, el Estado.

La característica de la revolución tecnológica del procesamiento de la información es que permite tomar decisiones estratégicas en tiempo real a escala mundial. Aparece una tercera noción estratégica, más decisiva que las dos clásicas de espacio y tiempo: la instantaneidad.

Por eso, el ciclo del producto se acorta, y la crisis –"la súbita irrupción de lo nuevo"– deja de ser lo excepcional dentro de largos períodos de estabilidadlmente i y se convierte en lo regular, en lo previsible, casi en lo permanente.

Entonces, la estrategia se convierte ya no en el análisis del conflicto sino en la teoría de la crisis: "La hora de la verdad no es más la guerra, sino la crisis", dice Raymond Aron en Le Grand Débat. La reflexión estratégica centrada sobre las crisis tiene dos componentes. Por un lado, su comprensión: "¿De qué se trata?", la pregunta de Foch ¿cuál es la naturaleza de esto –hecho, acontecimiento– que irrumpe súbitamente y cambia todos los términos del problema, esto es, de la situación?

Esta "inteligencia de la situación", siempre intransferible, procura limitar el azar, la incertidumbre y al mismo tiempo sirve para desechar toda visión catastrófica. Su principal instrumento es el "juicio de importancia" en los términos de Max Weber, que sirve para distinguir lo esencial de lo accesorio y concentrarse sólo en lo primero.

El segundo elemento de la teoría de la crisis es "pensar lo posible". Se sabe desde Hegel que lo real no es sólo lo actual sino también lo virtual, lo posible y las crisis, "la súbita irrupción de lo nuevo", abren, ante todo, el campo de lo posible.

La teoría de la crisis, a diferencia de la estrategia de la guerra, no se limita al examen de la "peor hipótesis". Procura agotar el campo de lo posible, recurriendo incluso a hipótesis usualmente desvalorizadas por optimistas. Practica el principio establecido por Oscar Wilde: "Este es un mundo tan raro, que incluso si uno actúa correctamente, las cosas pueden salir bien".

Clausewitz estableció que la estructura del sistema internacional, o "sociedad de Estados", define la naturaleza –el tipo– de guerra en cada momento histórico determinado. En una sociedad mundial, como la que surge de las bases materiales del proceso de globalización, las guerras o conflictos son, ante todo, de orden interno. Al emerger las crisis como rasgo permanente del proceso histórico, se manifiestan primordialmente en el plano del Estado, quebrado en su verticalidad por el vendaval horizontalizador de la revolución tecnológica; son crisis políticas. "Y si el corazón de las crisis en nuestra época es la política y el Estado, el corazón de la política es la comunicación", dice Eric de La Maisonneuve (Incitation à la Réflexion Stratégique, París, 1998). [175]

"La comunicación está en adelante en el corazón de la política, y es a la vez su principal motivo y la apuesta mayor de las crisis actuales, tanto en el plano de las relaciones internacionales, como en las relaciones internas de las sociedades, donde las rupturas se manifiestan en forma cada vez más frecuente", señala de La Maisonneuve.

Por eso, en las crisis contemporáneas, los medios de comunicación tienen un carácter cada vez más decisivo. Son la infraestructura –

---

[175] De La Maisonneuve, Eric, Incitation à la Réflexion Stratégique, París, Economica, 1998.

los canales– que trasladan las comunicaciones (ideas, informaciones, percepciones) de las crisis políticas.

La estrategia de crisis se funda en cuatro nociones centrales. Lo primero es que la crisis es un momento de inestabilidad y novedad, compleja y abierta hacia el futuro, que abre nuevos conflictos y termina con los del presente, que son los del pasado a partir de su irrupción. Lo segundo es la libertad de acción que surge de la comprensión de lo nuevo. Lo tercero es la intermediación entre lo actual y lo virtual, lo posible; es una tarea de invención, de imaginación creadora. Por último, y esto es también lo decisivo, coloca a la estrategia –pensamiento y acción– en el corazón del problema político, en su doble dimensión de comunicación y alteridad.

Esto último significa que la estrategia, como teoría de la crisis, desecha y desprecia el lugar común, el mundo "bien pensante", la sensatez preestablecida, y busca siempre lo nuevo, lo distinto, lo que todavía no existe.

Pensar estratégicamente, decían Clausewitz y Aron, es buscar el concepto en la acción, y atender siempre a la singularidad intransferible. Es lo mismo que advirtió T. H. Lawrence (Lawrence de Arabia, Los siete pilares de la sabiduría) sobre que "en toda fuerza hay una debilidad, y en toda debilidad, una fuerza".

Capítulo 2

La fuerza del Estado en la era de la globalización depende de su visión estratégica

El planeamiento estratégico es una herramienta fundamental para enfrentar los desafíos que impone la globalización en sus distintas dimensiones. Su finalidad es ofrecer los instrumentos conceptuales y de orientación práctica para la acción estatal y privada. Es un pensamiento esencialmente volcado a lo práctico, que sigue de cerca los acontecimientos y procura establecer categorías que permitan comprender lo nuevo.

El planeamiento estratégico no intenta predecir el futuro porque el futuro, por definición, no existe. Busca, en cambio, pensar sistemáticamente sobre el desarrollo de los acontecimientos, sobre la premisa de que lo fundamental es lograr distinguir lo esencial de lo accesorio. El planeamiento estratégico sólo se concentra sobre lo esencial porque allí es donde se decide el éxito o el fracaso. Por lo tanto, el propósito central es descubrir qué es lo esencial advirtiendo cuál es la tendencia central de los acontecimientos. Esta visión anticipada de los sucesos no es un pronóstico, lo cual no quiere decir que estas visiones no tengan una extraordinaria capacidad de adelantarse a los hechos.

El planeamiento estratégico trata de esclarecer el sentido de cada época histórica. La historia universal consiste en un proceso dialéctico de sucesivas tendencias opuestas en constante contraposición y superación. El curso de este proceso determina la forma única y posible del cambiante sistema totalizador que comprende las fuerzas en tensión en cada momento de la historia. La manifestación de estas tendencias, propias de cada momento histórico, es llevada adelante por diferentes actores, que pueden ser pueblos, organizaciones o líderes políticos, que siendo capaces de interpretar las fuerzas inevitables y transformadoras de un período histórico, logran acompañarlas en su desarrollo natural y así ganar preponderancia como formadores de un próximo estadio superador del sistema.

El sistema propio del actual período histórico está caracterizado por la expansión del sistema de producción capitalista a una escala mundial. Esta fase de globalización económica está impulsada por la revolución de las tecnologías de información y comunicaciones y por su incorporación a un sistema de producción de creciente productividad, flexibilidad y dinamismo. En condiciones de cambio permanente, la competencia por mejorar la productividad, definida como la habilidad para mantener un constante crecimiento del ingreso en una situación de apertura económica, constituyen rasgos fundamentales del sistema. En las condiciones actuales de expansión del capitalismo, es preciso acompañar el cambio de la historia con un pensamiento que permita la compresión de los acontecimientos y propicie la acción efectiva en esquemas institucionales y administrativos aptos para dar respuesta a nuevos y cambiantes desafíos. En tales circunstancias, la capacidad de anticipación a los eventos, crisis y oportunidades constituye el capital fundamental para la acción y el éxito. El planeamiento estratégico adquiere especial centralidad como herramienta para la acción, tanto en el gerenciamiento empresarial como en el campo de lo público.

2.1. Lo público y lo privado en las nuevas condiciones de la globalización

El pensamiento estratégico se despliega tanto en el ámbito de lo público como en el de lo privado. En el ámbito privado, es necesario que los empresarios piensen como hombres de Estado. Un estadista es quien posee la responsabilidad de discriminar entre lo esencial y lo accesorio, determinando la naturaleza del problema que enfrenta. Del mismo modo, para la empresa, la estrategia debe transformarse en sinónimo de elección. Hay que elegir qué necesidades y clientes se van a satisfacer. Muchas empresas afrontan grandes dificultades para poder desarrollarse en la globalización. La debilidad crítica es que la mayoría de ellas todavía no ha abordado correctamente los principios de la estrategia. Esto se debe a que las empresas están acostumbradas a actuar en un entorno inestable, preocupadas por los logros a corto plazo sin tener un sentido de dirección y proyección en el largo plazo. El éxito de este tipo de empresas dependerá de su capacidad de identificar el núcleo estratégico de los negocios que manejan.

En la esfera de lo público, es indispensable pensar la crisis como condición permanente de la realidad. Identificar lo esencial en una situación es, nuevamente, lo central a la hora de formular la decisión más favorable. La intuición y análisis de la realidad son las capacidades inherentes a la estrategia. En este contexto, resulta indispensable desarrollar estrategias que contribuyan a descubrir el potencial de una situación para modificarla y superarla.

2.2 La revolución tecnológica como sustento de la globalización: decisiones estratégicos en tiempo real a escala global. Primacía de la instantaneidad sobre el espacio y el tiempo.

La característica central de los cambios que experimenta la nueva sociedad mundial tiene su raíz en la revolución tecnológica. Las nuevas tecnologías de la información y telecomunicaciones posibilitaron una revolución del procesamiento de la información que dio lugar a la redefinición de las formas tradicionales de producción. La transformación del sistema productivo a escala mundial, impulsado por la revolución tecnológica, constituye la característica principal del actual proceso de globalización.

Como consecuencia de la revolución tecnológica, surge una nueva economía, basada en la generación de conocimiento, que ha hecho posible la multiplicación y aumento en el número de descubrimientos científicos y la aplicación del conocimiento científico a la producción. Sin embargo, esto no es históricamente novedoso. Este fenómeno es una característica estructural de la economía capitalista. Lo verdaderamente nuevo es el hecho de que el conocimiento científico y el desarrollo tecnológico se aplican en forma sistemática a sí mismos. En otras palabras, se produce un fenómeno de retroalimentación del conocimiento científico y tecnológico sobre el propio conocimiento. El factor principal del aumento en los niveles de riqueza y bienestar de los países de mayor desarrollo han sido los avances tecnológicos experimentados a lo largo de las últimas décadas. El desarrollo y la aplicación creciente de las tecnologías de la información y las comunicaciones a los procesos productivos han permitido, asimismo, una transformación en las formas de gerenciamiento, canales de distribución y la forma de hacer negocios, contribuyendo a la mayor eficiencia de la gestión y producción. Todas estas transformaciones constituyen rasgos fundamentales de la nueva economía.

La experiencia del desarrollo de los sectores económicos ligados a tecnología ha demostrado que los aumentos en los niveles de productividad de tales sectores se encuentran directamente relacionados con su capacidad de innovación. Por su parte, la innovación requiere de la generación constante de un conocimiento cada vez más específico y sofisticado. El conocimiento se ha convertido en el más importante factor que influye en el estándar de vida de los países ubicados a la vanguardia de la economía mundial. En la actualidad, las economías más avanzadas tecnológicamente están basadas en el conocimiento.[176] Emmanuel Todd ha demostrado cómo, en términos de ganancias, el comercio arrastra al factor de producción abundante —la mano de obra poco calificada— a una espiral descendente y a los factores de producción escasos —capital y mano de obra muy calificada— a una espiral ascendente.[177] La creciente calificación de la mano de

---

[176] World Bank, Knowledge for Development, The World Development Report, 1998-1999, p. 16.

[177] Cassen, Bernard, "Repensar el Comercio Internacional", Le Monde Diploma-

obra vinculada a los sectores más productivos de la economía está generando una economía del conocimiento (knowledge economy). En una economía de esta naturaleza, el conocimiento se constituye como un factor de producción más que se suma a los tradicionales factores de mano de obra y capital.[178]

Particularmente, en términos de productividad, en una economía del conocimiento, este factor adquiere mayor relevancia en el conjunto de los procesos económicos. A modo de definición, "una economía impulsada por el conocimiento es aquella en la que la generación y explotación del conocimiento juega un papel predominante en la creación de riqueza."[179]

Las posibilidades de generar conocimiento están condicionadas por una mano de obra altamente calificada disponible en un lugar físico dado y por la capacidad de acceder a los flujos de información global mediante una infraestructura tecnológica acorde. El desafío que enfrentan en la actualidad los países y las ciudades es generar las condiciones propicias para el desarrollo de su capital de conocimiento e infraestructura tecnológica, orientados a la internacionalización de sus sectores más productivos.

Los servicios avanzados ocupan en la actualidad el centro de todos los procesos económicos. Esto se debe al hecho de que existe una creciente necesidad de garantizar un proceso constante de innovación en la producción y gestión de las actividades económicas. El sector de servicios avanzados de alto conocimiento cumple la función de apoyo a otros sectores de la producción no directamente centrados en la información. Ejemplos de estos servicios son las finanzas, seguros, inmobiliaria, consultoría, servicios legales, publicidad, diseño,

---

tique, febrero de 2000.

[178] Romer, Paul, "Increasing Returns and Long-Run Growth", Journal of Political Economy, 1994, pp. 102-37; "Endogenous Technological Change", Journal of Political Economy, 1998, pp. 71-102.

[179] United Kingdom Department of Trade and Industry, Secretary of State for Trade and Industry, "Our Competitive Future: Building the Knowledge Economy", Vol. Cm 41:75, London, 1998.

mercadotecnia, relaciones públicas, seguridad, gestión de sistemas de información, investigación y desarrollo e innovación científica.

Sin embargo, los beneficios de esta revolución tecnológica, de amplias implicancias en el plano económico, social y cultural, se ha concentrado principalmente en países que han sido los líderes de este proceso. En la actualidad, la línea divisoria entre países ricos y pobres no sólo está dada por las condiciones sociales y de salud que caractericen a los mismos. El acceso y manejo de información y comunicaciones constituye un elemento central en las posibilidades de desarrollo de los países.

En este contexto, los países de menor nivel de desarrollo se enfrentan al desafío de impulsar su crecimiento a partir de la potenciación de los beneficios que puedan resultar de la incorporación de nuevas tecnologías a los procesos productivos de sus economías y sociedades. La educación y la capacitación en la utilización y generación de conocimiento, a partir de la interacción con la información, constituyen un valor central para el desarrollo económico y social de los pueblos.

La información y el conocimiento son las variables que actualmente impulsan el desarrollo económico. La información siempre fue importante en la historia de la humanidad. Sin embargo, el poder de las nuevas tecnologías de la información hace que esa importancia se acreciente en la actualidad. La información adquiere un carácter decisivo, ya que se puede procesar y transmitir en tiempo real y con gran flexibilidad.

La información y la tecnología están globalizadas. En la actualidad, existe una variedad de centros productores de know how tecnológico que se compran, se difunden y se transmiten en función de la capacidad de las empresas de ligarse a esos circuitos de tecnología global. La mano de obra más cualificada también está globalizada. Se estima que la mano de obra más funcional al proceso de globalización no supera los setenta millones de personas. Aunque estos setenta millones representan menos del 1% de la población del planeta, en términos de valor, constituyen cerca de un tercio del valor de la producción mundial. Las empresas multinacionales, con sus filiales, son las que concentran gran parte de esta mano de obra.

La tecnología y el empleo funcionan en red, es decir, la asociación de empresas o personas para emprender alguna actividad en forma conjunta. Esta nueva estrategia tiene como características su gran flexibilidad para adaptarse rápidamente a la demanda del mercado. En general, su origen y disolución se relacionan con la satisfacción de alguna demanda en particular. Cuando surge una demanda se organiza la red, cuando desaparece, se disuelve.[180]

La integración económica global, con condiciones de productividad similares, tiende a igualar hacia abajo las condiciones sociales y salariales. En el caso de Europa, el problema no es la competencia directa de productos asiáticos o norteamericanos exportados a Europa, puesto que su penetración es aún limitada, sino que las empresas europeas, enfrentadas con costos laborables más altos que sus competidores, tienden a introducir tecnología para eliminar trabajo, compran insumos industriales de otros países de menor costo y, cada vez más, orientan sus inversiones hacia América o Asia. Si Europa quiere integrarse plenamente en la economía global, es muy dudoso que se pueda permitir la existencia del Estado del Bienestar actual y de la relativa estabilidad de empleo. Y no parece realista pensar que los gobiernos y empresas europeas van a renunciar a dicha integración con los mercados globales.

No estamos ante el fin de la historia, sino en el principio de una nueva era, en la que el extraordinario desarrollo tecnológico puede permitir, a la vez, más ganancia para las empresas y mejores condiciones para los trabajadores a través de un aumento incesante de la productividad.

---

[180] Castells, Manuel, "Globalización, tecnología, trabajo, empleo y empresa", mimeo, 2000.

Capítulo 3

La Argentina en la era de la globalización. Prioridades estratégicas del desarrollismo en el siglo XXI

3.1. El acceso a la sociedad del conocimiento

En las nuevas condiciones sociales nacidas del proceso de globalización del sistema productivo mundial, resulta cada vez más evidente que las crecientes desigualdades en la distribución del ingreso, la calidad del empleo, las posibilidades de incorporación al mundo del trabajo y hasta la línea divisoria entre la inclusión y la exclusión social estarán cada vez más determinadas por el acceso que tengan los países, las regiones, los grupos sociales y los individuos a los constantes adelantos derivados de la revolución tecnológica de nuestra época, en particular, en el campo de la informática y de las telecomunicaciones.

La característica central de los cambios que experimenta la nueva sociedad mundial, de la que la Argentina es ya parte inseparable, tiene su raíz en la revolución tecnológica de nuestra época. Hay una nueva manera de producir, fundada en la revolución del procesamiento de la información, derivada de las nuevas tecnologías de la informática y de las telecomunicaciones.[181] Toffler señala que "la gran transición se refleja globalmente en el hecho asombroso de que las exportaciones mundiales de servicios y "propiedad intelec-

---

[181] Ver US Department of Commerce, Digital Economy 2002, Washington, 2002.

tual" igualen ahora a la suma de las de electrónica y automóviles o al conjunto de las alimentarias y de combustibles".[182]

Lo distintivo de esta nueva etapa ya no es la aplicación del conocimiento científico a la producción. Eso fue siempre, en realidad, una de las características estructurales de la economía capitalista. Tampoco el dato, sí inédito, de la multiplicación y aceleración de los descubrimientos científicos y las innovaciones tecnológicas. Lo verdaderamente nuevo es el hecho de que el conocimiento científico y el desarrollo tecnológico se aplican en forma sistemática a sí mismos. O sea que hay un fenómeno de retroalimentación del conocimiento científico y tecnológico sobre el propio conocimiento.

El resultado de esta novedad histórica es que hay un acercamiento entre el mundo de la economía y el mundo de la cultura como nunca se había experimentado antes en la historia de las sociedades modernas. Por eso es que se habla de sociedad del conocimiento.

Estas enormes transformaciones no son socialmente neutras. Generan altos costos y fuertes exigencias de adaptación. Implican, por lo tanto, la existencia de ganadores y perdedores. Imponen, por lo tanto, la absoluta necesidad de replantear en nuevos términos la cuestión social, definida como una prioridad absoluta para el pensamiento y la acción política de fin de siglo.

El gigantesco impacto social que produce la velocidad vertiginosa de estas mutaciones hace que el cambio sea percibido mucho más en lo que tiene de pérdida, medida en relación a los antiguos paradigmas, que en lo que puede implicar como ensanchamiento de posibilidades, es decir como oportunidad, en el campo de la economía, del trabajo, de la cultura y de la vida cotidiana.

Un fenómeno histórico de similares características ocurrió en la primera fase de la Revolución Industrial. Los viejos artesanos y la multitud campesinos que migraba desde las aldeas a las ciudades, percibían que el mundo en que habían nacido y crecido, el conjunto de valores que habían forjado sus vidas, se hundía bajo sus pies. En tanto, ni la

---

[182] Toffler, Alvin and Heidi, Creating a new civilization, Atlanta, Turner, 1995.

burguesía en ascenso ni el incipiente proletariado, que surgían como sujetos sociales producto de esa gigantesca transformación, estaban todavía en condiciones de percibir que iban a convertirse en los dos actores centrales de la sociedad capitalista que empezaba a configurarse. Puede afirmarse que, en el transcurso de las pasadas décadas del 80 y del 90, la humanidad empezó a protagonizar un salto económico, tecnológico, social y cultural de una envergadura sólo comparable con el de aquella época. Con una diferencia: la aceleración de los tiempos históricos hace que el mundo y la Argentina vivan en apenas dos o tres décadas un período de readecuación que durante la Revolución Industrial demandó un siglo.

En esta nueva gran fase histórica de transición, hay al menos dos generaciones que se encuentran obligadas a aprender rápidamente nuevos códigos para adecuarse a las nuevas realidades. Para estas dos generaciones, recobra validez la famosa definición de Margaret Mead: "cuando creía haber aprendido todas las respuestas, me cambiaron todas las preguntas". De allí que resulte indispensable desarrollar una estrategia que ayude a realizar esa vastísima empresa de reconversión individual y comunitaria que contribuya a la visualización cultural de lo nuevo como amigo, al futuro no sólo en lo que conlleva de asechanza sino también, y principalmente, en lo que encierra como oportunidad. Porque en la sociedad del conocimiento, las naciones, los pueblos, las regiones geográficas, los sectores sociales y los individuos prosperarán o no en la medida en que sean capaces de adecuarse a esa nueva realidad.

3.1.1. La brecha digital

Las transformaciones necesarias para la inserción en la sociedad de la información plantean un tremendo desafío para los países en general y, en particular, para las naciones en vías de desarrollo. La revolución de la información ofrece un potencial formidable para que estos países puedan sumarse a esta ola tecnológica. Sin embargo, quienes no puedan lograrlo se verán amenazados con quedar aún más rezagados y marginados de las tendencias más importantes de la época. Esta situación plantea simultáneamente la amenaza más grande y la oportunidad más ventajosa.

A pesar de los logros alcanzados por muchos países industrializados en sus intentos por incorporar y fomentar el uso de las tecnologías de la información y comunicación, el problema asociado a una creciente expansión de la brecha digital no ha dejado de ser una amenaza y una fuente constante de preocupación. Particularmente en los países en vías de desarrollo, el problema de quedar rezagados del conocimiento tecnológico alcanza magnitudes infinitamente mayores. Ante esta situación de marginalidad, surge la necesidad de pensar estrategias de desarrollo basadas en las ventajas que brinda la tecnología en materia de educación, capacitación laboral y desarrollo económico, para movilizar los esfuerzos de parte de los poderes públicos y privados en torno a iniciativas de interés tanto colectivo como particular.

La brecha digital es la diferencia que existe entre aquéllos que tienen los conocimientos necesarios para interactuar con la información mediante las nuevas tecnologías y aquéllos que no tienen esta posibilidad. La preocupación de los países por reducir esta brecha se encuentra relacionada con las posibilidades de generar desarrollo económico y social en un contexto de incremento incesante de la productividad. En otras palabras, en la actualidad la brecha digital constituye la manifestación más elocuente de la diferencia entre ricos y pobres en el plano del conocimiento.[183]

Mientras que la segunda mitad del siglo XX estuvo marcada por un constante avance en la ubicuidad de las nuevas tecnologías de la información en todo el mundo industrializado, su posibilidad de incorporación en el mundo en desarrollo ha sido limitada. El carácter universal del problema de la brecha digital está presente en la realidad social y económica de todas las sociedades nacionales. Sin embargo, la diferencia que existe entre los distintos países es

---

[183] Castro, Jorge, et. al, El acceso de la Argentina a la sociedad del conocimiento, Buenos Aires, Fundación Banco Boston, 2002.

aún más marcada y reveladora del carácter global y estructural de la problemática de la marginalidad y pobreza. La emergencia de una brecha digital significativa entre los países industrializados y los países en desarrollo, y a la vez al interior de ambos, pone de manifiesto la inminente profundización y reproducción de los patrones existentes de desigualdad, agravados por la celeridad del actual proceso de reconversión tecnológica-productiva propios de esta etapa de globalización del capitalismo.

No obstante, esa creciente diferencia entre países puede ser superada mediante la inserción en la nueva economía de la información. Según Peter Knight, jefe del Centro de Medios Electrónicos del Banco Mundial, todos los países en desarrollo pueden comenzar a tomar parte en la revolución de la información que va generalizándose en el mundo industrializado. La inversión inicial no es tan importante y las nuevas tecnologías, tienden a ayudar a sortear algunos de los obstáculos actuales al desarrollo. Knight estima que la alternativa es rezagarse aún más en la creación de una economía viable y ser un actor aún más marginal en los asuntos mundiales.

En muy pocos años, la India e Irlanda se convirtieron en los principales exportadores mundiales de software después de Estados Unidos. Para lograrlo, supieron combinar la alta calificación profesional de sus ingenieros, el dominio del idioma inglés y un nivel de remuneraciones sensiblemente más bajo que el de los países altamente desarrollados. La Argentina presenta condiciones marcadamente favorables para la constitución de clusters informáticos de alto rendimiento y para ocupar un lugar relevante en la producción de software en español, que es el idioma de mayor velocidad de expansión en Internet. En este sentido, el papel de las instituciones estatales y sociales —en particular de las organizaciones no gubernamentales— es fundamental para orientar el financiamiento y privilegiar aquellas iniciativas que impliquen la incorporación de las nuevas tecnologías de la información. El papel del Estado es aún más trascendente en lo que se refiere a su función como principal proveedor de educación.

El desarrollismo del Siglo XXI

Si los gobiernos de los países en desarrollo no superan determinados bloqueos institucionales y emprenden toda una serie de políticas para facilitar el acceso y la utilización productiva de la información y el conocimiento en las nuevas redes internacionales, tampoco será posible revertir la tendencia hacia una mayor desigualdad. Todo esto implica la necesidad de introducir las nuevas tecnologías, y especialmente las de información y conocimiento, en el centro mismo de la agenda de desarrollo de nuestro tiempo.

En esta dirección, es necesario impulsar y privilegiar la implementación de estrategias que permitan incorporar tecnología de última generación sin tener que desarrollarla desde el comienzo. Una estrategia exitosa en este sentido es la del leapfrogging, que busca acortar caminos a través de la superación de las capacidades de construcción e inversión que fueran anteriormente desarrolladas por otros países para promover su desarrollo económico y social. Si bien las posibilidades de saltear etapas de desarrollo que hayan sido necesarias para otros países no resulta siempre viable desde una perspectiva macroeconómica, a nivel de empresas o industrias individuales esta alternativa resulta mucho más favorable.

Es importante distinguir entre el progreso tecnológico que se alcanza a través del descubrimiento e invención de nuevos conocimientos y capacidades y el progreso que resulta de la adopción y transformación de tecnologías ya existentes. Las empresas pueden mejorar la calidad de sus capacidades en poco tiempo con la adquisición correspondiente de know-how o equipamiento necesario. Este último tipo de progreso tecnológico está muchas veces asociado con los términos de transferencia de tecnología, una condición fundamental para garantizar una estrategia de leapfrogging. Con la tecnología de Internet, muchas de las trabas de tiempo, distancia y acceso a los flujos globales de información desaparecen.[184]

---

[184] Ibíd.

3.1.2. Conocimiento, empleo y distribución del ingreso. El nuevo nombre de la justicia social

Existe una visión generalizada, asociada a la publicitada tesis del "fin del trabajo" que postula que la incorporación de nuevas tecnologías al sistema productivo está llevando a un aumento en los índices de desocupación, como consecuencia del progresivo reemplazo del factor humano por el tecnológico. Sin embargo, es preciso aclarar que la falta de sustento empírico de tales diagnósticos revela que su amplia difusión se origina en la incertidumbre generada por la transición a un nuevo sistema de producción.

Los informes de la Organización Internacional del Trabajo (OIT) desacreditan esta creencia infundada, al sostener que la percepción de un inminente "fin del trabajo" se basa en una errónea generalización extrapolada a partir de casos particulares de despidos en grandes corporaciones y que estos ejemplos no pueden ser tomados como tendencias representativas de toda la economía.[185]

Las estadísticas revelan que, en términos mundiales, el empleo viene aumentando de manera sostenida en el tiempo, en parte debido a que la mujer está siendo cada vez más incorporada al mundo del trabajo, no sólo como asalariada sino también como empresaria. Dentro de este crecimiento internacional del empleo, se destaca el aumento del empleo industrial que, según datos de la OIT, alcanzó el 72% en los últimos veinticinco años.[186] La locomotora de ese incremento mundial del empleo son los procesos de industrialización en marcha en los países del Asia Pacífico, en particular China.

También es importante destacar que las sociedades estadounidense y japonesa son, a diferencia de la mayoría de los países miembros de la Unión Europea, las que han alcanzado el mayor nivel de difusión de las nuevas tecnologías y, al mismo tiempo, tienen más bajos índices de desocupación. La visión que equipara el avance tecnológico con la disminución de los puestos de trabajo es de matriz claramente euro-

---

[185] Organización Internacional del Trabajo, Informe Anual 2002, Ginebra, 2002.
[186] Ibíd.

céntrica y revela las dificultades con que tropieza la Europa tradicional para adaptarse a la nueva economía de la información.

La diseminación de las nuevas tecnologías tiene por supuesto importantes efectos sobre el empleo, pero no sobre su disminución. Quizás el más importante de esos efectos, y muy fuertemente conflictivo, sea la flexibilidad estructural que adquiere la mano de obra. La continua incorporación y adaptación a las nuevas tecnologías impone a las empresas la necesidad de emplear trabajadores de distintas formas, en diferentes tiempos y con diversas situaciones laborales. Esta flexibilidad extrema que exige la tecnología establece condiciones de constante cambio en las modalidades de trabajo.[187]

La empresa moderna es una red de producción, servicios e información que se conecta con otras empresas igualmente reticulares, de forma que cada trabajador recibe una tarea o un salario de forma cada vez más individualizada. Las nuevas tecnologías de información y comunicación permiten la individualización creciente del proceso de trabajo y la organización de la producción en red, mediante la utilización sistemática de subcontratistas, de consultorías y servicios especializados y de trabajadores temporales o de tiempo parcial. Esta modalidad de trabajo se verifica en todos los niveles de cualificación laboral.

Si bien el trabajo no está desapareciendo, su forma y naturaleza se encuentra efectivamente en un drástico proceso de transformación. Lo verdaderamente importante es identificar los efectos de la incorporación de nuevas tecnologías al sistema productivo en las nuevas condiciones del trabajo. Toffler señala que "cualquier estrategia para reducir la carencia de trabajo en una economía supersimbólica debe depender menos de la asignación de riqueza y más de la asignación de conocimientos".[188]

La distribución del conocimiento es el principal instrumento para encarar la redistribución de la riqueza y del poder. En el mundo de hoy, en incesante cambio tecnológico, la calidad del empleo y hasta

---

[187] Ibíd.

[188] Toffler, Alvin and Heidi, Creating a new civilization, Op.cit.

la misma posibilidad de trabajo estarán cada vez más vinculadas con la educación, la formación y la capacitación profesional. Porque en esta nueva era histórica, precisamente definida como sociedad del conocimiento, la educación es la principal herramienta estratégica en el camino de la justicia social.

La única respuesta de fondo a los desafíos que plantean el desempleo y la calidad del trabajo pasa por la necesaria calificación de los recursos humanos para adecuarlos a las exigencias de un sistema económico signado por la continua incorporación de nuevas tecnologías.

¿Cuál es la diferencia fundamental que existe entre la problemática social en las condiciones de globalización del sistema económico mundial y de revolución tecnológica del procesamiento de la información y lo que apareció como la cuestión social en la época de la revolución industrial? De acuerdo con Toffler, "durante más de un siglo, socialistas y defensores del capitalismo libraron una guerra enconada en torno de la propiedad pública y privada. Gran número de hombres y mujeres perdieron literalmente su vida en este empeño. Lo que ninguna de las partes imaginó fue un nuevo sistema de creación de riqueza que hiciese virtualmente obsoletos todos sus argumentos. Y, sin embargo, esto es exactamente lo que ha sucedido. Porque la forma más importante de propiedad resulta ahora intangible. Es supersimbólica. Se trata del saber. El mismo conocimiento puede ser usado simultáneamente por muchas personas para crear riqueza y producir todavía más conocimiento. Y, al contrario que las fábricas y los cultivos, el conocimiento es, a todos los efectos, inagotable".[189]

En la etapa histórica de formación del capitalismo, emergió una intensa polarización social entre los sectores del capital y el mundo del trabajo. Entre 1789 y 1840, en que se desarrolló la primera fase de la Revolución Industrial, se registró un virtual estancamiento de los niveles salariales, al tiempo que se producía una extraordinaria acumulación de la riqueza en manos de la burguesía industrial y financiera. Esta vez, como la diferencia básica no se da en términos de apro-

---

[189] Ibíd.

piación de los recursos del capital, sino en términos de apropiación de los recursos del conocimiento, las nuevas disparidades sociales no se producen simplemente en un sentido clásico, entre los de "arriba" y los de "abajo", sino que se verifican en todas las categorías profesionales, en todos los escalones de la estructura social, según en qué medida se participe, o no se participe, en las nuevas modalidades productivas propias de la sociedad del conocimiento.

Cabe afirmar entonces que, como ya sucedió en la primera fase de la Revolución Industrial, la revolución tecnológica del procesamiento de la información, sustento de la globalización del sistema productivo mundial, está acompañada, al menos en un principio, por una fuerte tendencia hacia la acentuación de las desigualdades en la distribución del ingreso y a la aparición, por lo tanto, de una sociedad dual.

Es que la raíz tecnológica del nuevo sistema económico del mundo globalizado tiene una lógica de hierro en materia de distribución del ingreso. Beneficia, en términos de mejores empleos y mayor retribución salarial, a las franjas de mayor nivel de capacitación laboral y de formación profesional. Pero castiga, en términos de empleos de más baja calidad y por ende de menor nivel de retribución, o aún con la desocupación, a las franjas de menor nivel de capacitación.

Esto no sucede únicamente con los sectores de menores ingresos o de menores índices educativos. Es una experiencia y un riesgo concretos que sufren todos los sectores sociales sin distinción. Afecta fuertemente a amplísimos segmentos de la vasta clase media, que sienten en carne propia que, en una economía de altísimo nivel de competitividad, no se es socialmente incluido o excluido de una sola vez. Es posible, y frecuente, resultar excluido en forma sucesiva y casi de manera inadvertida.

El problema central es que este crecimiento económico de nuevo tipo, fundado en el constante cambio tecnológico, genera empleos distintos a los que destruye. Por un lado, crea sí empleos de baja calificación, sobre todo en el sector servicios, que favorecen a las franjas de menores ingresos y de menor formación educativa. Por el otro, crea también empleos de altas exigencias de calificación profesional, propios de un sistema económico de elevado nivel de productividad, para los que no existe hoy oferta laboral suficiente. En cambio, deja de crear empleos en la anchísima franja intermedia entre esas dos categorías.

Conviene recalcar que este fenómeno tiene características mundiales y se advierte aún con mayor fuerza en los países de mayor dinamismo económico. Esta dicotomía en la oferta de empleo afecta principalmente a los sectores medios, cuya extensión y notorio dinamismo son una expresión de la intensa movilidad social que caracterizó a la Argentina de este siglo, en virtud de las extraordinarias experiencias de democratización protagonizadas por el yrigoyenismo y el peronismo Manuel Mora y Araujo indica que casi 70% de los argentinos se definen como de clase media. Y, en términos estrictos, esa autopercepción constituye un índice más representativo que cualquier clasificación académica sobre una estructura social que está hoy en pleno reacomodamiento.

En esa extensa franja de las capas medias, se concentra el fenómeno de lo que ha empezado a caracterizarse como la "nueva pobreza". A diferencia de la pobreza tradicional, no lo es tanto en términos de necesidades básicas insatisfechas, sino de disminución de ingresos, reducción del nivel de vida, pérdida de expectativas de ascenso social y amenaza de disolución de identidades sociales hondamente arraigadas a lo largo del tiempo.

Esa visión negativa, cargada de incertidumbre sobre el porvenir, que comparten hoy vastos sectores de la sociedad argentina, hasta el punto de impregnar la atmósfera de la opinión pública, no sólo está vinculada con la desorientación generada por los nuevos paradigmas en materia de producción y de empleo. Responde también al hecho de que dichos sectores son plenamente conscientes de la dificultad de insertarse en una economía de elevada productividad y creciente grado de sofisticación tecnológica y de que existen serias dificultades estructurales para incorporarse o mantenerse en el sistema económico, precisamente por un nivel de calificación bajo o por lo menos antiguo y en gran parte insuficiente, cuando no directamente obsoleto.

En la Argentina de hoy, esa percepción colectiva constituye un dato de inocultable importancia política, porque revela una insatisfacción de fondo, la existencia de un clima social cargado por la sensación de zozobra y el miedo al futuro, que signa el comportamiento de la opinión pública y demanda una urgente respuesta.

3.2. Una revolución de la educación y del trabajo

La respuesta estratégica insoslayable a este desafío fundamental es la puesta en marcha de una verdadera revolución de la educación y del trabajo, que promueva la rápida creación de las condiciones apropiadas para la incorporación activa de la Argentina a la sociedad del conocimiento que emerge en todo el planeta.

Señala Toffler: "Se ha escrito tanto acerca de la sustitución del trabajo humano por el de los equipos informatizados que, con frecuencia, pasamos por alto los modos en que también reemplazan al capital". Añade que "en cierto sentido, los conocimientos representan desde luego para el poder de las finanzas una amenaza a largo plazo muy superior a la de las organizaciones sindicales o los partidos políticos anticapitalistas. Porque, en términos relativos, la revolución de la información mengua en una economía "capitalista" la necesidad de capital por unidad producida. Nada podría ser más revolucionario".[190]

Según explica Toffler, "puesto que reduce la necesidad de materias primas, mano de obra, tiempo, espacio, capital y otras aportaciones, el conocimiento pasa a ser el sustituto definitivo, el recurso crucial de una economía avanzada. Y a medida que esto sucede, su valor sube como la espuma".[191]

En este caso específico, la Argentina tiene una importante ventaja comparativa que es necesario utilizar con un claro sentido social. Cuenta con una infraestructura de telecomunicaciones que tecnológicamente está situada entre las más avanzadas del mundo. Está por ello en excelentes condiciones para participar en la "autopista de la información".

---

[190] Toffler, Alvin and Heidi, Creating a new civilization, Op. cit.
[191] Ibid.

Esa ventaja tecnológica, generada por la existencia de una amplia red de fibra óptica y por la digitalización casi total del sistema telefónico, que coloca estructuralmente a la Argentina en los umbrales de la interactividad, esto es del escalón tecnológico más avanzado en el sector estratégicamente más importante de la economía mundial, está fortalecida por la amplia expansión del sistema de televisión por cable, al que tiene acceso más de la mitad de la población argentina.

La limitación para el empleo de dicha infraestructura de avanzada reside en los costos, que restringen las posibilidades para su utilización intensiva y para el acceso masivo de la población. De allí la significación que adquiere la profundización sistemática de la política de desregulación de los servicios de telecomunicaciones, destinada a inducir una sensible reducción en el costo de las prestaciones.

El país está en condiciones de tener no sólo un sistema de telecomunicaciones ubicado en la vanguardia tecnológica, sino también uno de los sistemas más competitivos de todo el planeta. En vez de una estructura oligopólica, en la que dos compañías telefónicas se reparten el mercado en sendas zonas geográficas, sin competir virtualmente entre sí, es necesario alentar la existencia de múltiples consorcios que compitan libremente y en igualdad de condiciones en todo el territorio nacional.

El resultado inevitable de este cambio de escenario es la tendencia a un continuo abaratamiento del servicio. Se trata entonces de articular una fuerte reducción de costos, alentada por el proceso de desregulación, con una acción firmemente orientada a colocar a la herramienta informática y sus múltiples usos, con todas sus implicancias económicas, sociales y culturales, al alcance del conjunto de la sociedad, sobre todo de los sectores más humildes de la población.

Todo esfuerzo en esa dirección configura la más valiosa de las inversiones sociales, porque redundará en el mejoramiento del capital humano y de las condiciones de vida de los argentinos. En la segunda mitad del siglo XIX, la extraordinaria visión educadora de Sarmiento, continuada por la generación del ochenta, a través de la implantación de la enseñanza gratuita y obligatoria, posibilitó un formidable proceso de alfabetización masiva, que cambió a la Argentina, la afianzó en el primer lugar de América Latina y le permitió ocupar un sitio de privilegio en el concierto internacional a principios del siglo XX.

A comienzos del siglo XXI, hace falta munirse de una visión de igual audacia y envergadura histórica para que los argentinos de todos los escalones sociales y de todas las edades puedan desarrollarse personal y colectivamente en las condiciones extremadamente competitivas de la nueva sociedad mundial.

En este sentido, no alcanza con avanzar en la indispensable informatización del sector público y de las empresas medianas y pequeñas. Ni en la multiplicación de las redes de comunicación de todo tipo, tanto públicas como privadas y comunitarias. Ni siquiera con el aprovechamiento adecuado de la absolutamente imprescindible informatización del sistema educativo en todos sus niveles. Todas ésas son condiciones necesarias pero no suficientes. Porque el desafío real es una nueva alfabetización masiva, para erradicar el neo-alfabetismo funcional vinculado con las herramientas de la informática y de las telecomunicaciones. Esto implica la democratización del acceso a las nuevas tecnologías, para ponerlas al alcance del conjunto de la sociedad, tanto como se hizo con la escolaridad gratuita y obligatoria a fines del siglo pasado.

Es fundamental comprender que este replanteo estratégico apunta muchísimo más allá de la transformación del sistema educativo formal, cuyos primeros resultados empezarán a percibirse en los próximos años. Aquí y ahora, la Argentina se encuentra ante el hecho de que la inmensa mayoría de su población, que ya ha pasado por la etapa de la educación formal, tiene una apremiante demanda educativa, de cuya satisfacción depende su inserción social.

Por otra parte, la vertiginosidad de los incesantes cambios científicos y tecnológicos, y su inevitable incidencia en el mundo del trabajo, en los hábitos culturales y en la vida cotidiana, dejan definitivamente atrás el concepto de educación concebido como una etapa de la vida.

Hoy, la educación constituye un proceso de aprendizaje permanente que abarca a todas las edades y representa una nueva dimensión de la existencia humana.

Junto a los niveles tradicionales de la enseñanza primaria, secundaria y universitaria, irrumpe hoy con creciente intensidad la necesidad de impulsar un "cuarto nivel" educativo, de características no formales, para incorporar nuevos conocimientos y de nuevas capacidades, ya no durante un período determinado sino a lo largo de toda la vida.

Desde esta perspectiva, en esta nueva época histórica del mundo, la educación formal, en sus sucesivas etapas, no tiene como misión básica la acumulación de conocimientos. Su objetivo principal, tal vez el único que le otorga sentido a su existencia, es enseñar a aprender. Porque la formación para ese aprendizaje continuo será la única herramienta para el esfuerzo de adaptación a una sociedad en cambio constante.

En términos estratégicos, es decir de políticas de mediano y largo plazo, es aquí, y en ninguna otra parte, donde está la llave maestra para enfrentar exitosamente el problema del desempleo, la pobreza y la marginalidad social, tanto en la Argentina como en cualquier punto del planeta.

El reciclaje permanente es el instrumento insustituible para la elevación de la calificación profesional de la fuerza de trabajo, exigencia insoslayable de una economía cada vez más dinámica y sofisticada.

La vinculación entre el mundo de la educación y el mundo del trabajo, cruzados ambos por el vector del cambio tecnológico, es una necesidad imperiosa en todas partes. Es el único camino para reducir las desigualdades sociales y garantizar una auténtica igualdad de oportunidades para todos.

En la Argentina del siglo XXI, la tarea de dar un salto cualitativo en el campo de la calificación profesional de la fuerza de trabajo, redefinida en estos términos de autoeducación permanente de la sociedad, adquiere una significación social tan trascendente y revolucionaria como la que tuvo la legislación laboral que distinguió a la revolución social encarnada por el peronismo entre 1945 y 1955.

3.3. Aumento constante de la productividad y la especialización agroalimentaria como estrategia de diversificación industrial.

El mundo globalizado funciona como una permanente carrera internacional de competitividad. Pero la naturaleza de la competitividad es sistémica. Porque no compiten únicamente las empresas. Compiten también, y principalmente, los países y las regiones, o sea distintos sistemas integrados de organización y de decisión.

En esta economía mundial globalizada, irreversiblemente abierta, resulta cada vez más dificultoso desarrollar redes de industrias que no sean inmediatamente competitivas en el mercado internacional. Porque en un sistema económico con estas características, sólo lo inmediatamente competitivo en el plano internacional puede crecer y desarrollarse de una manera sustentable. No hay posibilidad alguna de desarrollar industrias que sean competitivas sobre la base de la utilización de los recursos financieros del Estado o a través de créditos preferenciales. Sólo se pueden crear ventajas competitivas sustentables mediante constantes mejoras de la productividad, a través de la absorción constante de la innovación tecnológica y de las nuevas técnicas de gerenciamiento, sobre la base de ventajas comparativas reales.

Una de las causas estructurales de la gigantesca crisis económica que estalló en 1997 en los países del sudeste asiático fue precisamente el agotamiento de un modelo de desarrollo económico, que había resultado extraordinariamente exitoso durante treinta años, basado en el intento de crear artificialmente ventajas competitivas en sectores productivos en los que no existían previas ventajas comparativas capaz de sustentarlas.

En virtud de las transformaciones de la década del 90, la Argentina se ha erigido en protagonista de una de las corrientes de fondo de la economía globalizada: el crecimiento constante de la industria de los alimentos. En esos años, el país logró valorizar sus ventajas comparativas en materia de producción agrícola, para avanzar hacia convertirlas en decisivas ventajas competitivas.

Las transformaciones estructurales de la década del 90, permitieron al país absorber, al mismo tiempo, dos revoluciones tecnológicas: la internacionalmente llamada "revolución verde", que la Argentina no pudo realizar en las décadas del 60 y del 70, ya que entonces tenía un sistema económico que repelía la innovación y castigaba el cambio, y la revolución de la biotecnología, de los años 80 y 90. Actualmente, todo ha cambiado. Se utilizan los fertilizantes en gran escala. La siembra directa se ha transformado en un lugar común en el agro argentino, que utiliza la tecnología conocida y disponible porque ahora tiene incentivos económicos para incorporar el cambio tecnológico. La productividad del sector agropecuario experimentó un salto gigantesco, que es necesario profundizar.

La idea de que la producción primaria del agro es una actividad que por definición es más atrasada o está más alejada del conocimiento científico y de la innovación tecnológica que la producción industrial o el sector de los servicios es absolutamente falsa. La semilla que se utiliza actualmente en el agro contiene tanta información y tanto desarrollo científico y tecnológico como el más avanzado de los productos del conocimiento humano.

El capitalismo, como lógica de acumulación, despliega en la economía global toda su capacidad de crecimiento. Para comprender lo que está en marcha, identificar la tendencia predominante y cabalgar sobre ella a través de proyectos específicos provenientes de la sociedad, del gobierno y del mundo político conviene resaltar que, en la economía globalizada del siglo XXI, comienza a desplegarse en toda su intensidad loa importancia decisiva de las ventajas comparativas.

Las ventajas comparativas pueden ser de tres tipos: los recursos naturales, la mano de obra abundante y un alto e incesante desarrollo científico-tecnológico. Pero la característica distintiva de la globalización de sistema productivo mundial es la revolución tecnológica, que atraviesa todas las ventajas comparativas: a algunas las exalta, y a otras las disminuye.[192]

---

[192] Porter, Michael, La ventaja competitiva de las Naciones, Buenos Aires, Vergara, 1991.

Lo que está ocurriendo en el mundo en nuestros tiempos es que el cambio tecnológico ininterrumpido –que es el sustento de la revolución en materia de procesamiento de la información– revaloriza cada vez más los recursos naturales. Por eso, mejoran las posibilidades de crecimiento para la Argentina, cuya dotación de recursos naturales es auténticamente privilegiada.[193] El paso de las ventajas comparativas a las competitivas es propio de una economía que cambia en forma permanente y a gran velocidad y donde, por definición, la competencia se exacerba, porque la característica de la globalización es la apertura generalizada de los mercados.

Las ventajas comparativas surgidas de los recursos naturales de la producción primaria se encuentran cada vez más valorizadas. Pero, al mismo tiempo, deben enfrentar el desafío del cambio tecnológico incesante y de la competencia generalizada en escala mundial. Los países productores que disponen de vastos recursos naturales, como es el caso de la Argentina, están obligados a trabajar para mantener sus ventajas comparativas. Al incorporar valor agregado, las ventajas comparativas naturales se vuelven ventajas competitivas: la mejora continuada de la producción primaria se convierte en regla insoslayable para mantener las ventajas comparativas.[194]

3.3.1. El redescubrimiento del valor central de la producción primaria

En el negocio agroalimentario hay un redescubrimiento de la importancia competitiva del primer eslabón en una cadena de valor de altísimo nivel de productividad, orientada a participar activamente en la economía mundial. Esta característica definen acabadamente –por ejemplo– a la industria aceitera argentina, formada por empresas de alta tecnología, de gran nivel de concentración y ampliamente competitivas en escala internacional.

---

[193] Ibíd.

[194] Abalo, Carlos, Especialización agroalimentaria y diversificación industrial en la Argentina, Op. cit.

El complejo oleaginoso argentino posee un nivel de procesamiento equiparable en productividad al estadounidense. Su estructura de costos es muy inferior a la de Estados Unidos y también inferior a la de Brasil. La razón de esta diferencia es que la producción primaria de la Argentina en girasol y en soja tienen calidad y precio que son únicos en el mundo. El 75 % del total de la producción aceitera argentina se exporta y esta producción se orienta cada vez más a satisfacer la demanda del sudeste asiático.[195]

La utilización del biodiesel, que implica la utilización de combustible de origen vegetal derivado del aceite de soja y del aceite de girasol, una alternativa que ya tiene desarrollo experimental en otros países que prefieren este tipo de combustibles por su carácter no contaminante, representa una enorme posibilidad adicional para la expansión del complejo aceitero argentino.

Es evidente que la Argentina tiene ventajas comparativas excepcionales en la producción primaria de productos agropecuarios que hoy, en las condiciones de la globalización del capitalismo, constituye el primer eslabón del negocio de los alimentos. Este, a su vez, depende de un altísimo nivel de productividad para permanecer competitivo. El alto nivel de productividad en el negocio de los alimentos sólo se puede mantener mediante una incorporación constante de tecnología, del cumplimiento de normas cada vez más exigentes de calidad y salubridad y de la permanente adaptación a las diferentes y cambiantes características de los distintos segmentos de la demanda. Esto significa que la producción primaria argentina se puede mantener en el mercado en la medida en que sea una producción especializada.[196]

Pero una especialización competitiva no puede restringirse a la producción primaria. La especialización, que es la regla de la acumulación capitalista para alcanzar superiores niveles de productividad, sólo es posible en la medida en que el país esté presente y se integre

---

[195] FAO, El Estado Mundial de la Agricultura y la Alimentación 2012, New York, 2012.

[196] Abalo, Carlos, op. cit.

en la totalidad de la cadena alimentaria. Únicamente de esta forma se pueden obtener las ganancias suficientes para realizar las inversiones en alta tecnología necesarias para competir en el mercado de productos de alto valor agregado.

Esto incluye los recursos económicos para desarrollar una infraestructura de primer nivel en numerosas áreas: sistematización productiva, organización industrial, cadena de frío, depósitos, transportes, comunicaciones, envases y empaquetamiento, logística y comercialización. Y para promover también una educación calificada en todas las instancias, especialmente la universitaria, para que el desarrollo de la investigación asegure que la producción primaria tenga un grado cada vez mayor de estandarización y de diferenciación.

La agricultura moderna es hoy el primer eslabón de la industria agroalimentaria de alta tecnología. Lo que comienza en el sembradío se integra con la actividad de los laboratorios y el desarrollo de la biotecnología. Es un solo complejo que va desde la producción primaria al más alto conocimiento científico y tecnológico de la época. Es en este conjunto de la cadena agroalimentaria donde la Argentina pone en juego su especialización como gran productor. No se trata de una simple especialización en la producción primaria, sino que ésta debe abarcar toda la cadena agroalimentaria. Las experiencias históricas de países como Canadá y Australia son extremadamente elocuentes.

3.3.2. La expansión del mercado mundial. Asia-Pacífico, eje de la demanda mundial de alimentos.

Ahora bien, ¿dónde está situada la Argentina en la segunda década del siglo XXI en relación con la economía mundial? En realidad, los acontecimientos han superado cualquier visión localista del problema. La tendencia mundial en la materia, anticipada por Perón hace un cuarto de siglo, es que hay una fuerte transferencia de ingresos de los países demandantes de alimentos hacia los países productores de alimentos.

El súbito incremento del poder adquisitivo de grandes poblaciones que han vivido o viven en condiciones precarias ha comenzado a producir esa transferencia. Porque los países que crecen aceleradamente desde un punto de partida de extrema pobreza, aumentan su demanda de alimentos, tanto en el aspecto cuantitativo como en el cualitativo. Pasan de los granos a la búsqueda de proteínas, del arroz a la carne y de las carnes blancas a las carnes rojas.

Se produce, entonces, una situación paradójica: la productividad agrícola de China aumenta incesantemente, pero su producción per cápita disminuye año tras año. La razón es que está aumentando el consumo de la población china y, al mismo tiempo, disminuyendo la superfie cultivada.[197] Como en todo proceso gigantesco de industrialización, tal como ha ocurrido siempre en la historia del capitalismo desde la revolución industrial, las industrias significan urbanización y ésta necesita la ocupación de zonas que antes estaban disponibles para la producción agrícola.

Lo que sucede en el mundo y lo que significa en término de alimentos es fácil de comprender si nos referimos a Brasil, nuestro socio y aliado en el MERCOSUR, que es un país de dimensiones asiáticas. Si Brasil no estuviera en Sudamérica, por su población sería el cuarto país de Asia. En materia agroalimentaria, la dificultad principal de la Argentina con respecto a Brasil proviene del lado de su oferta, antes que por el lado de la demanda. De las veinticuatro unidades políticas que hay en la Argentina, dieciséis tienen más del 50 % de sus exportaciones dirigidas hacia Brasil. La decisión política del gobierno de Lula de colocar el centro de gravedad de su gestión en la implementación del plan "hambre cero" representó una fuente adicional de oportunidades para las exportaciones agroalimentarias argentinas. En este marco favorable, la Argentina es hoy el octavo productor mundial y el quinto exportador mundial de alimentos.[198] Este posicionamiento tiene, además, una característica adicional de enorme importancia estratégica: Argentina es uno de los pocos países del mundo que puede tener en los próximos años un fuerte crecimiento

[197] USDA, World Agricultural Production, January 2013.
[198] FAO, El Estado Mundial de la Agricultura y la Alimentación 2012, Op. cit.

de su producción agroalimentaria junto con una disponibilidad cada vez mayor de excedentes exportables. Hay otros países que tienen una producción superior a la de la Argentina. Pero hay pocos países - la Argentina entre ellos - que, al mismo tiempo que aumentan su producción agroalimentaria, incrementan automáticamente su capacidad de exportar excedentes.[199]

Las tres zonas más fértiles del mundo son el medio oeste norteamericano, la pampa húmeda argentina y las tierras negras de Rusia y Ucrania. La diferencia a favor de la Argentina, en relación a dichos países es que, disponiendo de una de esas tres zonas extraordinariamente fértiles, al mismo tiempo tiene escasa población.

Desde el punto de vista económico, la característica particular de la pampa húmeda es la rapidez con que ha venido creciendo el capital utilizado en el sector. En la Argentina, el agro cuenta con una estructura intensamente moderna, que responde y absorbe con extraordinaria rapidez las señales económicas y tecnológicas que le envía el mercado, en la exacta medida en que esas señales le revelan al productor cuál es el camino del crecimiento y de la innovación.

Si se toma en cuenta el stock de capital por unidad de producto de los cuatro primeros exportadores mundiales de alimentos y se lo compara con la misma relación que tiene la Argentina, la diferencia es abismal. Hoy, nuestro país recién comienza a invertir y a utilizar la tecnología disponible y conocida en todas partes del mundo, que no incorporó en las décadas previas a los años 90, porque aquella "revolución verde" que recorrió el mundo pasó de largo sin detenerse en la Argentina.

En las condiciones actuales de la globalización, con economías definitivamente abiertas y una competencia única global, la única fuente de crecimiento sostenido es el aumento de la productividad. En el agro argentino, este nivel superior de acumulación, en una estructura decididamente moderna, permite un aumento incesante de la productividad. Sus posibilidades de expansión son todavía inmensas, muy superiores a las de la mayoría de los países con los que

---

[199] USDA, World Agricultural Production, Op. cit.

actualmente competimos en este sector. Esta es la base estructural que convierte a la Argentina en uno de los protagonistas del negocio mundial de alimentos.

El Asia-Pacífico se ha convertido en el principal mercado agroalimentario del mundo. Coinciden para que así sea su extraordinario dinamismo económico, su creciente ingreso real per capita y sus limitaciones ecológicas.

La región tiene una notoria restricción de recursos naturales para satisfacer la creciente demanda alimentaria de poblaciones que han ingresado en una etapa de rápido aumento de sus salarios e ingresos reales. Estos hechos ofrecen una oportunidad única para la Argentina, la más importante que ha tenido el país desde las últimas dos décadas del siglo pasado, entre 1880 y 1900. Ese fue el período en que la Argentina duplicó su población y triplicó su ingreso real por habitante. El 40 % de las importaciones demandadas por el sudeste asiático, un valor de aproximadamente 400 mil millones de dólares, corresponden a productos que Argentina hoy exporta al mundo.

3.3.3. El camino de la especialización agroalimentaria en las nuevas condiciones globales.

No hay que temer a la especialización productiva de la Argentina en el negocio de los alimentos. Al contrario, hay que apostar deliberada y lúcidamente a esa especialización, que es preciso acentuar y profundizar. Porque, en una economía globalizada, el camino de la especialización productiva en la cadena agroalimentaria es la base para alcanzar superiores niveles de productividad, que van a permitir incrementar la velocidad de la expansión económica y atraer todavía más inversión, nacional y extranjera. Esta es una regla fundamental de la economía globalizada.

Otra regla de la globalización es que sólo se pueden lograr ventajas competitivas si las ventajas comparativas se especializan. A su vez, en las condiciones de la economía mundial sólo se puede sostener la especialización si ésta atrae una masa de inversiones capaz de diversificar la economía e impulsar la industria. En el caso de la Argentina, esto significa que la especialización y la diversificación de su economía tienen lugar alrededor de la industria alimentaria. Luego, rápidamente, la sobrepasan, para proyectarse al conjunto del sistema económico, a través de una variada gama de actividades que florecen al calor del efecto multiplicador del constante incremento de la producción alimenticia, convertida en el punto central de la inserción de la Argentina en el mercado mundial.

Puede decirse que, de una u otra manera, no hay campo de la actividad económica que no se beneficie directa o indirectamente, con las múltiples manifestaciones de una realidad ya visible, pero que, además, encierra todavía formidables posibilidades de crecimiento. La diversificación no se limita exclusivamente a la industrialización de los alimentos. Supone la expansión de la industria petroquímica en la producción de fertilizantes y agroquímicos, de la industria fabricante de maquinaria agrícola y de un sinnúmero de actividades conexas. Implica, por ejemplo, la provisión adecuada de software, el desarrollo del riego bajo control electrónico y la especialización de toda una rama de la cibernética dirigida a la actividad agrícola. Representa, también, el despliegue de un vasto conjunto de sectores, que incluyen desde una especialización del sistema bancario hasta los centros de investigación en tecnología de alimentos y biotecnología.

En este proceso, surge también un nuevo espacio para las pequeñas y medianas empresas, tanto agropecuarias como industriales y de servicios, concebidas no como las "cenicientas" de una estructura productiva de alto nivel tecnológico —y, en ese enfoque, condenadas a la desaparición— sino como empresas modernas, innovadoras y competitivas, capaces de incorporar nuevas tecnologías y métodos gerenciales que funcionen como una gigantesca red cuyo desarrollo es vital para toda la economía argentina.

En una economía global, el primer escalón productivo -la producción primaria- es tan importante como el último, dado que está unido a cadenas de alto nivel de productividad en una escala mundial. Por eso, los países con ventajas comparativas en la producción primaria, como es el caso de la Argentina, tienen hoy la posibilidad de diversificarse industrialmente a través de un racimo de industrias competitivas en el plano mundial y mediante un esfuerzo sistemático de especialización productiva, que en las condiciones de la economía nacional abarca a la totalidad de la cadena agroalimentaria.[200]

Así es posible pasar de la especialización a la diversificación industrial, porque ahora existe una economía mundial globalizada. Para eso, se trata de pensar, de formular, de proponer, de ejecutar políticas activas, que no sean activas en los términos tradicionales. Antes de 1989, con otro régimen de acumulación y otra inserción internacional, las políticas activas tendían a desarrollar aquello que era imposible desplegar en condiciones de competencia, nacional e internacional. Para eso, se utilizaban créditos subsidiados, exención de impuestos, restricciones de mercado, proteccionismo y regulaciones de todo tipo.

Las políticas activas de la era de la globalización son de naturaleza distinta. Tienden a acelerar y a incentivar lo que es posible desarrollar en términos competitivos para el mercado mundial. Se trata de un esfuerzo sistemático de reducción de costos en todos los eslabones de la cadena productiva. Ello implica, entre otras cosas, la provisión de una infraestructura adecuada en materia de transportes, una cuestión estratégica que involucra temas como la ampliación de la red vial y la concreción de grandes proyectos largamente demorados, como la Red Nacional de Autopistas, la Hidrovía, el Ferrocarril Transpatagónico y tantos otras, que en este nuevo horizonte adquieren un marco de viabilidad económica del que hasta ahora carecían.

En las condiciones de la globalización, el esfuerzo de voluntad –noción esencial que hace a la sustancia del Estado– consiste, ante todo, en desburocratizar, incentivar, explicar, persuadir, advertir, mostrar y establecer una inteligencia estratégica en el marco de lo posible. No se trata de desarrollar ningún tipo de visión prospectiva. Se trata de analizar,

---

[200] Abalo, Carlos, Especialización agroalimentaria y diversificación industrial en la Argentina, Op. cit.

pensar, imaginar lo posible a partir de lo actual y de comprender lo actual como resultado de un proceso y de un esfuerzo político.

Las políticas activas de la era de la globalización exigen un compromiso todavía mayor por parte del Estado. Son experiencias de innovación y de conocimiento que, en lo esencial, no descansan en la gestión tecnoburocrática sino en el protagonismo de la sociedad, en la cultura, en la imaginación, en el pensamiento, en la voluntad, esto es, en la política. Son empresas esencialmente políticas y no burocráticas.

Lo que hay que determinar entonces es cómo la especialización productiva en la cadena agroalimentaria –que abarca desde la producción primaria hasta lo más avanzado de la biotecnología– es apropiada por la Argentina, desde la producción primaria al conocimiento más avanzado, para impulsar una auténtica Revolución de los Alimentos. En este sentido, la prioridad estratégica está en la producción de alimentos como instrumento de inserción del país en lo más avanzado de la economía mundial. Se trata de saber cómo, de qué manera y en qué condiciones la cadena agroalimentaria se puede transformar en la fuente y la base de una diversificación industrial que abarque los sectores de más alta tecnología del país y, en primer lugar, a las provincias argentinas.

Hay entonces un rumbo estratégico para orientar el crecimiento económico del país y fortalecer el poder de negociación y la inserción internacional de la Argentina en el nuevo escenario mundial, sustentada en el fortalecimiento del Mercosur y en una vigorosa apertura comercial al Asia Pacífico.

3.4. La comunidad organizada del siglo XXI

El avance del globalización económica y el consiguiente debilitamiento del rol de los estados nacionales, la tendencia hacia la descentralización, los efectos horizontalizadores de la revolución de la información y las nuevas posibilidades abiertas para el protagonismo de la sociedad civil confluyen en todas partes para provocar una crisis generalizada en los mecanismos de representación y de los sistemas políticos tradicionales.

El resultado de esta situación es un creciente cuestionamiento mundial a la legitimidad de los sistemas políticos.[201] La cuestión es repensar la naturaleza, la forma y el contenido de la política democrática frente al complejo entrecruzamiento de relaciones y procesos locales, nacionales, regionales y globales.[202]

El otrora omnímodo poder de los estados nacionales se ha visto erosionado por la conjunción de cuatro fuerzas centrífugas. En primer lugar, la propia globalización económica y el consiguiente surgimiento de una sociedad mundial generan una creciente importancia de los tratados internacionales y de los organismos supranacionales, desde las Naciones Unidas hasta la Organización Mundial del Comercio, incluyendo también a los bloques regionales como es el caso del MERCOSUR.

En segundo término, las privatizaciones, la desregulación y la apertura generalizada de las economías delegan en el mercado funciones que antes estaban reservadas, y en muchos casos monopolizadas, por el poder político estatal.

En tercer lugar, el mismo proceso de globalización provoca una conexión directa entre lo local y lo global.[203] Impulsa una tendencia generalizada hacia la descentralización política, esto es, hacia una revalorización del rol de las regiones, de las provincias y de los municipios. Por último, en cuarto lugar, aunque tal vez cabría decir en primero, la revolución de la información, que está detrás de la globalización económica y del surgimiento de una sociedad mundial, desata también una creciente importancia de la opinión pública y un protagonismo cada vez mayor de la sociedad civil.[204]

---

[201] Borja, Jordi y Castells, Manuel, Local y Global: la gestión de las ciudades en la era de la información, Madrid, Grupo Santillana Ediciones SA, 1988.

[202] Held, David. La democracia y el orden global, Barcelona, Paidós, 1997.

[203] Borja, Jordi y Castells, Manuel, Op. cit.

[204] Sobre las transformaciones estructurales en la era de la información ver: Castells, Manuel, La era de la información. Economía, Sociedad y Cultura, Vol. I, La

El desarrollismo del Siglo XXI

Puede afirmarse que hay en curso, de manera simultánea y como resultado de las transformaciones de los últimos años, cuatro traslaciones de poder desde los estados nacionales hacia otros actores públicos y privados. Una de esas traslaciones es "hacia arriba", es decir hacia los mecanismos institucionales de la nueva sociedad mundial. Otra "hacia abajo", hacia las regiones, las provincias y los municipios. Las otras dos traslaciones son, en realidad, "hacia afuera" de la órbita estatal. La primera es hacia el mercado y la segunda de ellas hacia la sociedad civil.

El resultado de una mutación de semejante envergadura, desarrollada en la Argentina y en el mundo en un lapso históricamente muy breve, es precisamente el cuestionamiento de la eficacia del Estado y muchas veces, por eso también, la creciente desconfianza en la eficacia de la acción política. Ello se debe al hecho de que hay un divorcio entre las estructuras estatales y el conjunto de la sociedad, tanto en su sentido económico como en el sentido específicamente social.

Esta crisis político institucional, que atraviesa la totalidad de los estados nacionales, coloca en el centro de la agenda pública el problema de la gobernabilidad. No es un rasgo de decadencia social, como sostienen algunas visiones nostálgicas, de cuño ideológicamente social demócrata, que añoran el viejo modelo del "Estado de Bienestar". Tampoco es una cuestión de un deficiente management público, como afirman ciertas visiones tecnocráticas, de matriz ideológica neoliberal. La razón de fondo de esta crisis es la propia evolución histórica, que impone precisamente una verdadera refundación del Estado para adecuarlo a las nuevas condiciones de la época.

En la era histórica que se inicia, el Estado es, ante todo y sobre todo, un actor estratégico. Como tal, no tiene como misión la de sustituir a los demás actores políticos y sociales. Su rol principal orientar, impulsar, alentar, promover y liderar. La era de la globalización demanda un Estado que esté en condiciones de asumir ese rol estratégico, vinculado básicamente a la identificación precisa de las principales tendencias predominantes en cada época. Que tenga una estructura

Sociedad Red, Madrid, Alianza Editorial, 1988.

altamente flexible y descentralizada, que no esté ordenado como una pirámide, sino articulado como una red. Y que sea, a la vez, capaz de suscitar la movilización y el protagonismo de la sociedad civil.[205]

Según Castells, el Estado-Nación parece atrapado entre las exigencias contradictorias de la operatividad global y la legitimación nacional. Para escapar a dicha contradicción, los gobiernos necesitan emprender un vasto esfuerzo de descentralización, destinado a conectar más directamente a las instituciones políticas con la multiplicidad de identidades e intereses de la sociedad civil, para articular los distintos niveles institucionales en una red compleja de conexión entre lo local y lo global.

La proximidad entre el gobierno y los ciudadanos en el ámbito local permite un control social más transparente y refuerza las oportunidades de participación política y social y, en último término, de relegitimación del Estado. Las estrategias que están obligados a adoptar los viejos estados nacionales para aumentar su operatividad (mediante la inserción internacional) y recobrar su legitimidad (mediante la descentralización) modifican profundamente su estructura tradicional.

La fórmula político- institucional más efectiva para asegurar dicha coordinación es lo que se denomina el "Estado red", que es la forma política que permite la gestión cotidiana de la tensión entre lo local y lo global. Se caracteriza por compartir la autoridad (o sea la capacidad de imponer una decisión) con una red de instituciones. Una red, por definición, no tiene centro, sino nodos, de diferentes dimensiones y con relaciones intermodales que son frecuentemente asimétricas. Pero, en último término, todos los nodos son necesarios para la existencia de la red.

Así, los estados nacionales se articulan cotidianamente en la toma de decisiones con instituciones supranacionales de distinto tipo y de distintos ámbitos. Pero también funcionan en red, en esa misma red, instituciones regionales y locales. E incluso, y cada vez más,

---

[205] Osborne, David, y Gaebler, Ted, La reinvención del gobierno, Buenos Aires, Paidós, 1996.

integran esta red interinstitucional, que constituye tanto un campo de negociación como de formulación estratégica, las propias organizaciones no gubernamentales.

Este tipo de organización del Estado es la única que permite procesar la complejidad creciente de relaciones entre lo global, lo nacional y lo local, entre la economía, la sociedad y la política, en las condiciones estructurales de la era de la información. El funcionamiento en red, asegurando descentralización y coordinación en la misma organización compleja, es a la vez un imperativo y una posibilidad de la era de la información.[206]

3.4.1. Descentralización política

La respuesta argentina a este desafío mundial es la construcción de la comunidad organizada del siglo XXI, entendida como la profundización de la democracia reinstaurada para siempre desde 1983. Perón definía a la comunidad organizada como la conjunción entre "un gobierno centralizado, un Estado descentralizado y un pueblo libre".[207] La estrategia adecuada para esta reformulación institucional es la articulación entre la tarea de descentralización política y administrativa del Estado y una creciente participación de la sociedad civil.

La descentralización consiste en la permanente transferencia de poder, es decir de responsabilidades, competencias, funciones y capacidad planificadora, junto con los correspondientes recursos, desde el Estado Nacional hacia las regiones, las provincias, los municipios y las organizaciones no gubernamentales, que podrían ser definidas ya con mayor precisión como organizaciones neo-gubernamentales o neo-estatales, por su creciente asunción de responsabilidades públicas, antes monopolizadas por la gestión estatal.[208]

---

[206] Borja, Jordi, y Castells, Manuel, Op. cit.

[207] Perón, Juan Domingo, Política y Estrategia. Apuntes para una doctrina de la guerra, Buenos Aires, Editorial Aquarius, 1983.

[208] Ahumada Pacheco, Jaime, "El gobierno y la administración publica local en los escenarios de descentralización" en Federalismo y Desarrollo, 47 (1995).

Históricamente, los gobiernos centrales han sido los principales responsables del planeamiento. Por esta razón, las direcciones definidas por ellos se constituían en referentes de la planificación en las regiones, en las provincias, en los municipios y en otros espacios subregionales. Hoy, la tendencia comienza a invertirse. Los gobiernos centrales necesitan proveer apoyo técnico a los gobiernos locales como parte del proceso de descentralización, transfiriendo además a los gobiernos subnacionales mayores responsabilidades y posibilidades de control sobre los recursos.[209]

El principio básico es colocar siempre lo más cerca posible de la base el poder de decisión sobre los asuntos concernientes a cada sector social y a cada comunidad local. Con la descentralización se apunta a lograr mayor efectividad en la acción del gobierno y una distribución más equitativa de las responsabilidades. Los gobiernos locales son los más adecuados para integrar la representación de los intereses diversos, para estimular la participación de las comunidades y la eficacia y la legitimidad en las acciones de del poder político.[210]

Esto permitirá afrontar con mayor eficacia las denominadas reformas de segunda generación, en particular la redistribución equitativa del ingreso, la lucha contra la pobreza y la corrupción, el acceso a la educación, seguridad, justicia, salud y acción social, la protección del medio ambiente, el fortalecimiento del "Tercer Sector" y el control de la gestión pública por parte de la sociedad civil.[211]

Entre otras cosas, ello implica encarar la transferencia a los municipios de la responsabilidad de ejecución y de los fondos correspon-

---

[209] World Bank, Entering the 21st Century. World Development Report 1999/2000, New York, Oxford University Press, 1999.
[210] Sobre la cuestión de la descentralización y el protagonismo de la sociedad civil ver: Aguilar Rodríguez, David, "La participación ciudadana en el ámbito municipal. Una opción para mejorar la función de gobierno y democratizar las decisiones públicas", Revista IAPEM 34 (1997).
[211] Un estado de la cuestión sobre las reformas de segunda generación puede encontrarse en: Naím, Moises, "Latin America: The Second Stage of Reform", Journal of Democracy, 5 (1994).

dientes a los programas sociales, el traspaso a las comunidades locales de las escuelas públicas y de los hospitales, la mayor descentralización de la administración de justicia y la creación y el fortalecimiento de instituciones locales encargadas de fiscalizar el tema de la seguridad pública en todo el territorio nacional.

A las tradicionales atribuciones municipales (de naturaleza meramente operativa y ejecutora) se suman entonces otras de horizonte estratégico. De este modo, los gobiernos locales empiezan a definir modelos económicos, sociales y territoriales para sus respectivas comunidades. Los municipios serán, en definitiva, los principales artífices en el proceso de desarrollo de sus comunidades y tendrán un importante protagonismo, a partir de su capacidad de respuesta, a los desafíos del ambiente y de planificación en el rol de agentes promotores del desarrollo local-regional.

La descentralización del Estado no significa la sustitución de las grandes burocracias nacionales por las pequeñas burocracias locales. Su verdadero sentido reside en la creación de un marco institucional más apropiado para el fortalecimiento de la sociedad civil. El despliegue de las capacidades de acción de las organizaciones no gubernamentales, que cada vez con mayor intensidad comienzan a ejercer responsabilidades públicas, es en esta dirección fundamental.

El creciente fortalecimiento del rol de las comunas, notorio en la Argentina de estos tiempos, requiere articularse con el activo protagonismo de la sociedad civil, a través de las organizaciones no gubernamentales, aquéllas que Perón definiera, hace ya medio siglo, como las "organizaciones libres del pueblo",[212] y que son los motores insustituibles para la construcción de esa comunidad organizada.

3.4.2. Refundación del Estado y protagonismo de la sociedad civil

En las condiciones históricas de principios de siglo, un gobierno centralizado significa básicamente un gobierno capaz de formular las estrategias que permitan cabalgar los acontecimientos mundiales en

---

[212] Perón, Juan Domingo, Op. cit.

una época de cambios vertiginosos y capaz también de tomar rápidamente las grandes decisiones políticas, por drásticas que fueran, que vayan imponiendo las circunstancias. Esto es, un gobierno que garantice la gobernabilidad del país.

Un pueblo libre no es solamente una sociedad con plena vigencia de los derechos y garantías individuales. Es también, y sobre todo, un pueblo organizado, es decir una comunidad capaz de asumir y enfrentar los problemas que tiene que resolver.

El verdadero sentido de la descentralización es abrir el camino para la creciente participación de la sociedad civil, a través de esa trama de organizaciones no gubernamentales, en la implementación de las políticas relacionadas con la educación, la salud, la seguridad, la justicia y la acción social.

Encarar esta tarea significa impulsar una revolución esta dirca y social. La capacidad de organización y de iniciativa de nuestra sociedad constituye precisamente una de las principales ventajas competitivas de Argentina en el orden internacional.

Esa capacidad de organización se remonta históricamente a fines del siglo XIX, cuando las primeras oleadas inmigratorias a partir de 1870, 1880, comenzaron a generar en la Argentina una sociedad civil pujante. En esta etapa se expresaba precisamente a partir de la formación de las primeras asociaciones sindicales, constituidas por trabajadores de origen europeo recientemente llegados, que se manifestaba en el proceso de creación de las mutuales, de las primeras cooperativas, de las primeras bibliotecas populares, de todo un largo proceso organizativo que desencadenó un profundo cambio social y cultural.[213]

El país, democratizado a partir de 1916 con la asunción de Hipólito Yrigoyen, avanzó en cuanto a la apertura del sistema político y de un mecanismo de creciente movilidad social. Si nos remitimos a la experiencia histórica, vale decir, por ejemplo, que la acción social desplegada durante el primer y segundo gobierno de Perón, entre

---

[213] PNUD/BID, El Capital Social. Hacia la construcción del índice de desarrollo de la sociedad civil en la Argentina, 2000.

1945 y 1955, tuvo como instrumento principal no un organismo del Estado, sino lo que se llamó la Fundación Eva Perón. Esta Fundación era, técnicamente hablando, una organización no gubernamental. Si además se repasa históricamente su forma de trabajo y su mecanismo de financiación, se puede comprobar que tampoco estaba financiada principalmente por fondos públicos, sino que estaba nutrida por el aporte privado, tanto de trabajadores como de empresarios.

Esa pujanza de la sociedad civil en la Argentina, que se expresa desde fines del siglo XIX, que se renueva a partir de 1945, no solamente se mantuvo sino que se acentuó a lo largo de la década del ´90. Todos los avances que se han desarrollado en la década del ´90 tuvieron correlatos públicos y correlatos privados. Tuvimos por primera vez en la década del ´90 en una forma institucional, más allá de las legítimas críticas y fundadas objeciones que muchas veces despertaron los mecanismos de implementación, una activa participación de las organizaciones no gubernamentales en la ejecución de los programas sociales , tanto a nivel nacional, como provincial y municipal.

En este marco, se puede entender por qué en la década del 90 se multiplicaron en cantidad y calidad en todas partes de la Argentina la existencia de organizaciones no gubernamentales de todo tipo, que van avanzando y desplegando su actividad, tanto las llamadas "organizaciones de base" como las denominadas "organizaciones de apoyo" han crecido cuantitativa y cualitativamente.

La aplicación en este terreno del principio de subsidiariedad, universalizado por la doctrina social de la Iglesia, supone que la acción directa del Estado es supletoria a la de las organizaciones no gubernamentales, reconocidas como expresión libre y organizada de la sociedad. Todo el inmenso caudal de energía social, canalizado a través de decenas de miles de organizaciones no gubernamentales que cubren virtualmente todas las actividades y todos los rincones del país, constituye la base de sustentación de una estrategia que tenga como eje la profundización de la democracia.

3.4.3. Enfrentamiento a la pobreza y aumento de la productividad. "La pobreza en la Argentina es un escándalo material y moral", dice Benedicto XVI

Más allá de ciertas acciones puntuales focalizadas para atender a una situación de emergencia, no puede existir ninguna política social verdaderamente exitosa que no se encuentre inscripta dentro de una estrategia de crecimiento económico. No hay tal cosa como una "política económica", por un lado, y una "política social", por el otro. Cuando una política económica determinada genera mayor pobreza, no hay política social capaz de compensarla. El sociólogo peruano Hernando De Soto, es autor de un libro, titulado El misterio del capital, que constituye un texto de lectura obligatoria para la mejor comprensión de ciertos aspectos del fenómeno de la pobreza en los países emergentes y de las alternativas existentes para enfrentarlo.[214]

De Soto fue el coordinador de un apasionante trabajo de investigación sobre ciertas características de la pobreza en distintos países de América Latina, Asia y África. Algunos de resultados obtenidos son verdaderamente sorprendentes. En Perú, el valor de las propiedades inmuebles extralegalmente poseídas por los pobres suma, aproximadamente, unos 74.000 millones de dólares, una cifra que hace unos años era cinco veces más que la valorización total de la Bolsa de Valores de Lima, once veces más que el valor de las empresas y los servicios estatales potencialmente privatizables y catorce veces más que el total de toda la inversión extranjera directa radicada en el país a lo largo de toda su historia independiente.

En Filipinas, el valor de la propiedad inmueble sin título era de 133.000 millones de dólares, que es cuatro veces la capitalización de las 216 compañías registradas en la Bolsa de Valores de Manila, siete veces el total de los depósitos en los bancos comerciales, nueve veces el capital conjunto de las empresas estatales y catorce veces más el

---

[214] De Soto, Hernando, El Misterio del Capital. Por qué el capitalismo triunfa en Occidente y fracasa en el resto del mundo, Lima, Editorial El Comercio, 2000.

valor de toda la inversión extranjera directa instalada.[215] En Egipto, el capital muerto en propiedad inmueble carente de títulos legales suficientes suma unos 240.000 millones de dólares, que era treinta veces el valor de todas las acciones en la Bolsa de Valores de El Cairo y 55 veces el valor de toda la inversión extranjera directa. Lo mismo ocurre en Haití y en los demás países investigados.[216]

En síntesis, la conclusión de la investigación de De Soto era que solamente el valor de los inmuebles en posesión, pero no en propiedad legal, de los pobres de los países del antiguo Tercer Mundo y de los que recién salen del comunismo duplica el circulante total de moneda de los Estados Unidos y era casi equivalente al valor total de las acciones de las empresas que cotizan en las veinte principales bolsas de valores del mundo.

Este cálculo está referido exclusivamente a los bienes inmuebles. No computa otros activos en poder de los pobres de los países emergentes, que se manejan únicamente en el escenario de la economía informal. Sin embargo, menciona, por ejemplo, que en 1993 la Cámara Mexicana de Comercio estimó que en la capital azteca había no menos de 155.000 puestos de venta callejera y otros 293.000 más en otros cuarenta y tres centros urbano. Uno año después, el Instituto Nacional de Estadísticas de México calculó que había aproximadamente 2.650.000 "microempresas informales" en todo el país.[217]

Es importante entender las causas. De Soto narra una anécdota muy reveladora: "Mi equipo de investigación y yo abrimos un pequeño taller de confecciones en las afueras de Lima. Nuestra meta era crear un negocio nuevo y perfectamente legal. Entonces el equipo empezó a llenar formularios –como todo el mundo–, a hacer colas, a tomar autobuses hacia el centro de la ciudad donde se expiden las certificaciones requeridas para operar, según el texto de la ley, un pequeño negocio en el Perú. Les tomó seis horas diarias, y finalmente inscri-

---

[215] Ibíd.
[216] Ibíd.
[217] Ibíd.

bieron la empresa, 289 días más tarde. Aunque el taller de confecciones estaba orientado a operar con sólo un trabajador, el costo de la inscripción legal fue de 1.231 dólares, es decir 31 veces el salario mínimo mensual peruano de entonces. En otro caso, obtener autorización legal para construir una casa sobre tierra del Estado tomó seis años y once meses, y exigió 207 pasos administrativos en 52 oficinas gubernamentales. Obtener la titulación legal de ese lote demandó 728 pasos. También descubrimos que al transportista particular de un autobús, camioneta o taxi que deseara reconocimiento oficial de su ruta le esperaban 26 meses de trámites burocráticos".[218]

Y añade: "Explicar las economías subterráneas del Tercer Mundo y de los países que salen del comunismo −en las que suele operar del 50 al 80% de la población− en términos de evasión tributaria resulta, en el mejor de los casos, parcialmente incorrecto. La mayoría de las personas no acude al sector extralegal para evitar pagar impuesto sino porque la ley vigente, aún la mejor redactada, no atiende a sus necesidades o aspiraciones. En el Perú, donde mi equipo diseñó el programa gubernamental para incorporar a pequeños empresarios extralegales al sistema legal, 276.000 de ellos inscribieron voluntariamente sus negocios en los nuevos registros instalados para atenderlos; y esto sin que mediara promesa alguna de alivio tributario. Sus negocios subterráneos no habían estado pagado impuesto alguno. Cuatro años más tarde los antiguos negocios informales ya habían tributado 1.200 millones de dólares".[219]

La contrapartida de todo esto es que estos recursos, realmente formidables, constituyen un gigantesco "capital muerto". Sucede que sus propietarios están imposibilitados de transferirlos legalmente y no son sujetos de crédito en el sistema financiero, por ausencia o insuficiencia de los títulos correspondientes. En consecuencia, el producto del trabajo incesante de toda la vida de centenares de millones de personas puede ayudar a solventar, mejor o peor, su subsis-

---

[218] Ibíd.
[219] Ibíd.

tencia cotidiana, pero no les sirve para movilizar económicamente esa riqueza ni para integrarse plenamente en el circuito productivo y salir de la marginalidad social.

Con las particularidades propias de nuestra historia, esta situación que describe De Soto también se evidencia dramáticamente en la Argentina. Los centenares de miles de compatriotas que habitan en los asentamientos o villas de emergencia del conurbano bonaerense, del Gran Rosario y del Gran Córdoba constituyen un testimonio de esa realidad. Lo mismo ocurre con los varios millones de argentinos que producen y trabajan en la economía informal.

La respuesta estratégica a esta situación consiste en una revolución jurídica, fundada en el reconocimiento de la posesión precaria de los bienes inmuebles, y en una drástica y profunda desregulación y desburocratización, a nivel nacional, provincial y municipal, de todos los innumerables trámites administrativos y obstáculos legales de distinto tipo vinculados a la creación y desenvolvimiento de las microempresas, acompañada por una fuerte asistencia técnica por parte del Estado y de las organizaciones no gubernamentales.

No se trata de inventar reglas nuevas, sino de descubrirlas. De Soto relata su experiencia personal en Indonesia: "paseaba por los campos de arroz sin preocuparme por dónde estaban los linderos de las propiedades. Pero los perros lo sabían. Cada vez que cruzaba de una finca a otra, ladraba un perro distinto. Aquellos perros de Indonesia ignoraban el derecho formal, pero tenían claro cuáles activos controlaban sus amos. Les dije a los ministros que los perros de Indonesia contaban con la información básica que ellos necesitaban para establecer un sistema de propiedad formal. Escuchar los ladridos en un recorrido por las calles de la ciudad y sus caminos del campo podía permitirles ir escalando la enredadera de las representaciones extralegales regadas por el país, hasta hacer contacto con el contrato social vigente. "¡Ah!", exclamó uno de los ministros, "¡Jukum Adat!" (la ley del pueblo)."[220]

---

[220] Ibíd.

Y aclara luego De Soto que "descubrir la ley del pueblo fue la forma como los países occidentales construyeron sus sistemas de propiedad formal". Porque, agrega, "la ley que hoy prevalece en Occidente no surgió de polvorientos tomos o compendios legales del gobierno. Es una cosa viva, nacida en el mundo real y creada por personas comunes y corrientes mucho antes de que llegara a manos de abogados profesionales. La ley del pueblo tuvo que ser descubierta antes de ser sistematizada".[221]

El objetivo es entonces una profunda reforma del sistema legal dirigida a volcar hacia la actividad formal a millones de argentinos condenados a la marginalidad, de modo que puedan gozar de la seguridad jurídica que otorga el reconocimiento del derecho de propiedad de sus bienes inmuebles y de sus emprendimientos empresarios, recurrir al crédito como mecanismo para financiar sus actividades económicas, comprar y vender libremente y actuar en una economía popular de mercado sin restricciones ni discriminaciones injustas. De esta manera, será posible avanzar económicamente hacia la plena integración social, generando una nueva oleada de movilización social ascendente como la impulsada por el peronismo a partir de 1945.

En palabras de De Soto, "no tiene sentido continuar pidiendo economías abiertas sin encarar el hecho de que las reformas económicas en curso sólo les abren las puertas a elites pequeñas y globalizadas y excluyen a la mayoría de la humanidad. Hoy la globalización capitalista está preocupada por interconectar solo a las elites que viven dentro de la campaña de vidrio. Retirar la campana de vidrio y acabar con el apartheid en la propiedad requerirá ir más allá de las fronteras actuales, tanto las económicas como las de la ley".[222]

La apertura económica no es solamente una apertura internacional. Se requiere también una apertura hacia adentro y hacia abajo, para integrar plenamente a una economía popular de mercado al conjunto de la sociedad, inclusive a los sectores socialmente más postergados.

---

[221] Ibíd.

[222] Ibíd.

No otra cosa planteaba hace medio siglo Eva Perón cuando decía "queremos una nación de propietarios, no de proletarios".

3.4.4. Federalismo fiscal y nuevo pacto tributario

El economista estadounidense Douglas North, Premio Nobel de Economía, subrayó que, en un país federal como la Argentina, no existe ninguna reforma institucional más importante que la vinculada con la relación Nación-provincias en el terreno fiscal. Los cambios estructurales no son el resultado de estudios académicos. Surgen de las situaciones de crisis y son producto de la iniciativa de actores políticos concretos, que encarnan las exigencias de la época.

Para entender la dimensión de la propuesta, hay que partir del hecho de que la crisis del sistema político argentino demanda una transformación institucional, cuyo eje es la reinvención del Estado, acompañada por el activo protagonismo de la sociedad. Esa refundación del Estado requiere, ante todo y sobre todo, un vasto proceso de descentralización política. Pero no existe transferencia de poder verdaderamente efectiva sin una transferencia de responsabilidades y de recursos de similar envergadura. Por eso, no puede haber descentralización política sin descentralización fiscal.

Esta modificación de fondo del actual sistema tributario no es una copia de modelos internacionales. Tiene profundas raíces históricas. Entre 1853 y 1890, el presupuesto nacional era financiado con los recursos derivados de los impuestos a la importación, mientras que los presupuestos provinciales se financiaban con los tributos sobre la producción y el consumo de bienes específicos.

La crisis de 1890 originó la creación de impuestos nacionales al consumo que se superponían con los provinciales. A pesar de ese esbozo de centralización fiscal, a principios de siglo pasado, la casi totalidad del gasto público de las provincias argentinas se sufragaba todavía con recursos propios. Sólo una proporción menor de los presupuestos provinciales tenía como fuente de financiamiento los fondos del Tesoro Nacional. Con sus más y con sus menos, esa situación se mantuvo hasta mediados del la década del ´30. La centralización de la estructura de la recaudación fiscal alcanzó su pico culminante en 1935, con la implantación del impuesto a las ganancias y la unificación de los impuestos internos. Desde entonces hasta hoy, esa proporción se invirtió, con los inconvenientes por todos conocidos.

Un sistema institucional descentralizado, que articule una mayor vinculación entre el gasto público y la obtención de los recursos financieros necesarios para solventarlo, en todas las jurisdicciones estatales, constituye la base de la confianza, legitimidad y transparencia indispensable para el establecimiento de un Nuevo Pacto Tributario entre el Estado y la sociedad, capaz de incentivar el control social sobre el imprescindible redimensionamiento del gasto y de promover la drástica reducción de la evasión fiscal.

Recrear sobre esas nuevas bases la vinculación entre el Estado y la sociedad civil es también un requisito indispensable para la concertación de un nuevo pacto tributario que permita afrontar exitosamente uno de los principales problemas económicos y sociales de la Argentina: la evasión fiscal y previsional, que asciende en conjunto a cerca de 20.000 millones de dólares anuales y tiene su expresión más dramática en dos sectores absolutamente claves: la educación y la seguridad social.

La formulación de un Nuevo Pacto Tributario, que determine con total nitidez las responsabilidades indelegables del Estado, ayudará a legitimar el nivel, composición y la tendencia del gasto público, así como de la carga tributaria necesaria para su financiamiento.

El éxito de la profunda transformación de la economía se dificulta si el Estado no está en condiciones de hacer el aporte necesario. El Estado no puede encarar sistemática y eficientemente sus tareas si el pacto fiscal no es operativo. Por ello es necesario renovarlo. En este sentido, la consolidación del ajuste fiscal es el primer elemento de todo nuevo pacto tributario.

La calidad de los resultados obtenidos por la acción del Estado como proveedor de bienes públicos depende, en última instancia, del funcionamiento de las administraciones públicas a cargo de la instrumentación de las políticas del gobierno. Por tal motivo, ni las políticas mejor formuladas y diseñadas –en materia tributaria o del gasto público– tienen posibilidades de alcanzar resultados satisfactorios si el sistema de administración pública que las pone en marcha no está sustentado en un régimen de incentivo, control y evaluación adecuado para los fines propuestos.

En la medida en que el Estado genera resultados sistemáticamente aceptables para la población, disminuyen las resistencias políticas que debilitan el pacto fiscal. En particular, es imprescindible avanzar en el constante mejoramiento de la productividad del gasto público. Hacer rendir más y mejor los fondos asignados a las diversas partidas del presupuesto nacional y de los presupuestos provinciales y municipales, para que todos los usuarios de bienes públicos y contribuyentes encuentren justificada la intervención pública.

A tal efecto, es preciso contar con un sistema de administración pública en el cual prevalezca el concepto del Estado-Red, con relaciones menos jerárquicas y más orientadas al logro de objetivos, capaz también de generar innovaciones y adaptarse a las cambiantes circunstancias del escenario político, económico y social.

La dimensión y la extremada complejidad del problema exigen un replanteo global, que incluye pero excede el marco de la política tributaria. Todas las iniciativas tendientes a mejorar los mecanismos de recaudación fiscal y previsional tienen que estar articuladas como parte de un solo y mismo movimiento, con el establecimiento de un sistema que genere confianza en los contribuyentes y en la opinión pública acerca del óptimo aprovechamiento de los mayores recursos financieros con que contaría el Estado a partir del descenso de los actuales niveles de evasión.

El desarrollo de la participación, a través de la Organizaciones No Gubernamentales, sumada a la consolidación de la conciencia cívica de pagar los impuestos a un Estado que tiene a sus ciudadanos como principal objetivo de gestión, acelerará las transformaciones pendientes. Hay una relación directa entre refundación del Estado, protagonismo de la sociedad civil y Nuevo Pacto Tributario, como forma concreta y específica de hacer de esta cuestión no un planteo discursivo, sino una línea de acción enderezada verdaderamente a transformar la realidad.

La Argentina que viene no sólo demanda la liberalización de las fuerzas del mercado para generar un mecanismo de acumulación económica acorde a la época. Requiere, también, la refundación del Estado y, por sobre todas las cosas, demanda la posibilidad de movilizar y de desatar esas energías creadoras del conjunto de la sociedad para enfrentar y resolver los problemas que se nos presenten en el nuevo siglo. La era de la globalización exige un Estado que esté en condiciones de cumplir su rol estratégico, vinculado a la identificación de las tendencias predominantes de la época, con una estructura flexible y altamente descentralizada y capaz de suscitar la participación y la movilización de la sociedad civil. A la tendencia estructural hacia la concentración del ingreso, propia de esta etapa de globalización del capitalismo, es necesario oponer una estrategia centrada en la redistribución del poder.

3.5. Inserción en la economía mundial y opciones de la política exterior

Un adecuado diagnóstico acerca de la nueva realidad mundial, requiere, ante todo, algunos premisas metodológicas sobre las cuales apoyarse para analizar las grandes tendencias del presente. En primer lugar, la prioridad conceptual hoy es el mundo. Ningún país define sus intereses nacionales fuera de un determinado contexto histórico de alcance mundial; y el núcleo de la actual situación internacional es una aceleración del proceso de globalización de la economía mundial, encabezado por los países emergentes, en primer lugar los asiáticos, sobre todo China e India, y una reestructuración tecnológica y organizacional, que se revela en el aumento estructural de la productividad, de la economía situada en la frontera del sistema, que es la de Estados Unidos. La situación mundial establece el marco de lo posible y de lo imposible para los distintos actores políticos, económicos y sociales, y ante todo para los distintos países.

En segundo lugar, por definición, una determinada inserción internacional, admite más de una política exterior, pero no hay política exterior, esto es, una acción estratégica de largo plazo en el ámbito mundial, fuera de una determinada inserción internacional. El mundo de la posglobalización es cada vez más integrado, competitivo, y desterritorializado. Para el resto de los países del mundo, que no son EE.UU. y China, la inserción internacional se define por dos vectores:

Búsqueda de nichos propios en una economía posglobalizada, competitiva y de alta tecnología;

Estrategia deliberada de especialización productiva y desarrollo científico y tecnológico (por ejemplo, en el caso de la Argentina, el sector agroalimentario y la biotecnología).

En tercer lugar, no hay distinción orgánica entre la política y la economía en el plano internacional. El capitalismo es, al mismo tiempo, un mecanismo de acumulación, un sistema de hegemonía política, y un proceso civilizatorio.

En el mundo globalizado, cuando la distinción clásica entre el "adentro" y el "afuera" de los países se evapora hasta casi desaparecer, la reinserción internacional de la Argentina no es sólo una cuestión de política exterior. Es también, y fundamentalmente, un tema crucial de política interna, que conlleva exigencias ineludibles, cuyo cumplimiento recorre transversalmente todas las áreas del Estado. Porque la prioridad estratégica de una Argentina integrada al mundo excede la esfera de acción de la diplomacia y la competencia tradicional de la Cancillería. Por otra parte, en el aquí y ahora, está en juego una cuestión fundamental que, en un sentido estricto, es básicamente de política interna. Sólo un muy sólido anclaje de la Argentina en el sistema de poder mundial puede generar las alianzas políticas y económicas capaces de proporcionar la fuerza suficiente y el espacio y el tiempo político necesarios para, en medio de una situación de crisis extrema, impulsar con éxito las reformas estructurales pendientes.

La Argentina tiene que construir poder dentro de la nueva sociedad mundial. Porque no hay ninguna causa, por justa que sea, que tenga relevancia en términos políticos sin una estructura de poder capaz de sustentarla. Y como es imposible construir poder al margen de las tendencias fundamentales de una época determinada, esta estructura de poder tiene que generarse a través de la activa participación en el proceso de globalización económica, revolución tecnológica e integración política que caracteriza al mundo de hoy. Ese es el único camino históricamente viable para realizar lo que el papa Juan Pablo II llamó como la "globalización de la solidaridad".

En las condiciones que plantea el advenimiento de esta nueva era histórica del universalismo, el protagonismo internacional es condición para la existencia misma de la Nación. Este protagonismo necesario no puede ser un protagonismo aislado y solitario. Es, y no puede ser de otra manera, un protagonismo asociativo y solidario.

El aislamiento externo torna inviable cualquier posibilidad de superar la crisis. La Argentina está forzada ineludiblemente a recuperar relevancia a nivel mundial. Para ello, es necesario encarar una tarea sistemática de construcción de poder, tanto en el plano interno como en el terreno internacional.

En esta nueva época económica y tecnológica, el poder tiene un carácter eminentemente asociativo. Se construye a través de redes. La reinserción del país en la sociedad mundial requiere entonces forjar un amplísimo tejido de alianzas que impulse el protagonismo de la Argentina en el escenario internacional.

En todos los casos, se trata de reivindicar, siempre y bajo cualquier circunstancia, un nacionalismo acendrado y cabal, que subraye que "la Argentina es el hogar", que afirme en todos los planos la identidad nacional, cultural y religiosa del pueblo argentino y que sepa combinar acertadamente el sentido patriótico y la férrea defensa del interés nacional con una cultura de la asociación, como corresponde a la época.

Este nacionalismo del siglo XXI se encuentra en las antípodas de lo que ya en 1954, cuando defendía la firma de los contratos petroleros con la Standard Oil de California, Perón caracterizaba premonitoriamente como "los nacionalistas de opereta que causan más daño con su estupidez que los cipayos con su perfidia".

3.5.1. Alianza estratégica con Brasil. Reformulación del MERCOSUR.

El MERCOSUR, inspirado en la estrategia del ABC impulsada por Perón a principios de la década del 50, constituyó el logro más importante de la política exterior argentina en el siglo XX. Fue la respuesta apropiada, en el plano regional, a los nuevos desafíos planteados por la globalización. Nunca fue concebido como una muralla proteccionista contra los embates externos. Muy por el contrario, está fundado en la concepción de un "regionalismo abierto".

En efecto, el nacimiento mismo del bloque regional, formalizado con el Tratado de Asunción de marzo de 1991, coincidió con la apertura económica internacional encarada simultáneamente, a principios de la década del 90, en la Argentina con Menem y en Brasil con la presidencia de Fernando Collor de Melo. El objetivo fundacional no era edificar una muralla sino articular una vía nacional propia para afrontar los retos de la globalización, mediante la constitución de una plataforma de lanzamiento conjunta para la mejor inserción de las economías de nuestros países en el sistema productivo mundial.

En muy pocos años, el MERCOSUR cumplió exitosamente una primera etapa de consolidación, fundada básicamente en los vertiginosos avances registrados en la integración comercial. La multiplicación del intercambio intrarregional y la atracción de inversiones extranjeras directas, interesadas en aprovechar las ventajas de la existencia de un espacio económico integrado, representaron avances sustantivos en un plazo históricamente breve.

Sin embargo, es evidente que, desde hace aproximadamente tres años, hay un decaimiento en el impulso inicial, que se traduce en una fase de estancamiento, iniciada con la devaluación de la moneda brasileña, ocurrida en enero de 1999, que significó un golpe mortal para la posibilidad de una moneda común, planteada por la Argentina en 1997.

Para superar esa parálisis, el MERCOSUR está obligado a avanzar ahora hacia convertirse en una vasta alianza política regional, que desde la perspectiva de la Argentina tiene una necesaria dimensión bioceánica, puesto que incluye necesariamente a Chile, que por su posición geográfica representa para nuestros países la vía de acceso obligada a los gigantescos mercados de consumo del Asia Pacífico, que son los de mayor crecimiento de la economía mundial.

En este contexto, la Argentina y Brasil, junto a Uruguay y Paraguay y también Chile, tienen la posibilidad de encarar un vasto plan de infraestructura común en materia de energía, transportes y comunicaciones. Algunos de los aspectos centrales de este proyecto son la concreción de los corredores bioceánicos, tanto a través del Norte argentino como de la Patagonia, la profundización de la Hidrovía sobre el río Paraná, la materialización del puente Buenos Aires-Colonia y la rápida terminación de los trece pasos asfaltados sobre la Cordillera de los Andes previstos en los protocolos de integración física argentino-chilena.

El bloque regional está también en condiciones de proyectarse internacionalmente como el mayor exportador mundial de alimentos. La perspectiva estratégica de un MERCOSUR agroalimentario, capaz de competir con cualquier otra gran potencia agroalimentaria, incluso con los Estados Unidos, puede transformarse en un esfuerzo compartido que exige una acción conjunta de asociación para penetrar con mayor fuerza en el mercado mundial.

No se trata de un objetivo ilusorio. La Argentina, Brasil, Uruguay y Paraguay cuentan con fuertes ventajas comparativas en los diferentes eslabones de la cadena agroalimentaria, que es necesario convertir en inequívocas ventajas competitivas.

El gobierno brasileño con Lula y Dilma fue plenamente consciente de esta enorme potencialidad. En términos políticos, es indispensable forjar dentro del bloque regional, concebido como un nuevo polo de poder sudamericano, una concepción estratégica común, que permita establecer entendimientos multilaterales. Esto implica también, y fundamentalmente, la asunción de responsabilidades compartidas en las cuestiones vinculadas con la seguridad regional, hemisférica y global, en particular en la lucha contra el narcotráfico y el terrorismo transnacional.

En política internacional, las responsabilidades que se abdican son poder que se pierde. Si los países del MERCOSUR no asumen plenamente su responsabilidad en la solución de la guerra civil colombiana, esa solución correrá por cuenta y riesgo de los Estados Unidos. No hay riesgo mayor para los intereses de la Argentina y de Brasil que el hecho de que un conflicto de envergadura internacional, que afecta la seguridad nacional de los Estados Unidos, se transforme en una cuestión bilateral colombiano-norteamericana. En ese caso, nuestros países perderían la posibilidad de reclamar en forma efectiva, y no simplemente retórica, su derecho a participar activamente en la edificación del nuevo sistema de seguridad latinoamericano y mundial.

Por lo tanto, esta reformulación política del MERCOSUR, centrada en primer lugar en la cuestión de la seguridad regional, hemisférica y global, es un requisito estratégico fundamental para transformar a nuestros países en protagonistas activos en la búsqueda de la democratización del actual sistema de poder de la sociedad mundial, fundado en el predominio de los países más poderosos.

3.5.1.1. El caso brasileño. Brasil, actor global en lo político y en lo económico

Brasil creció 1% del PBI en 2012, arrastrado por un extraordinario incremento de la demanda interna, inducida por un nivel histórico de consumo popular que aumentó 8% y una fuerte aceleración de la inversión. El consumo crece prácticamente el doble del producto.

En Brasil, la demanda interna, arrastrada por el consumo de sus 194 millones de habitantes, creció en los últimos años a tasas "chinas", que duplican el auge del PBI. El consumo privado ascendió en 2009-2010 a 118.000 millones de dólares (208.000 millones de reales), diez veces más que la tasa de inversión. Ésta es históricamente baja (16% / 19% del PBI) y permite crecer a una tasa no inflacionaria de sólo 3.8% anual. Se puede formular una hipótesis: en los últimos siete años, Brasil no sólo ha modificado su estatus internacional -y se ha convertido en un actor global-, sino que su economía ha cambiado de naturaleza.

La inversión directa (IED) de las empresas transnacionales también ha retornado en gran escala. Brasil es el segundo país del mundo emergente que recibe más IED, después de China.

La apreciación del real sigue al ciclo de los commodities en el mercado mundial, que a su vez es una función de la demanda chino-asiática. La crisis global devaluó abruptamente al real, y ahora la recuperación de la economía mundial -adelantada por el auge de los commodities y el crecimiento de China- lo revalúa, con igual intensidad y sentido inverso.

La excepcional capitalización de Brasil no es sólo obra del flujo de capitales del exterior. Las transnacionales brasileñas que cotizan en Wall Street recaudan más que en la Bolsa de San Pablo. Vale do Río Doce, Petrobrás, Unibanco, Bradesco (son 31 en total) obtuvieron en la Bolsa de Nueva York un promedio de 4.000 millones de dólares diarios en 2008, en tanto que los valores negociados en San Pablo fueron 2.700 millones. Las firmas brasileñas constituyen el tercer grupo en Wall Street, después de Canadá y China. Y el año pasado se ha recuperado el nivel de 2008, y tiende a aumentar.

La fuente principal del auge de la economía brasileña en los últimos ocho años es la misma que la de la recuperación actual: la producción y exportación de commodities (soja, mineral de hierro, petróleo), orientados hacia el mercado chino-asiático. Esta es la causa primordial -como aumento de la productividad de la totalidad de los factores (PTF)- del crecimiento de Brasil a partir de 2003. Las ventas externas de productos manufacturados eran 61% del total en 1993, y ahora son 38% / 40%.

La línea estratégica central del gobierno de Lula fue la transnacionalización del sistema productivo, a través de un doble y sincronizado movimiento de despliegue de las compañías brasileñas en el exterior y de atracción masiva de inversiones transnacionales. Este es el componente estructural de la conversión de Brasil en actor global.

En la fase de globalización de la acumulación capitalista, la situación de un país o de una región no la muestra su tasa de crecimiento económico, sino su grado de participación en las corrientes centrales de la época, ante todo el sistema transnacional integrado de producción. El sistema global de producción lo integran 76.000 empresas transnacionales, con 800.000 asociadas o afiliadas en el mundo entero. Junto con el sistema financiero internacional, constituye la doble dimensión del capitalismo en su fase de globalización. Es sólo el 15% de la economía mundial, pero genera 90% de las innovaciones y patentes, y su nivel de productividad es cuatro veces superior al promedio internacional.

La modificación del status internacional de Brasil -de potencia regional a actor global- ha acarreado la transformación de su política exterior. Pasó de la reivindicación ("No al ALCA") al liderazgo ("Sí al libre comercio internacional. No al proteccionismo"). Esto significa que Brasil no compite por el liderazgo regional en América del Sur; en todo caso, intenta mediar entre la región y el sistema de poder mundial. El 28 de abril de 2007, Standard & Poor's otorgó a Brasil el Investment Grade (BB+/BBB-), y dijo entonces: "Refleja la maduración de las instituciones brasileñas y de su marco político, el alivio de las cargas fiscales y de la deuda externa, así como las mejoras de sus perspectivas de crecimiento en el largo plazo".

Entre 2003 y 2006, Brasil fue el país emergente que atrajo más inversión extranjera directa (IED) después de China y Hong Kong, recibió US$ 107.4 billones, comparado con US$ 256 billones de China y US$ 124.1 billones de Hong Kong (UNCTAD, 2007).[223] El auge de la economía brasileña en este período se explica fundamentalmente por los cambios globales: en los últimos diez años, la economía mundial se ha tornado cada vez más "chino-céntrica".

---

[223] UNCTAD, World Investment Report. Transnational Corporations, Extractive Industries and Development, 2007.

El dato estratégico central es que desde abril de 2009, China se ha convertido en el principal socio comercial de Brasil, tras dejar detrás 80 años de primacía de Estados Unidos.

QUINTA PARTE

La estrategia de desarrollo económico argentino: especialización agroalimentaria y reconversión industrial

Capítulo 1

Perspectivas globales de la industria manufacturera. La nueva revolución industrial

En los próximos 15 años se incorporarán al mercado mundial 1.800 millones de consumidores, lo que significa que el consumo del mundo emergente podría aumentar de los actuales US$ 12 billones a US$ 30 billones en 2025, según el McKinsey Global Institute.[224]

También que 60% de los hogares del mundo que logren ingresos por más de US$ 20.000 anuales estarán en los países emergentes, sobre todo en Asia y América Latina (China / India / Brasil / México). Por eso prevé que 70% de la demanda global de productos manufacturados provendrá de los países emergentes en 2020, como manifestación de una tendencia que se acelera a partir de entonces.

Este vuelco de la demanda mundial es guiado por el auge del consumo doméstico chino, que pasaría de 48,6% del producto en 2010 a 66% en 2030. El resultado sería que el PBI chino, tras ascender en 2012 a US$ 7,5 billones, alcanzaría en 2020 a US$ 21,5 billones (se triplica en una década); y el consumo doméstico, que representó el año pasado a US$ 3,5 billones, treparía a US$ 13 billones en 2020.

El producto industrial global ascendió a US$ 10,5 billones en 2010, y McKinsey Global Institute lo divide en 5 categorías: la primera es "innovación global para mercados locales" (automotriz, química,

---

[224] Manyika, James et. al., Manufacturing the Future: The Next Era of Global Growth and Innovation, McKinsey Global Institute, 2012.

maquinaria y equipos). Es un sector que requiere un alto nivel de innovación y tiene altos costos de transporte, por lo que las plantas deben estar cerca de los compradores. Es 34% del producto total.

La segunda categoría es "procesamiento regional" e incluye alimentación, metalmecánica y gráfica. Es 28% del total y su carácter es completamente local.

Luego se encuentran las "industrias intensivas en materias primas y energía" (madera, papel, petróleo) y son 22%. Las dos últimas son "tecnologías globales innovadoras" (computadoras, microprocesadoras, equipos médicos) 9% y "transables trabajo-intensivas" (textiles, indumentaria, juguetes) 7%.

El mundo avanzado predomina en las industrias de alta tecnología (maquinaria, automotriz, farmacéuticas, químicas) y en ellas tiene un superávit de US$ 726.000 millones, mientras que en los bienes transables trabajo-intensivos experimenta un déficit de US$ 342.000 millones.

La idea de que la industria manufacturera ha quedado atrás y ha sido sucedida por una economía de los servicios (post-industrial) oculta el hecho de que entre los dos sectores la interpenetración es cada vez mayor, obligada por la revolución tecnológica del procesamiento de la información (digitalización).

El resultado es que en la industria manufacturera norteamericana 34% de los puestos de trabajo pertenecen a los servicios, y en el sector de tecnología avanzada este porcentaje trepa a 55%. Por eso, el total de los empleos en la manufactura estadounidense asciende a 17,2 millones, pero en ellos más de 10 millones corresponden a lo que antes se denominaba sector terciario.

El problema principal de la industria manufacturera avanzada, ante todo la de EE.UU., es la creciente carencia de fuerza de trabajo con la calificación necesaria para ocupar los nuevos empleos creados por la revolución tecnológica. Esta carencia se constituye en el principal freno para la expansión del sistema productivo estadounidense.

La Asociación de la Manufactura Estadounidense (NAM) ha señalado este año que dispone de 3 millones de puestos de trabajo que no logra ocupar por la inexistencia de personal con nivel suficiente. McKinsey estima que esa carencia alcanzará globalmente a 40 millones de trabajadores en 2020.

El fenómeno central que presenta la industria manufacturera mundial en los últimos 4 años es que ha logrado revertir la tendencia declinante de las 4 décadas previas, usualmente denominada "desindustrialización". A partir de 2008, la manufactura ha crecido a una tasa mayor que el resto de la economía global (17,7% anual promedio) y ha dejado atrás la caída estructural que experimentó durante 40 años (era 27% del PBI global en 1970 y cayó a 16,2% en 2009).

Los países industriales avanzados encabezan la innovación tecnológica, debido a que invierten 90% del gasto en investigación y desarrollo (I&D). Por eso, es el sector de mayor competitividad, responsable de 70% del comercio internacional y su nivel de productividad es 3 veces el porcentaje de su participación en la fuerza de trabajo.

Ha comenzado una nueva era de la industria manufacturera en el mundo, arrastrada por el boom de consumo en China (nuevo eje de la demanda global de productos manufacturados) y por el salto tecnológico de la nueva revolución industrial.

La perspectiva es una industria manufacturera global hiperconectada. Se trata de la digitalización completa de la manufactura y de su conversión en redes de nichos altamente especializados a escala global.

La industria manufacturera no es más creadora de empleos, pero es esencial en lo que hace a la productividad, la innovación y el comercio internacional. La fórmula de la expansión manufacturera es la siguiente: la manufactura cae en su participación en el producto y en el empleo, a medida que la economía se desarrolla (adquiere la forma de una U invertida), pero aumenta su relevancia en la innovación y en el comercio internacional. Ya es responsable de 73% de todas las patentes de alta tecnología.

Para la Argentina, el significado de este estudio es nítido: la industria manufacturera es esencial para su desarrollo sostenido en el mediano y largo plazo. Esto significa que es prioritaria la reconversión de su actual estructura, en un doble movimiento de reorganización empresarial y tecnológica, y de atracción en gran escala de la inversión de las cadenas globales de producción, integradas por las empresas transnacionales, cuyo papel es fundamental para un nuevo impulso exportador de la actividad industrial argentina.

Capítulo 2

Tendencias en el mercado global
de agroalimentos

La FAO sostiene que en las próximas cuatro décadas se requiere producir más alimentos que en los últimos 10.000 años sumados. Esto implica una producción capaz de alimentar 9.000 millones de personas en 2050 (40% más con respecto a la actual población de 7.000 millones).

El dato estratégico central con respecto a este incremento es que 95% del total provendrá de los países emergentes. Equivale a decir que la demanda crecerá muy por encima del aumento de la población porque se originará casi en su totalidad del mundo emergente. La característica de esta región es que duplica el ingreso per cápita de sus habitantes cada 8 o 10 años, porcentaje establecido por el país que lo encabeza (China).

Por eso la demanda solvente de alimentos crece más que el aumento de la población, en una proporción que es el doble o quizás el triple. Esto permite explicar por qué la producción ha alcanzado niveles récord en los últimos diez años, al tiempo que el mundo ha ingresado en una etapa histórica de altos precios de los alimentos. En esto hay coincidencia completa entre OCDE, Banco Mundial (BM) y el Departamento de Agricultura de EE.UU. (USDA).[225] También le

---

[225] World Bank and International Monetary Fund, Global Monitoring Report. Food Prices, Nutrition, and the Millennium Development Goals, Washington, 2012.

otorga al actual auge de la producción agroalimentaria mundial –y en general de todos los commodities– una característica diferenciada a la de los anteriores períodos de boom de las materias primas.

Estos períodos fueron dos: El primero, surgido de la Revolución Industrial, se extendió desde 1780 a 1840 y el segundo, desplegado tras finalizar de la Guerra Civil norteamericana (1861-65) se extendió hasta 1913. En ambos, el boom de las materias primas fue un subproducto del crecimiento industrial de los países centrales, y en ellos el aspecto poblacional tuvo escasa relevancia.

Los países productores de materias primas que se incorporaron como proveedores de granos y metales estaban prácticamente deshabitados. Tal era el caso de Argentina, Australia y Canadá –y cumpliendo la misma función histórica– el del Medio Oeste y el Oeste norteamericano. Ahora el elemento poblacional es decisivo y está multiplicado por la condición "solvente" de los países que lo integran, y cuyo crecimiento ha desatado un extraordinario incremento de la demanda mundial.

Por eso es que la irrupción de China e India en el comercio internacional a partir de 1991 se ha convertido en el eje de la demanda mundial y ha modificado la naturaleza del mercado mundial de commodities. China se ha convertido en la mayor consumidora de cuatro de las cinco principales materias primas, encabezadas por la soja (granos), el cobre y el mineral del hierro; y en la quinta, que es el petróleo, está atrás solo de EE.UU.

De ahí que el mercado mundial de commodities haya dejado de ser una función del ciclo estadounidense –como había ocurrido hasta 1991– y dependa ahora de la demanda chino/asiática.

También se modificaron en forma irreversible los términos de intercambio mundiales, con una caída sistemática del precio de las exportaciones industriales, y un aumento del valor de las importaciones, sobre todo de materias primas.

Esto expresa el hecho central de la época, que es la duplicación de la fuerza de trabajo mundial, que se produjo a partir de la unificación del sistema (1991) y que se completó en los tres lustros posteriores.

Pasó entonces de 1.500 millones de trabajadores a 3.000 millones.

A partir de 2001, la demanda mundial de commodities comenzó a crecer mucho más rápidamente que la oferta, a pesar de que alcanzaba niveles récord año tras año. Ésta es la razón por cual el precio de los alimentos y las materias primas alcanzó los mayores niveles de la historia en la primera década del siglo, con dos picos de excepción en julio-agosto de 2008, y en marzo-octubre de 2011.

Ahora el desafío no es sólo aumentar la producción, sino hacerlo en un mundo que experimenta un riguroso cambio climático −la temperatura global aumentará 2ºC en cuatro décadas− sumado a una competencia cada vez mayor por la tierra, el agua y la energía.

No hay extrapolación posible de lo hecho en los últimos veinte años para responder a este doble desafío. Se trata de una situación cualitativamente distinta y, para resolver exitosamente lo nuevo, hay que pensar de nuevo.

En este sentido, el gobierno británico ha lanzado un nuevo estudio sobre el futuro de la alimentación y de la producción agrícola mundial,[226] que fija las perspectivas del negocio agroalimentario global en los próximos 20-40 años dentro del contexto de la acelerada globalización de la economía internacional y a partir de la aparición de los nuevos grandes países emergentes, sobre todo China, India y Brasil.

El Reino Unido actúa como un adelantado o "intelectual orgánico" del proceso de globalización, asumiendo la posición de vanguardia, incluso con respecto a Estados Unidos. Este rasgo de la cultura cívica británica probablemente sea el principal legado de su antigua condición imperial, cuando Londres fue el eje de los acontecimientos mundiales entre 1780 y 1914.

El cálculo del gobierno británico es que la población mundial pasará de 6.900 millones de habitantes en el momento actual a 8.000 millones en 2030 y a más de 9.000 millones en 2050. Asume Londres la presunción de que 95% de este incremento tendrá lugar en los países

---

[226] The Government Office for Science, Foresight. The Future of Food and Farming, Final Proyect Report, London, 2011.

emergentes y en desarrollo, mientras que la Unión Europea y Japón experimentarán pérdidas de población en términos absolutos. Por ejemplo, África subsahariana –los 47 países que se extienden desde el Magreb a Sudáfrica– pasarán de 1.000 millones de habitantes en 2000 a 2.000 millones en 2050.

En este contexto, la demanda mundial de alimentos aumentaría no menos de 70% en los próximos 40 años y habría que considerar, además, cambios fundamentales en la estructura dietaria: el consumo de carne que actualmente es de de 32 kg anuales per cápita crecería hasta 52 kg en 2050.

El consumo de productos ictícolas crece tanto como el de la carne, pero sobre la base exclusiva del desarrollo de la acuacultura, porque las reservas de pesca en el mundo estarán entonces virtualmente agotadas. Esto significaría un incremento del consumo de granos de 7 kg por kilo de productos ictícolas, porque en la acuacultura las necesidades de insumos granarios son semejantes a los requeridos por la producción de carne.

El gobierno británico da como un hecho que el cambio climático afectará necesariamente la producción agrícola en los próximos 20-40 años a través del aumento de la temperatura global y de las modificaciones de las pautas de precipitación pluvial.

Sostienen los investigadores que los acontecimientos climáticos extremos serán cada vez más frecuentes y severos, lo que aumentará la volatilidad de los precios y de la producción agrícola mundial. Londres presume que la proporción de tierra fértil utilizable para la producción de alimentos no crecerá significativamente con respecto al promedio existente entre 1967 y 2007. En esa etapa, los rendimientos globales de la producción agroalimentaria aumentaron 115%, en tanto que la tierra utilizada creció sólo 8%.

Esta proporción se mantendría en los próximos 20-40 años como consecuencia del avance del proceso de desertificación y de la expansión del desarrollo urbano. Lo que ocurra con la demanda mundial de energía va a afectar cada vez más la producción de alimentos. La demanda de energía global crecería 45% entre 2006 y 2030, y se duplicaría en 2050. Esto implica que se ha ingresado en una etapa de precios altos y volátiles de la energía, lo que afecta directamente, por ejemplo, el precio de los fertilizantes.

Por eso, la producción agrícola, que se torna cada vez más capital-intensiva, tendrá necesariamente costos crecientes de energía. El agua se transformará en una restricción fundamental de la producción agrícola en los próximos 20-40 años. El agro consume hoy 70% del total global de agua proveniente de ríos y acuíferos, se prevé que el consumo aumente 30% para 2030, y se duplique en 2050.

La conclusión del gobierno británico es que la producción y la demanda de alimentos se transformarán en una cuestión de alta política de la agenda global, cuya importancia va a crecer en los próximos años. Sucede con la producción de alimentos lo que ocurrió con el petróleo en la década del 70, sólo con un carácter más acuciante y urgente.

Por eso, la producción agroalimentaria mundial ha ingresado en una década decisiva, en la que se aceleran todas sus principales tendencias -económicas y demográficas-, que se aprestan a alcanzar su pleno potencial.

La primera de ellas es la integración de todas las fases de las cadenas de producción y distribución, desde la actividad primaria a las grandes comercializadoras de alcance global, pasando por la industria de la alimentación y las redes de ventas minoristas (Wal-Mart, Carrefour, etc.).

La segunda es la conversión de la cadena en una red industrial manufacturera de alta tecnología de carácter biológico, con una creciente especialización y diferenciación en toda su producción. Se aleja así la "comoditificación" característica de la actividad (venta masiva indiferenciada dirigida a mercados abiertos), y una orientación nítida hacia la satisfacción de una demanda de consumidores sofisticados y de altos ingresos.

La tercera y decisiva es demográfica. El mercado de los consumidores avanzados (EE.UU.), y el de la nueva clase media del mundo emergente (2.000 millones de personas en 2020, con una capacidad de compra de US$ 5.6 billones) experimentarán cambios fundamentales en esta década.

Se retira la generación de los baby boomers en EE.UU., constituida por los nacidos entre 1944 y 1947. Son 76 millones y controlan 53% del gasto anual en alimentos (US$ 706.000 millones). Esta generación tendrá un período de vida más prolongado que el de cualquier otra de la historia estadounidense (74,1 años los hombres y 79,5 años las mujeres).

Por eso requiere alimentos que se presenten acompañados de beneficios en salud y bienestar físico, y exige un grado superior de información sobre los productos que compra. Esto hace que la trazabilidad en la producción deje de ser la excepción y se convierta en regla.

De ahí que los farmers adquieran un nuevo papel como fuente de la reputación de la calidad de los productos, que se convertirá en el principal argumento de venta (marketing) en los exigentes mercados del siglo XXI.

Las regiones, incluso las localidades, se convierten en marcas que garantizan la calidad de la producción y en un componente fundamental del valor agregado generado por la cadena.

Para los baby boomers y la clase media emergente no es solo cuestión de vivir más, sino mejor. Sobre todo en materia de salud, cuando la prioridad está centrada en el problema de la obesidad, convertida en pandemia en EE.UU. (34% de la población norteamericana padece este flagelo). Se pasa de la preocupación por la salud a la obsesión por la calidad de vida.

Esto hace que la dimensión nutricional adquiera una importancia fundamental y se descarte el consumo de grasas y dulces, acompañando los productos con información de los valores calóricos. China también es parte de esta tendencia. En 2020, se convierte en el principal consumidor mundial de suplementos dietarios.

También la dimensión ecológica adquiere un valor estratégico. A partir de 2015, Wal-Mart venderá la totalidad de los bienes que exhibe en sus góndolas con información precisa sobre el impacto ambiental que acarrea su producción. La preocupación por el medio ambiente deja de ser un imperativo ético y se convierte en una exigencia estrictamente económica.

2.1. Nuevo superciclo de los commodities

Todo indica que este aumento excepcional del precio de los commodities responde a causas estructurales que lo identifican como un verdadero superciclo: períodos de expansión de 20-70 años que abarcan la gama completa de las materias primas (energéticas, agrícolas, metalíferas).

El caso actual sería el tercero de la historia del capitalismo. El primero fue desatado por la irrupción de EE.UU. en la economía mundial entre 1880 y 1913; el segundo, por la reconstrucción de Europa occidental y Japón tras la Segunda Guerra Mundial y el tercero, a partir de la aparición de China en el proceso de globalización, a través de la industrialización y urbanización generalizadas, cuyo punto de inflexión se produjo en 2000.

La fuerza impulsora de los tres superciclos ha sido la demanda, no la oferta. Por eso, no son el resultado de acontecimientos geopolíticos o naturales (guerras, sequías), sino que su raíz es estructural, surgida de modificaciones de fondo en el proceso de acumulación mundial.

La característica de todos ellos es que, en su fase inicial de 10-30 años, hay un retraso en la oferta (producción), para responder al auge de los precios de materias primas y alimentos. Luego, exigen el desarrollo de nuevas regiones o espacios productivos, hasta esos momentos no explotados.

Un rasgo central de los superciclos, en especial en la fase inicial, altamente expansiva de 10-30 años, es que producen una inversión de los términos globales de intercambio con una caída del precio de los productos industriales y un aumento más que proporcional de las materias primas. Así sucedió entre 1895 y 1913; y es lo que ocurre desde 2000, en que la irrupción de China e India en el comercio internacional.

Schumpeter advirtió que los superciclos de los commodities son un subproducto de los previos booms económicos creados por la convergencia de grandes expansiones del mercado mundial y nuevas revoluciones tecnológicas.

El actual, que tiene ya 11 años de duración, fue consecuencia directa de la unificación del sistema que produjo el colapso de la Unión Soviética (1991), sumado al despliegue de la nueva revolución tecnológica de la información e Internet.

Los límites de un superciclo dependen de la intensidad en que se desarrolle el boom económico que lo sustenta. La clave del actual, iniciado en 2000, es que el eje del proceso de acumulación se ha trasladado a los países emergentes, y que entre éstos, los tres principales son China, India y Brasil.

La conclusión de este sumario es que las perspectivas de los precios de los granos en el mercado mundial (soja y maíz, en primer lugar) hay que colocarlas dentro de estas grandes tendencias que son los superciclos de los commodities.

2.2. El mercado mundial de carnes

El núcleo crucial, que todo lo decide, de la demanda mundial de alimentos en los próximos 10-20-30 años se encuentra en el cruce de la producción de granos y el desarrollo de la industria cárnica. Lo principal es que en los próximos diez años se aproxima un salto extraordinario en el consumo mundial de carnes.

El IFPRI (International Food Policy Research Institute) señala que entre 1997 y 2020 el consumo mundial de carnes (blancas y rojas) crecería 55% y de ese total, China sola representaría más de 40%, India, en cambio, sólo tendría un incremento de 4%.[227]

Aún así, el consumo de carnes en el mundo emergente sería 40% / 50% por encima de los niveles del mundo avanzado y las carnes blancas (aves) representarían más de 40% del incremento de la demanda mundial. Esto significa que el consumo mundial de carnes que as-

---

[227] International Food Policy Research Institute, Informe de políticas alimentarias mundiales 2011, Washington DC, 2012.

cendió a 109 millones de toneladas en 1974, pasó a 208 millones en 1997 treparía a 327 millones en 2020.

Esto sucede cuando el rendimiento por hectárea de la producción de granos se ha desacelerado significativamente en los últimos treinta años. Crecía 1.6% anual entre 1982 y 1997, y se redujo a 1% por año entre 1997 y 2020.

El consumo de carnes, sobre todo blancas, crece estrechamente vinculado al aumento del nivel de ingresos del mundo emergente, sólo que a un ritmo mayor. Entre 1967 y 1997, el consumo de carne se duplicó en el mundo en desarrollo, y el de aves se triplicó y esta tendencia central se ha acelerado en los últimos diez años.

No obstante este crecimiento excepcional, el promedio de consumo de carne en el mundo emergente es sólo un tercio del nivel de consumo del mundo avanzado. La regla de la producción cárnica (tanto carnes blancas como rojas) es que 1 kg de carne requiere como insumo no menos de 7 kg de granos.

Un indicador que revela la relación entre crecimiento económico, aumento del nivel de ingresos y mayor consumo de alimentos (sobre todo proteínas cárnicas) es –con carácter inverso– la caída sistemática del número de niños malnutridos menores de 5 años. Es lo que ha ocurrido en los últimos 40 años, que es el período histórico de emergencia y despliegue de la globalización.

El porcentaje de niños malnutridos por debajo de 5 años cayó de 45% a finales de 1960 a 31% en 1999, y ahora sería 15% o menos. El Sudeste asiático, fundamentalmente China, ha sido la región en la que ha ocurrido la mayor caída en esta tendencia descendente y los niños malnutridos prácticamente han desaparecido de la República Popular. Lo contrario es lo que ha sucedido en África Subsahariana, los 47 países que se despliegan desde el Magreb árabe hasta África del Sur. Es la única región en la que el número y la proporción de los niños malnutridos han aumentado entre 1970 y 1999. Luego se ha reducido en los últimos diez años, incluso drásticamente en algunos estados (Angola y Nigeria, entre otros).

África subsahariana sólo se incorporó al proceso de globalización entre 2000 y 2010, tras permanecer ajena a sus flujos y transacciones en los treinta años previos (1970-2000). Aún hoy, un tercio de los niños de menos de 5 años siguen desnutridos en África negra.

Las proyecciones de IFPRI sobre la situación alimentaria mundial en 2020 son sumamente reveladoras. La primera de las tendencias que identifica muestra que el consumo de granos per cápita disminuye en el mundo emergente en los próximos diez años como consecuencia de una menor tasa de crecimiento poblacional y de un giro en la estructura dietaria, que pasa de los granos a las proteínas cárnicas.

El resultado es que el consumo de granos por habitante pasa de crecer 2.3% por año, como ocurrió entre 1974 y 1997, a aumentar sólo 1.3% anual entre 1997 y 2020. Esto no significa una caída en el crecimiento absoluto de la demanda de granos, que será semejante, según se estima, al aumento de los treinta años previos.

Además, la mitad del incremento de la demanda mundial de granos entre 2010 y 2020 tendrá lugar en Asia no japonesa y China sola representará no menos de 25%, una cuarta parte.

Los países productores de alimentos que tienen importancia decisiva en la nueva etapa que se avecina en la demanda mundial son aquellos capaces de producir combinadamente granos y carnes (proteínas cárnicas). Y se trata sobre todo de Brasil y la Argentina.

McKinsey Global Institute sostiene además que en veinte años surgirá el mayor mercado de consumo de la historia con especial impacto en dos industrias. La primera es la minera-metalífera, debido al desarrollo simultáneo de un gigantesco proceso de urbanización y de crecimiento de la infraestructura y en segundo lugar, la actividad agroalimentaria, por lo que implica de mayor demanda de alimentos, y especialmente, porque se completa en este período la "transición dietaria" de las tres cuartas partes de la población mundial, situada en los países emergentes y en desarrollo.

Lo esencial de la "transición dietaria" ya ha ocurrido en China, al atravesar su población de 1.300 millones de habitantes, la barrera de un ingreso per cápita de US$ 5.900 anuales (US$ 7.900 en capacidad de compra doméstica/PPP) en los últimos tres años (2008-2011).

A partir de 2008, se ha producido en China un vuelco masivo de la población (que abarca ya a más de 800 millones de personas) al consumo en gran escala de proteínas de origen animal (carnes rojas y blancas) sobre todo las provenientes de la ganadería porcina. Ésta requiere para su alimentación proteínas vegetales, como el pellets de soja, del cual la Argentina es el primer exportador mundial.

Lo sucedido en la República Popular se trasladará al resto del mundo emergente (Asia, África y América Latina) en los próximos veinte años. Allí habita el 98% de la población que crece en el mundo hasta 2050, al pasar de 7.000 millones en 2010 a 9.400 millones, cuarenta años después.

El consumo de carnes se transforma así en el eje de la demanda mundial de alimentos; y los países que provean los insumos para alimentar la ganadería (vacuna y porcina) adquieren una importancia estratégica fundamental; y en el caso de América del Sur (Brasil y la Argentina) trepan un nuevo escalón en su status geopolítico global.

El significado de la urbanización en China lo muestra McKinsey en este ejemplo: en los próximos veinte años, suma a su estructura urbana el equivalente a 2.5 veces el área de la ciudad de Chicago por año. Esta es la tercera mayor concentración urbanística de EE.UU. La población urbana china alcanzó a 640 millones en 2010 y aumentará a 900 millones en 2030.

El boom del consumo mundial coincide con una acentuación de las restricciones en la producción minera y agroalimentaria y provocará un aumento general de precios en el mercado global, ante todo metales y carnes.

Se acelera la tendencia que comenzó en 2000-2010, en que los granos tuvieron un alza de precios de 135%, mientras que en los 100 años previos experimentaron una elevación, en términos reales, de 0.7%.

Lo que sucedió es que la demanda mundial de commodities comenzó a crecer muy por encima de la oferta, lo contrario de lo que había ocurrido en el siglo anterior. Éste desajuste estructural empuja hacia arriba los precios de los commodities en el mercado global. El índice de precios de las materias primas en la primera década del siglo fue el siguiente: año 2000, base 100; y en 2011, 260.

La tendencia alcista se acentúa debido a que la productividad agrícola media (nivel de rendimiento) ha disminuido en los últimos veinte años en los países avanzados. Creció 1.1% anual, entre 1990 y 2000, la mitad de la media histórica desde la década del 60.

En Brasil y la Argentina, la productividad del agro aumentó 3.5% en ese período, tres veces por encima de los niveles del G-7. Embrapa indica que la productividad de la soja en Brasil trepó 158% partir de 1976. La producción agrícola brasileña ocupa 50 millones de hectáreas, y dispone de 90-140 millones todavía no utilizadas. Sin el alza de la productividad de los últimos años, necesitaría un área cuatro veces mayor.

2.2.1. El vuelco de China hacia la transición dietaria

La producción y consumo de carne porcina es el principal insumo de la demanda alimentaria de China, y sobre ella gira una de las tendencias centrales del mercado mundial de alimentos. En China se faenan 600 millones de cabezas de ganado porcino por año. Eso refleja el hecho de que dos tercios de la carne que consumen los 1.340 millones de chinos tienen esa característica común.

Hay que agregar que, no obstante ser la primera productora mundial de carne de cerdo (China, 600 millones de cabezas anuales; EE.UU., 100 millones), 98% de la producción es consumida domésticamente; y los chinos que consumen carne porcina como la primera –y usualmente única– proteína cárnica ya son 80% de la población.

Por eso, más allá del crecimiento extraordinario de la producción de carne de cerdo –ha aumentado 30% - 35% por año en los últimos diez–, resulta insuficiente para satisfacer una demanda en continua expansión. De ahí que haya tenido que importar carnes rojas el año pasado, sobre todo proveniente del Medio Oeste norteamericano.

La importación de carne de cerdo estadounidense a China es un vector fundamental de la demanda mundial de alimentos en los próximos 10-20 años, de similar importancia estratégica que la exportación de soja de Brasil y la Argentina a la República Popular.

Ambas producciones apuntan hacia la corriente central de la época, en lo que se refiere al negocio global de la producción agroalimentaria. Éste, a su vez, se ha convertido en la cabeza de la agenda internacional del Grupo de los 20, la plataforma de gobernabilidad del sistema mundial surgida tras la crisis financiera 2008-2009.

China sancionó en 2008 un nuevo régimen agrario que permite a sus 680 millones de campesinos vender libremente sus derechos de uso sobre la tierra, con la única restricción de que sea a otros productores agrícolas, sin importar que se trate de campesinos individuales o de grandes compañías agroalimentarias, incluso de capital transnacional.

La restricción estructural establecida por la ley es que la libre transferencia se realice en todos los casos dentro del mundo rural, con exclusión de la industria y las actividades urbanas. Desde entonces, más de 40% de los campesinos han vendido sus derechos sobre la tierra, en especial en las provincias costeras y centrales y crecientemente en las del Norte y Nordeste, que son las grandes productoras de granos.

Esta decisión estratégica fue acompaña por tres exigencias específicas: la libre disposición de derechos no podrá ser utilizada con propósitos no agrícolas, y las actuales 122 millones de hectáreas son de objeto inamovible; también poseen esos derechos los campesinos que abandonen estas tierras y se transformen en ciudadanos urbanos, lo que beneficia en forma directa a los 210 millones de migrantes del campo a las ciudades; por último, lo decisivo, los campesinos podrán transferir sus derechos a grandes corporaciones agroalimentarias, con elevado nivel de capitalización y aptitud tecnológica, que cuenten con inversión extranjera o sean empresas transnacionales.

Sólo el año pasado, 13.8 millones de hectáreas fueron transferidas de acuerdo al régimen sancionado en octubre de 2008. Representan 16.2% del total de tierra arable de la República Popular. En este mercado de libre transferencia se encuentra una enorme y dormida fuente de crecimiento de la demanda de la economía china.

En este contexto, lo previsible es el vuelco de la inversión transnacional hacia las grandes compañías productoras de carne de cerdo, sobre todo las situadas en los alrededores de las megaurbes como Shanghai y Beijing.

Se estima que el nivel de rendimiento (tasa de retorno) de estas inversiones es 51% / 55% anual, comparado con el que ofrece la industria manufacturera, que es 10% / 12% por año. La demanda de carne porcina está directamente vinculada al nivel de ingresos reales de la población urbana y en especial de la nueva clase media que ya supera los 700 millones de personas.

En los últimos dos años, los ingresos reales de la población china crecieron 20% anual promedio, porcentaje que se incrementa, en términos reales, a medida que disminuye la inflación.

En 2010, China le otorgó a Brasil la certificación necesaria, tanto en la producción como en el transporte, para vender carne de cerdo en el mercado doméstico de la República Popular. Brasil se transforma así, en el 4to. proveedor de carnes rojas para el mercado chino, después de EE.UU., Unión Europea y Canadá.

2.3. Una nueva clase media global. El fenómeno de la urbanización en China

Todos los commodities –granarios, metalíferos, energéticos– tienen precios récord en el mercado mundial e incluso los alimentos superaron los niveles de julio de 2008, en que alcanzaron el punto más alto de la historia del capitalismo desde 1843 (The Economist's commodity-price index).

El impulso fundamental que arrastra la demanda de los commodities no es de carácter cíclico, sino estructural. Se trata del proceso global de urbanización, sumado al rápido crecimiento de la clase media (entre US\$ 5.000 / US\$ 30.000 anuales) en los países emergentes, y en especial, los asiáticos (75% del crecimiento de la clase media global en los próximos 20 años tendrá lugar en sólo dos países: China e India).

Se estima que unas 5.000 millones de personas vivirán en ciudades en 2030, comparadas con 3.400 millones actualmente.[228] La OCDE, a su vez, prevé que la clase media global pase de 1.800 millones de personas en 2009 a unos 5.000 millones en 2030.

Por eso, el actual es un superciclo de los commodities, que si se toma en cuenta lo ocurrido en los anteriores (el primero tuvo lugar entre 1870 y 1930 el segundo, entre 1945 y 1973; y este es el tercero, y comenzó aproximadamente en 2000). La crisis global 2008-2009 interrumpió –fue una mera pausa– el tercer ciclo de los commodities y ahora, recuperado su ritmo, ha superado los niveles récord alcanzados tres años atrás.

El aumento del ingreso per cápita en el mundo emergente, sobre todo en Asia (China/India) es el principal impulso que arrastra la demanda mundial de alimentos.

Se revela en el hecho de que las calorías consumidas per cápita en Asia, en primer lugar en China, han alcanzado ya los niveles de los países de la OCDE y en el consumo asiático, además, el componente proteínico (carnes) es cada vez mayor.

Según FAO, las calorías per cápita consumidas en China entre 1979 y 1989 ascendieron a 1.559, aumentaron a 2.921 entre 1989 y 1999, y alcanzarían a 3.060 entre 1999 y 2015, hasta trepar a 3.190 en 2030. Por su parte, el nivel calórico de los países de la OCDE sería de 3.440 entre 1999 y 2015, y aumentaría a 3.500 en el período 2015-2030.

Esta tendencia al incremento del nivel de ingresos / aumento del consumo calórico se contrapone con la declinación de la producción agrícola, inducida por una disminución en los rendimientos por hectárea. La FAO estima que el PBI agrícola global creció 2.1% anual entre 1979 y 1989; 1.6% entre 1999-2015; y disminuiría a 1.4% entre 2015 y 2030.

También caería la tasa de crecimiento de la población mundial, que

---

[228] Standard Chartered Bank, The Super-Cycle Report, United Kingdom, 2010.

pasa de un promedio de 1.7% anual en las últimas tres décadas, a 1% por año hasta 2030. Si la pob 1870 y undial alcanza 9.100 millones de habitantes en 2050 –como prevé la ONU–, se requeriría para entonces 70% de incremento en la producción de alimentos, desde los niveles de 2005-2007.

Ello incluye un aumento de 43% en la producción de granos (+900 millones de toneladas) y de 74% en la de carnes (+200 millones de toneladas). A su vez, estos logros exigen una inversión de US$ 9.7 billones hasta 2050, de los cuales, sólo en Asia, se necesitarán US$ 5.5 billones, que deben provocar –es lo que presume FAO– un aumento de 77% en los rendimientos por hectárea.

¿Por qué la urbanización creciente está detrás del incremento de la demanda mundial de alimentos? En los próximos 20 años (2030), 300 millones de campesinos chinos pasarán del campo a las ciudades y se ha comprobado que el consumo de carne roja per cápita en los centros urbanos es 40% superior al de las zonas rurales; el de pescado 3 veces más alto; y el de huevos y carnes blancas es 2 y ½ veces mayor. Este incremento del consumo de proteínas está acompañado por la tendencia inversa: la disminución de la ingesta de granos en la estructura dietaria, que en las ciudades es sólo un tercio del rural.

El cálculo que hay que hacer es que 60% de la población mundial será urbana en 2030 y la diferencia –5.000 millones entonces / 3.400 millones hoy– provocará un incremento en gran escala del consumo de carnes, frutas, vegetales y alimentos procesados.

El eje de este fenómeno demográfico ocurre en Asia, donde la población urbana pasa de 42% a 53% en 20 años (+618 millones de personas). Por eso, el eje de la demanda mundial de alimentos tiene rasgos asiáticos.

La Agencia Internacional de Energía (AIE) sostiene que el consumo energético crece en China 9% anual, mientras que en EE.UU. aumenta menos de 1%. Por eso, desde 2011, China es ya el principal consumidor de energía en el mundo y lo sería del petróleo en 2015-16.

China tiene 170 ciudades con más de 1 millón de habitantes, y están en construcción otras 60 nuevas urbes que van a servir como residencia a no menos de 3 millones de personas cada una. En todas las ciudades chinas hay en desarrollo un plan de construcción de viviendas e infraestructura.

El componente social del crecimiento urbanístico chino es el desarrollo de una clase media con niveles de ingreso de entre US$ 5.000 y US$ 30.000 por año, que ha modificado su estructura dietaria, volcándose de los granos de las carnes (blancas y rojas), lo que implica mayores importaciones.

Esta es la razón por la que China compró 55 millones toneladas de soja el año pasado y lleva importados en los primeros seis meses de este año más de 20 millones de toneladas de maíz, sobre todo de EE.UU. En el mediano y largo plazo, el precio de los commodities es una función del aumento de la demanda. Por eso, el elemento decisivo, con respecto al valor de la soja para la producción argentina, es la vigencia irrestricta del superciclo de los commodities.

Sin embargo, dentro de esta nueva estructura de la producción agroalimentaria, dos cuestiones asoman como ineludibles: por un lado, la "seguridad alimentaria", esto es, cómo alimentar debidamente a mil millones de personas que carecen de proteínas suficientes para proveer a sus necesidades básicas, usualmente denominadas "desnutridas" o "hambrientas". Por otro, igualmente importante, y crecientemente grave, es la pandemia de sobrepeso y obesidad que golpea a todos los países avanzados y también, cada vez más, a los emergentes; y que en EE.UU. adquiere características de emergencia nacional.

Tanto la cuestión de la desnutrición como de la obesidad dejaron de ser problemas de especialistas (nutricionistas, biólogos, médicos), para convertirse en temas centrales de la agenda alimentaria mundial y por lo tanto un punto central de la política internacional del siglo XXI. En la última reunión del G-20, realizada en Francia, en septiembre de este año, fue colocada como primer punto de la agenda global.

En términos históricos, el proceso de "transición dietaria" que abarca a la mayor parte de los países emergentes reproduce en ellos, y en gran escala, sus nocivos subproductos, que son las enfermedades crónicas vinculadas a la estructura de alimentación (diabetes, cardiopatías, hipertensión).

Este tipo de patologías tienen sus raíces en el proceso de globalización, uno de cuyos componentes centrales es la "transición dietaria". Ésta última no es otra cosa que la convergencia mundial en los hábitos de consumo.

Estas tendencias de fondo del mercado agroalimentario están ya reorientando actividades vinculadas, como la farmacéutica, ciencias de la vida y tecnología de la información. De ahí la aparición de productos como las leches especiales y el ganado clonado.

Más aún, comienzan a desarrollarse productos como los alimentos elaborados, sobre todo los de marca, que cuentan con una dimensión de salud preventiva, intensamente marketinizada.

Esta ola de innovación responde a un ciclo que puede formularse en los siguientes términos: globalización, aumento del nivel de ingresos (crecimiento del ingreso per cápita), "transición dietaria" y enfermedades crónicas, vinculadas a la estructura de la alimentación (pandemias sociales).

En el mundo avanzado, la estructura dietaria está cada vez más vinculada al status económico y social y los sectores de menores ingresos son los más intensamente afectados por la transición y los más duramente golpeados por las pandemias sociales. La desigualdad social se acelera en el mundo avanzado y la experimentan crecientemente todos los países, desde EE.UU. a Finlandia, pasando por la República Federal Alemana.

Enfrentar las consecuencias de esta transición exige una nueva dimensión de la política de alimentos, de contenido esencialmente civilizatorio y cultural. Albert Einstein señaló que "para enfrentar las consecuencias de una tendencia, es necesario, previamente, pensar de nuevo sus raíces". Nietzsche agregó que "para pensar lo nuevo, hay que pensar de nuevo".

El capitalismo no es sólo un mecanismo de acumulación global, sino también un "proceso civilizatorio" y son las raíces de este proceso, y su crisis, las que requieren una visión civilizatoria y cultural. Ya se sabe que la nutrición es un aspecto central en todas las culturas y civilizaciones.

2.3.1. El mundo se transforma en una sociedad de clase media

"El crecimiento de la clase media global constituye un giro tectónico en la historia del mundo (…) Miles de millones de personas lograrán en los próximos 15-20 años nuevos poderes individuales, a medida que salgan de la pobreza (…) Por primera vez, la mayoría de la población mundial no será pobre y la clase media se convertirá en el sector económico y social decisivo en la inmensa mayoría de los países del mundo", sostiene Global Trends 2012 / 2030, la apreciación estratégica realizada cada cuatro años por el sistema de inteligencia norteamericano sobre las tendencias mundiales en las próximas dos décadas.[229]

La conversión del mundo en una sociedad de clase media "abre la posibilidad – dice el NIC – del surgimiento de una ciudadanía global, con efectos transformadores de la economía y de la política mundiales".

Al mismo tiempo, la pobreza caerá a la mitad. Las personas situadas por debajo de los niveles de "pobreza extrema" –US$ 1,25 por día – alcanzan hoy a 1.000 millones y serán menos de 500 millones en dos décadas.

Correlativamente, la clase media global, que hoy asciende a 1.800 millones de personas, treparía a 4.900 millones en 2030, en un mundo que tendría entonces 8.300 millones de habitantes. El auge de la clase media global tendría lugar en un 85% en Asia, y en más de 75% en solo dos países: China e India. El Banco Asiático de Desarrollo (ADB) estima que "la clase media puede explotar en China, hasta abarcar a 75% de su población, en tanto que la "pobreza extrema" sería eliminada. Asimismo, la pobreza remanente cambia de naturaleza en los próximos 20 años. Deja de ser sinónimo de exclusión y marginalidad y se

---

[229] National Intelligence Council, Global Trends 2012/2030. Alternative Worlds, Washington, 2012.

integra a la corriente central de la sociedad mundial a través de la utilización masiva de telefonía inteligente de segunda generación con acceso a Internet (smartphones).

En África subsahariana, más de 65% de sus 500 millones de habitantes disponen ya de telefonía celular, lo que significa que sus pobres, incluso extremos, se han incorporado al mundo virtual, que es la infraestructura tecnológica de la sociedad global.

Pero la pobreza en el mundo que abarca a un número creciente de ex trabajadores industriales de los países avanzados, en primer lugar en EE.UU., ha modificado también su composición en un sentido antropológico, al afectar la integridad de la persona humana, en una doble dimensión social e individual.

Así, la pobreza ha experimentado en los últimos 30 años un "daño antropológico", que otorga a los aspectos culturales y espirituales mayor relevancia que los meramente económicos y sociales para enfrentarla efectivamente e intentar su reversión. Pero "allí donde quema, allí donde duele, allí también está el camino de la salvación", dice Hölderlin. Quizás la inclusión de los pobres en el sistema virtual creado por la revolución tecnológica abra el camino para revertir y curar las miserias antropológicas que los afligen.

Pero el principal efecto de la conversión del mundo en una sociedad de clase media es la transformación que provoca en la estructura de poder –en la política–, con una redistribución sin precedentes de las decisiones desde los gobernantes hacia los gobernados, lo que constituye un fenómeno cualitativamente superior de democratización hasta ahora nunca alcanzado en la historia humana. El desafío para el poder político, tanto nacional como global, es asegurar en estas condiciones la gobernabilidad.

Un primer esbozo de lo que se aproxima tuvo lugar en la crisis global 2008-2009, en que la estructura del poder mundial vigente desde 1991 –unipolaridad hegemónica de EE.UU.– se reveló insuficiente para asegurar la gobernabilidad del sistema y por eso terminó en forma irreversible.

Es probable que la historia del mundo tenga un carácter más transformador y revolucionario en los próximos 15-20 años que en cualquier otro momento de las cuatro décadas que han transcurrido del proceso de globalización.

2.4. Nueva revolución tecnológica en la producción de alimentos

Se estima que la aplicación de la tecnología existente en la actual producción mundial de alimentos puede aumentar los rendimientos agrícolas dos y tres veces en los países del África, y duplicarse o más en Rusia.

Incluso se prevé que la producción ictícola global, a través de la acuacultura, que ocupa cada vez más el lugar de la pesca puede aumentar 40% con la aplicación de la tecnología actualmente disponible.

El problema, sin embargo, no es simplemente el aumento de la producción agrícola, sino su sustentabilidad en las condiciones irreversibles del cambio climático y de la disputa −y la escasez− de recursos claves como el agua y la tierra arable.

Para enfrentar el problema de la sustentabilidad de la producción agrícola mundial en el largo plazo, se requiere una nueva ola de innovación tecnológica y organizativa de mayor envergadura que la Revolución Verde de las décadas del 60 y 70.[230]

Una nueva ola de innovación no implica sólo un revolucionario cambio tecnológico, sino que requiere, como condición de posibilidad, el logro de profundas transformaciones socioeconómicas, institucionales y políticas.

La innovación en el capitalismo no es el producto de un determinismo tecnológico sino un proceso histórico de cambios políticos y económicos de carácter integral. Tras de la aparición de nuevos y grandes protagonistas de la producción agroalimentaria mundial hay aumentos extraordinarios de la inversión en investigación y desarrollo (I&D) agrícola.

Brasil se ha convertido en el tercer exportador mundial de agroali-

---

[230] The Government Office for Science, Op. cit.

mentos, después de EE.UU. y la Unión Europea, con exportaciones agrícolas que alcanzaron US$ 55.600 millones en 2008, y treparon a US$ 60.000 en 2010.

EMBRAPA (Empresa Brasileira de Pesquisa Agropecuaria) tuvo un presupuesto de R$ 2.000 millones en 2009, unos US$ 1.100 millones, una partida que es la tercera del mundo en I&D agrícola, lo que coloca a Brasil en este rubro clave del negocio agroalimentario mundial en el tercer lugar del ranking internacional, después de EE.UU. y China.

China, por su parte, la segunda economía del mundo, exportó más de US$ 29.000 millones en agroalimentos en 2009, pero importó US$ 59.000 millones en 2010, sobre todo soja proveniente de la Argentina, Brasil y EE.UU. La República Popular aumentó 10% anual la inversión en I&D agrícola entre 2001 y 2008, y en los últimos dos años la elevó a 15% anual. Significa que China invierte en I&D agrícola aproximadamente US$ 1.780 millones por año.

El gobierno británico sostiene que todo lo referido a la producción y a la demanda mundial de alimentos se ha transformado en una de las cuestiones centrales de la gobernabilidad del sistema global para los próximos 20-40 años. Estima que el mundo ha ingresado en una etapa histórica de altos precios de los alimentos como consecuencia de un aumento excepcional de la demanda internacional.

Esto puede provocar, como ocurrió en 2008, y arriesga suceder este año, una crisis alimentaria, sobre todo en los países africanos y del norte de Asia.

El trasfondo de esta situación es que todavía 925 millones de personas sufren de hambre y desnutrición en el momento actual y hay más de 1.000 millones que experimentan un insuficiente acceso a las vitaminas y minerales necesarios para una vida saludable.

En términos de los objetivos del Milenio de las Naciones Unidas, combatir el hambre implicaría pasar del 16% de la población mundial que lo sufría en 1990 a 8% en 2015. En el momento actual, el nivel de la población que experimenta este flagelo es 13.5%.

China logró el objetivo fijado por la iniciativa del Milenio de la

ONU en 2000,ya que en 2010 ha desaparecido el hambre en la
República Popular.

Por eso, el gobierno británico estima que se aproxima una transformación alimentaria más drástica y abarcadora que las realizadas en la Revolución Industrial (1780-1840) y en la Revolución Verde de 1960-70.

Capítulo 3

El potencial agrícola argentino depende de su vínculo con el sistema político

La población mundial aumentará de 6.900 millones de habitantes en 2011 a más de 9.000 millones en 2050 y a partir de allí continuará creciendo, según acaban de advertir sorpresivamente las Naciones Unidas, hasta alcanzar a 10.000 millones en 2100. Son dos poblaciones como la de India hasta entonces. Además, más de 1.000 millones de personas están hoy subalimentadas.[231]

El cálculo de la FAO es que esto requiere aumentar en 1.000 millones, los 2.000 millones de toneladas de trigo, arroz y maíz que fueron producidas anualmente entre 2005 y 2007. Se necesita una producción Brasile al nivel de crecimiento entre 1970 y 2010, en que aumentaron 250%.

Este auge de la producción mundial ocurre cuando se experimenta la mayor transformación de la estructura dietaria de la historia de la humanidad. Según la FAO, 56% de las calorías consumidas en el año 2000 por los países en desarrollo fueron provistas por los granos y sólo 20% por las carnes, lácteos y aceites vegetales. En 2050, la contribución de los granos habrá caído a 46% y las carnes y lácteos habrán aumentado a 29%.

Frente a esta situación todo depende, según la FAO, de un aumento

---

[231] Alston, Julian, Babcock, Bruce, and Pardey, Philip, The Shifting Patterns of Agricultural Production and Productivity, Universidad de Iowa, 2010.

de la producción de alimentos de no menos 70% en los próximos 20 años, y ésta, a su vez, reside esencialmente en el incremento de la productividad.

Por eso la cuestión central de la producción agrícola mundial es el incremento de la productividad, tanto de la tierra (rendimientos) como de la totalidad de los factores. Esta es la importancia del estudio publicado por la Universidad de Iowa en diciembre del año pasado: The Shifting Patterns of Agricultural Production and Productivity Worldwide, 2010.

"La agricultura es la antítesis de lo natural", dicen los investigadores de la Universidad de Iowa y hay una correlación estrecha entre producción y productividad agrícola y su evolución espacial. El SAGE (Center for Sustainabily and the Global Environment) de la Universidad de Wisconsin fija las cambiantes estructuras espaciales de la producción agrícola mundial entre 2005 y 2007, centrándolas en los cinco mayores productores del mundo.

En el trigo, los principales productores son: 1) China, con una producción promedio anual de 103.9 millones de toneladas entre 2005 y 2007 (17% del total mundial), 2) India, 71 millones de toneladas (11.6%), 3) EE.UU., 53.4 millones de toneladas (8.7%), 4) Rusia, 47.4 millones de toneladas (7.8%) y 5) Francia, 35.2 millones de toneladas (5.8%). En el maíz: 1) EE.UU., 294 millones (40.1%), 2) China, 145.7 millones (19.9%), 3) Brasil, 43.1 millones (5.9%); 4) México, 21.2 millones (2.9%) y 5) Argentina, 18.9 millones (2.6%). En la soja: 1) EE.UU., 80.6 millones (37%), 2) Brasil, 53.9 millones (24.8%), 3) Argentina, 41.4 millones (19%), 4) China, 15.8 millones (7.3%) y 5) India, 8.9 millones (4.1%).

El área sembrada refleja espacialmente las tendencias centrales de la agricultura global. En 1961 se destinaban 648 millones de hectáreas para la siembra de cereales y en 2007, eran 700 millones, un escaso incremento en 50 años.

En cambio, la producción de granos de aceites, en especial soja, utilizaba 113 millones de hectáreas en 1961, y eran 250 millones en

2007, más del doble. Específicamente, 56% del incremento de las tierras utilizadas era resultado de la cuadruplicación del área volcada a la producción de soja.

La producción mundial de frutas y hortalizas se concentró en Asia (China) entre 1961 y 2007, donde se incrementó 202.4% con un aumento del área sembrada de 18.3 millones de hectáreas en la República Popular. Igual ocurrió con la cosecha de granos, en que Asia asumió la producción mundial, con la única y decisiva excepción de la soja, que quedó en manos de EE.UU., Brasil y la Argentina.

Un caso muy notable es el de la Argentina. El especialista Sergio Lence, desde la Universidad de Iowa, realiza las siguientes precisiones. La importancia de la Argentina en el negocio mundial de alimentos es que produce 8.4% del producto agrícola del mundo y es responsable de 2.9% del comercio global. Lo decisivo de este protagonismo es que es el tercer exportador mundial de soja, después de EE.UU. y Brasil, y el primero de aceite y pasta de soja, en donde responde por millones el total mundial.

El despliegue de la productividad agrícola argentina depende de su vinculación con el sistema político. Señala Lence, que la producción agroalimentaria experimentó una crisis estructural en 1946, cuando el sistema entonces gobernante la enfrentó por motivos estrictamente políticos, acusándola de estar vinculada al comercio internacional y al capital extranjero, considerados adversarios de un proceso de afirmación nacional.

El resultado fue que entre 1945 y 1964, cuando el mercado mundial se abrió nuevamente después de la depresión de la década del 30, las exportaciones cayeron 27% con respecto a los niveles de 1925-1929, e incluso se hundieron 22% con respecto a los estándares logrados en el período 1930-1939, según subrayó Carlos Díaz Alejandro.[232]

En la década del 90, en cambio, se estableció una estructura de incentivos en toda la escala de la producción agroalimentaria. El resultado fue un extraordinario crecimiento de la productividad. En el maíz, el

---

[232] Díaz Alejandro, Carlos, Op. cit.

producto por hectárea aumentó de 1.8 toneladas en 1961-1963 a 7 toneladas en 2005-2007; la soja tenía un rendimiento de 1 tonelada por hectárea en 1961-1963 y pasó a 2.8 toneladas; y el trigo se expandió de 1.5 a 2.7 toneladas, un crecimiento de más de 80%.

El potencial productivo del agro argentino, en suma, es equiparable al norteamericano y el despliegue de su potencialidad depende exclusivamente de su relación con el sistema político, porque la aptitud innovadora de sus productores es equivalente a la de los farmers del Medio Oeste norteamericano.

El rasgo estratégico central de la producción agrícola argentina es que el país tiene escasa población relativa y al mismo tiempo extraordinarias ventajas comparativas en el mercado mundial de alimentos. Según la FAO, la Argentina contaba en 2006 con 0.59% de la población mundial y 2.10% de las tierras fértiles del mundo, que se ampliaban a 2.96%, al centrar la atención sobre las más fértiles de todas. Argentina produce 8.4% del producto agrícola del mundo, y es responsable de 2.9% del comercio internacional. Por eso, es el tercer exportador mundial de soja, y el primero de aceite y de pasta de soja (36.1% del total mundial).

El PBI agrícola es decisivo en la conformación del producto nacional. La producción primaria es 9% del total, pero si se toma a la agroindustria y a los servicios vinculados a ella, aumenta a 25%, y ocupa más de un tercio del empleo.

Agrega Lence que los impuestos que paga el sector son más de 45% del total y las exportaciones agroalimentarias, incluyendo las manufacturas de ese origen, ascienden a 60% de las ventas externas.

Muy notable fue lo que ocurrió con la industria láctea. En las tres décadas posteriores a 1960, la producción creció 50%; y luego, en la década del 90, se incrementó 75% en 4 años. Especialmente significativa fue lo que sucedió con la productividad de la lechería. Entre 1960 y 1985, el rendimiento era 1.9 toneladas/año por vaca en stock, y en las siguientes dos décadas aumentó a 4.8 toneladas/año por vaca (+ de 150%).

La soja es el cultivo líder de la producción agrícola argentina. Su productividad es igual a la de EE.UU.; y 20% superior a la de los otros competidores, en primer lugar Brasil.

La baja productividad de las carnes –hasta la aparición del feed lot en los últimos 10 años– explica gran parte de su pérdida de relevancia dentro del sector agroalimentario. Es menos de 1/2 de EE.UU. y 25% inferior al de los otros competidores, con la excepción de Brasil, cuya productividad es todavía menor.

En el maíz, el rendimiento es 25% menor que el estadounidense pero 20% mayor que en los otros competidores. El trigo resultados similares a los norteamericanos pero 50% inferior al país líder en este producto que es Alemania. La productividad allí es 7.2 toneladas/ha, y en la Argentina es 2 7 tonelada/ha.

[233]

Cuadro XIX - Evolución de la producción de cereales y oleaginosas 1980-2008

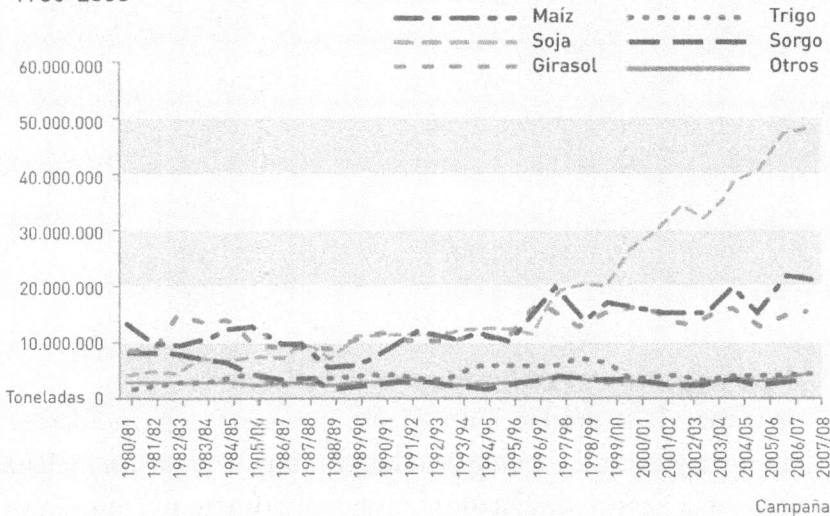

El salto experimentado en la década del 90 muestra que el sector responde con celeridad a los incentivos económicos. Inversamente,

---

[233] Barsky y Gelman, Historia del agro argentino. Desde la Conquista hasta comienzos del Siglo XXI, Buenos Aires, Sudamericana, 2009, p. 487.

tiende a frenar su notable potencialidad cuando enfrenta políticas altamente discriminatorias, como las que ejerce el sistema de poder vigente desde 2003.

[234]

Cuadro XX - Evolución de los rendimientos de los principales cultivos 1980-2007

3.1. Agro argentino y agrobusiness internacional

La estructura de la producción agrícola argentina es profundamente capitalista y completamente salarial, con una llamativa semejanza con el sistema agrario de Estados Unidos, el primero del mundo y el más avanzado en materia de capitalización, tecnología e innovación. El cálculo que conviene hacer (Bolsa de Comercio de Rosario) es que en la Argentina el 2% de los productores de soja produce 50% de los

---

[234] Barsky y Gelman, Historia del agro argentino. Desde la Conquista hasta comienzos del Siglo XXI, Buenos Aires, Sudamericana, 2009, p. 491.

granos; y en EE.UU., las grandes unidades productivas (con ventas de US$ 1 millón o más por año) que constituyen 1.9% de los farmers, son responsables de 46.5% del valor total de la producción.

Los productores agrícolas norteamericanos ascendían a 2.196.791 en 2007 y 1.9% eran 41.739, cuya producción trepaba a US$ 135.780 millones (50% del total). Por eso, el promedio de facturación de las grandes unidades de producción agrícola es de US$ 3.2 millones anuales.

En la Argentina, 1.600 emprendedores agrícolas producen 50% del total de la producción de soja –que este año asciende a 55 millones de toneladas–, y cada uno de ellos vende en el mercado una producción que vale un promedio de US$ 4 millones.

En la Región Centro se han producido las más importantes transformaciones de la actividad agrícola de los últimos 20 años. En primer lugar, ha ocurrido una extraordinaria concentración de la producción, que no fue acompañada –dato estructural fundamental– de una similar concentración de la propiedad de la tierra.

También se produjo una notable expansión de la frontera agrícola, que abarcó más de 10 millones de hectáreas en los últimos 20 años (pasó de 20 millones de ha. en 1990 a 32 millones en 2010), sumada a una tercerización completa de los servicios y a una transnacionalización de la oferta de insumos y maquinarias.[235]

Surgió así una estructura social y económica de gran movilidad y flexibilidad, cuya dinámica acompañó la extraordinaria expansión de la producción nacional y regional, y es la causa principal de su excepcional crecimiento.

Al mismo tiempo, se modificó profundamente el mapa institucional del agro, con la aparición de nuevas entidades volcadas a la innovación y a la tecnología (Aapresid, AACREA, Bioceres, Indear, entre otras), junto a las organizaciones tradicionales (FAA, SRA, CRA, Coninagro).

El rasgo distintivo de la producción agrícola argentina en los últimos 20 años es que lo decisivo para ella es el criterio de gestión, antes que

---

[235] CREA, Informe de Mercado de Granos, septiembre de 2010.

la propiedad de la tierra; y en la gestión, el factor productivo central es el conocimiento, científica y tecnológicamente informado.

El cambio del agro argentino en las últimas dos décadas fue un momento de la transformación agrícola mundial, que se aceleró, sobre todo en EE.UU., a partir de 1973 (1er. shock petrolero y comienzo de la globalización).

La producción agrícola norteamericana pasó de una estructura altamente regulada dentro del mercado nacional, basada en acuerdos entre el Estado, los lobbies empresariales, las organizaciones de productores y los trabajadores organizados, a otra en la que las grandes empresas transnacionales de la producción de alimentos encabezan el proceso de acumulación agrícola.

En el medio se quebraron los pactos reguladores y corporativos, creados por el New Deal en los 30, y el Estado perdió su condición de mediador y regulador, y en primer lugar en materia de subsidios agrícolas. Los intereses de esas grandes firmas transnacionales de alimentos son cada vez más globales y menos estadounidenses, y sus objetivos se alejan crecientemente de los farmers del Medio Oeste.

La globalización de la agricultura significa que las corporaciones transnacionales despliegan en el mundo entero su lógica y prioridades: primacía de lo global, búsqueda incesante de la más alta productividad e innovación tecnológica, y creación, a escala mundial, de una estructura organizativa en red.

La lógica del agrobusiness, altamente intensiva, y fundada en el incremento permanente de la productividad, es la que lidera el desarrollo de la producción agroalimentaria en el mundo; y la Argentina/Región Centro es uno de los actores más relevantes de este mecanismo estratégico de la acumulación global.

3.2. China y las perspectivas de largo plazo del agro argentino

El consumo chino de soja es 60% de la demanda global, y el mercado mundial de commodities –granarios, minerales, energéticos– es una función de la demanda de la República Popular, lo que significa que las perspectivas de largo plazo de las exportaciones agrícolas argentinas, primordialmente provenientes de la Región Centro, se fijan de acuerdo a las tendencias de la segunda economía del mundo, que en términos de capacidad de compra doméstica (PPP), es probable que ya sea la primera.

Las tendencias fundamentales de la producción agrícola china son las siguientes: a partir de las reformas procapitalistas de 1978 y hasta 1990, el producto y la productividad agrícola crecieron entre 5% y 10% anual incentivadas por los cambios institucionales que retiraron al Estado del campo y convirtieron a los campesinos y sus familias en las unidades productivas del sector.

En la década del 90, se torna evidente un cambio estructural de fondo en la agricultura china y mientras se estanca o cae la producción de granos (arroz, trigo y soja), crece aceleradamente la de frutas y hortalizas, y también la de carnes (rojas y blancas).

En esta etapa, la productividad crece menos que en los 80 (2% anual) y proviene casi exclusivamente de la creciente especialización en frutas y hortalizas, en tanto los granos muestran un virtual estancamiento.

La especialización en frutas y hortalizas muestra que el agro chino comenzó a utilizar en gran escala en los últimos 20 años su notoria ventaja comparativa en la producción de commodities trabajo-intensivos, mientras que disminuyó el crecimiento de los tierra-intensivos (granos).

El auge de la producción de frutas y hortalizas ha sido tan extraordinario, que la capacidad del sector ha aumentado entre 1990 y 2010 el equivalente de la oferta de California –la mayor del mundo– cada dos años.

A partir de 1995, cayó el área sembrada con trigo y arroz pero continuó creciendo la de maíz, sólo que dedicada casi totalmente a la alimentación del ganado. Esto coincidió con un vuelco creciente de la dieta del pueblo chino hacia las proteínas (carnes y lácteos) y una disminución correlativa del consumo directo de granos.

Por eso, la producción de carnes y la acuacultura crecieron más de

10% anual entre 1985 y 2000 y desde entonces continuaron aumentando entre 4.5% y 8.8% anual. China hoy produce más de 70% de la producción ictícola mundial. El resultado es que en los próximos 10 años (2010-2020), la producción de granos va a ser menos del 50% del valor del producto agrícola.

El proceso de reformas de la economía china comenzó por la transformación del agro, y este orden de los factores fue lo que le otorgó su extraordinario dinamismo. China hizo primero lo que India no ha hecho todavía: reformar institucionalmente el campo otorgándole reglas de juego completamente capitalistas.

Así se explica que la productividad de todos los factores de la producción agrícola (PTF) – fuerza de trabajo, tierra sembrada, capital, tecnología– creciera más de 3% por año entre 1978 y 2004. Es la tasa más alta, durante el período más prolongado, de aumento de la productividad de todos los factores de la agricultura mundial.

Estas tendencias han tenido un inmediato impacto internacional y son las que se encuentran atrás del incremento de la tasa de inflación global, arrastrada por el aumento del precio de los alimentos y de la energía.

Decenas de millones de personas se incorporan en China y en los países emergentes, sobre todo asiáticos, a la clase media global con ingresos de entre US$ 5.000 y US$ 30.000 anuales, que no sólo consumen más alimentos, sino que lo hacen de una manera distinta, volcándose a una estructura dietaria de alto nivel proteínico centrada en las carnes y en los lácteos.

El dato estratégico central de esta tendencia de fondo es que se requieren 7 kg de granos para producir 1 kg de carne. Por eso, el precio de los commodities agrícolas tiene niveles récord, y todo indica que van a mantenerse en esos estándares por los próximos 20 o 30 años. El mundo, en suma, ha ingresado en una etapa histórica de altos precios de los alimentos.

3.3. La Región Centro, eje de la inserción internacional de la Argentina en el mercado mundial de agroalimentos

En la Región Centro está el núcleo del superávit estructural de las cuentas externas que le permite a la Argentina crecer sostenidamente desde los últimos diez años (8.5% o más), no obstante la alta tasa de inflación (25% / 30% anual), la fuga masiva de capitales (US$ 78.000 millones desde julio de 2007) y la intensificación del conflicto político interno.

La razón del superávit externo reside en un cosecha de granos que alcanzó en 2011 a 94.3 millones de toneladas (53% más que en 2009), con una producción de soja de 55 millones de toneladas (77% más que el año pasado).

El resultado es que las exportaciones agroalimentarias representaron US$ 22.600 millones en 2011 (21% más que en 2009) y el complejo sojero trepó a no menos de US$ 16.450 millones. Mencionar las "exportaciones agroalimentarias" en la Argentina es lo mismo que referirse a la Región Centro.[236]

Las exportaciones de Córdoba crecen sostenidamente desde 2003 con un incremento que se aceleró en los dos años previos a la crisis de 2008. Ese año, aumentaron 37.7% con respecto al periodo anterior y alcanzaron a US$ 9.963 millones.

La suba principal se debió a las exportaciones de commodities agrícolas, que crecieron 74.4%, y llegaron a US$ 2.064 millones, seguidas por las ventas de la industria automotriz, que aumentaron 59.3% (US$ 1.503 millones).

La tendencia se recuperó y aceleró desde 2011 con un crecimiento de las exportaciones de los productos primarios de 48% en los primeros 4 meses y un auge de las ventas externas del sector automotriz, sobre todo dirigidas a Brasil, de 75%.

Los dos principales destinos de las exportaciones cordobesas son Brasil (17%) y China (14%); y si se toma a las exportaciones por bloque o región, Mercosur representa 22% y Asia-Pacífico 33%.

---

[236] MECON, Subsecretaría de Programación Económica, Evolución de los complejos exportadores provinciales, junio de 2010.

Santa Fe es la segunda provincia en el total de las ventas externas del país con 22.4% de las exportaciones nacionales. De ese total, 10 productos concentran 78.4%. Son pellets de soja (33.6%), aceite de soja (22.2%), porotos de soja (7.4%), lo que significa que el complejo sojero abarca 63.2% de las exportaciones santafesinas.

Pero Santa Fe es la que tiene la mejor relación exportaciones/PBI de la Argentina: 53.9%, resultado del cruce entre un producto que es 6.7% del nacional, y exportaciones que representan 22.4% del total de las ventas externas.

La ratio exportaciones/PBI tuvo en Santa Fe un incremento de 39% en los últimos 10 años: pasó de 20% a casi 54% y esto es el resultado de la convergencia entre el aumento de la demanda mundial (China) y el auge fenomenal de la producción de soja. En Córdoba, ese vínculo es de 33%.

En Santa Fe está ubicado el principal clúster de producción de maquinaria agrícola del país, con eje en Las Parejas (Armstrong, Las Parejas, Las Rosas), que vende a 42 países en el mundo, y que este año exportaría por más de US$ 335 millones, un incremento de 30% con respecto al periodo previo.

El efecto combinado de la transformación agroalimentaria experimentada por la Argentina en los últimos 20 años, y del traslado del eje de la demanda mundial, en especial de la capacidad de compra a los países asiáticos (China/India), y a Brasil, ha provocado una redefinición de la geografía económica del país, cuyo núcleo es la Región Centro.

Por eso, el despliegue productivo de la Región Centro constituye la base material de sustentación de un federalismo real, alejado de la clásica estructura centralista y unitaria, fundada en el predominio del Puerto de Buenos Aires. La Argentina careció de estas bases materiales a lo largo de toda su historia constitucional; por eso, el centralismo efectivo y el federalismo ficticio, constituyeron la norma principal de su estructura real de poder.

La Argentina tiene ahora una nueva estructura de inserción internacional, el marco por donde circulan los flujos del comercio y las inversiones, cuyo eje está en Asia (China) y en Brasil, y ya no más en Europa y esa estructura de inserción internacional despliega, como todas, su propio orden de prioridades espaciales. En la inserción internacional de la Argentina con eje en China y Brasil, el espacio prioritario es el de la Región Centro.

Por eso, la relevancia internacional de la Argentina se despliega territorialmente ante todo en la Región Centro (Santa Fe, Córdoba, Entre Ríos, Buenos Aires). Aquí está, en términos productivos, territoriales, institucionales y políticos, la línea principal en el presente del futuro argentino.

A través de las retenciones a las exportaciones agroalimentarias el Estado nacional recaudó en 2011-2012, aproximadamente 44.405 millones de pesos (+38.6%) que equivalen a US$ 9.000 millones; esto es el resultado directo de exportaciones agroalimentarias que valen en el mercado mundial US$ 22.600 millones (21% más que en 2009), de los cuales corresponden al complejo sojero (esto es, esencialmente a la Región Centro) US$ 16.450 millones.

Este nivel excepcional de valorización de las exportaciones agroalimentarias argentinas es consecuencia del auge de la demanda asiática (China) y del aumento del precio de la soja, que valía US$ 345 la tonelada en junio del año pasado y trepó a US$ 373 en agosto.

Lo que significa la demanda asiática para la producción agroalimentaria argentina, y por lo tanto, primordialmente para la Región Centro, lo revela el siguiente dato: la cosecha de granos asciende en 2010 a 94.3 millones de toneladas —un aumento de 53% con respecto a 2009–, y la producción de soja alcanza a 55 millones de toneladas (+77%).

En los últimos 20 años ha ocurrido una revolución en la forma de producir del agro que se tradujo en un incremento extraordinario de los rindes y de la producción. La cadena agroalimentaria argentina ha descubierto, y hecho realidad, que la obtención de niveles más elevados de productividad es la única manera de obtener y mantener la competitividad internacional.

La distribución de los recursos que generan las retenciones revela el grado de relevancia territorial de las distintas provincias argentinas en el actual contexto mundial: Córdoba (24.8%), Santa Fe (21.4%), Entre Ríos (7.7%), Santiago del Estero (3.7%), Chaco (3.6%) y Buenos Aires, esto es el norte de la provincia (31.2%). Por eso, Córdoba aporta US$ 761 por habitante; Santa Fe, US$ 675, y Entre Ríos, US$ 630.

Gracias al sector agroalimentario —o lo que es lo mismo, a la Región Centro— y a la aparición de una nueva demanda mundial con eje en China, la Argentina ha logrado resolver en 2010 el problema histórico de su economía: la insuficiencia de exportaciones que le provocaban una crisis crónica de su sector externo, lo que le impedía obtener superávits suficientes para financiar las importaciones capaces de sostener una alta tasa de crecimiento.

La política y la economía no están separadas en la vida social ni en la realidad histórica; allí donde hay poder económico, también hay poder político, y viceversa. Si no es de forma inmediata, no tarda en manifestarse por los hechos, incluso en forma de crisis.

3.4. Las empresas biotecnológicas. Rosario, polo biotecnológico mundial

Bioceres es una iniciativa privada dedicada a la creación y financiamiento de proyectos orientados al desarrollo de la biotecnología, formada por 200 empresarios agroalimentarios de punta, sobre todo de las provincias de Santa Fe y Córdoba, con eje en Rosario.[237]

La premisa de esta red es que la producción de agroalimentos es una tarea intensiva en conocimiento, mayor incluso que la tierra o el capital; y que la importancia de la producción agrícola argentina está en relación directa con su protagonismo en el desarrollo de la biotecnología mundial. Bioceres —como Biogénesis, BioSidus y muchas otras empresas de biotecnología— actúa en el plano regional

---

[237] Trigo, Eduardo y Cap, Eugenio, Diez años de cultivos genéticamente modificados en la agricultura argentina, Argen-bio, 2006.

(Brasil, Paraguay, Uruguay) con el objetivo de fortalecer la producción de soja, el cultivo estratégico de la región. En Rosario hay más de 400 investigadores en biotecnología de nivel mundial: es el mayor polo de investigación biotecnológica de América Latina.

El mercado mundial de biotecnología ha crecido a una tasa del 13% anual entre 2000 y 2008 (tres veces el nivel de crecimiento del PBI global); y su valor de mercado asciende a US$ 126.300 millones, la mitad en Estados Unidos.

La Argentina tiene 80 empresas de biotecnología de categoría internacional, un nivel semejante al de Brasil. Pero el sector argentino es el que posee el mayor número de investigadores por población activa de la región (3.6/1000) y más de 100 institutos de investigación en empresas y universidades. Es una herencia de los tres premios Nobel en ciencias de la vida / bioquímica que el país posee: Bernardo Houssay, Federico Leloir, César Milstein. El sector biotecnológico produce más de 300 patentes por año, presentadas ante la autoridad norteamericana (USPTO).

La Argentina es un país líder en la utilización de semillas genéticamente modificadas (GM), desde que incorporó la soja tolerante al herbicida de glifosato (1996). Por eso, se ha transformado en el segundo productor mundial de este tipo de cultivos, sólo atrás de EE.UU., con más de 19 millones de hectáreas plantadas.

Lo notable no es sólo la magnitud de los cultivos GM, sino sobre todo la extraordinaria rapidez de su absorción, al mismo tiempo que en EE.UU. La soja GM tardó menos de 7 años en cubrir la totalidad del área sembrada. No ocurrió nada semejante en el resto del mundo, ni siquiera durante la "Revolución Verde" (1950-1970).

La Argentina no sólo es líder en productos GM; también es uno de los cinco países que es capaz en el mundo de hoy de producir ganado transgénico.

El fenomenal incremento de la producción primaria de alimentos —pasó de 38 millones de toneladas de granos en 1990-1991 a 94 millones en 2010—, se transformó en el principal instrumento de atracción de la inversión transnacional. Más de 60% de las empresas de molienda son propiedad transnacional.

La base material del desarrollo de la biotecnología en la Argentina es doble: por un lado, su posición de liderazgo mundial en la utilización de productos GM; por otro, que es el sustento de la anterior, su condición de gran potencia agroalimentaria —octava productora del mundo, y quinta exportadora mundial—, con 32 millones de hectáreas de tierras fértiles.

El boom agroalimentario de los últimos 20 años es una ecuación con tres factores: el salto estructural en la producción primaria de alimentos (granos/soja), la nueva estructura empresaria en red, sin propiedad de la tierra ni del capital (encarnada en figuras como Oscar Alvarado, Gustavo Grobo, y tantos otros) y por último, la utilización intensiva del conocimiento científico y tecnológico en la frontera del desarrollo global (siembra directa/GM/biotecnología).

En los próximos cinco años, se desatará en el mundo una nueva revolución tecnológica, encabezada por la biotecnología, lo que significa que se podrá identificar, comprender, manejar y mejorar organismos vivos.

Se acelera el ritmo del cambio tecnológico mundial, que comienza a crecer por espasmos, combinado con una intensificación de la "destrucción creadora" de actividades enteras. La ingeniería se vuelca a la biología, y la globalización se intensifica.

3.5. El agro argentino es el más competitivo del mundo. Brasil, Argentina y Mercosur: principal plataforma de producción de proteínas del sistema mundial

Brasil y la Argentina tienen 90% de la producción de granos de América del Sur. En la cosecha 2009-2010, Brasil produjo 132 millones de toneladas, y la Argentina 95, pero mientras el primero lo hizo en 44 millones de ha., el otro utilizó 30 millones.

La Argentina tiene 40 millones de habitantes. Por eso, entre los grandes productores de alimentos es el que tiene menos población relativa (EE.UU., 303 millones; Brasil, 194; UE, 520; China, 1.340). De ahí que sea el primer productor y exportador mundial de granos per cápita. Mientras produce 2.5 toneladas por cabeza, el promedio mundial es 0,25. Lo decisivo es el factor humano. El productor es el más proclive a la adopción de nuevas tecnologías.

Entre ellas la siembra directa (78% del total), el uso intensivo de semillas transgénicas (100%), la utilización masiva de agroquímicos y fertilizantes y el papel de vanguardia en la biotecnología y agricultura de precisión. Hay que sumarle la maquinaria agrícola de última generación.

El productor argentino tiene un nivel de calificación superior a los farmers norteamericanos. Implica que 46% ha completado los estudios universitarios y 10% los de posgrado. En los farmers el porcentaje es 25% y 5%, respectivamente.

Más del 65% de la actividad es realizada en tierras alquiladas. La propiedad de los predios es irrelevante en el agro argentino y las unidades productivas alcanzan su punto de equilibrio (tasa de retorno sustentable) con 1.200/1.400 has. El minifundismo es ajeno al núcleo decisivo de la productividad del sector.

En los últimos veinte años, el agro argentino ha intensificado su carácter capitalista, como revela el alto grado de contratación y diferenciación de sus actividades. Más de 80% de la producción es realizada por contratistas y en las tareas preparatorias es 60%. El porcentaje es 40% en las labores de sembradío.

El carácter de punta del agro de EE.UU. ha residido, por motivos propios del proceso de acumulación estadounidense en la utilización intensiva de capital, transformada en vía principal de acceso al cambio tecnológico. El salto de productividad del agro argentino es inseparable en las últimas dos décadas de la incorporación en gran escala a su ecuación productiva de ingentes sumas de capital ajenas al sector, a través de los pool de siembra, formales o informales.

El resultado de estos rasgos estructurales es que las unidades productivas de la Argentina son de mayor tamaño que las de sus competidores, con alta inversión de capital y un nivel de calificación superior de sus productores; y todo esto sin que implique concentración latifundista de la propiedad de la tierra.

La producción agroalimentaria de la región pampeana ha sido históricamente de alto nivel tecnológico. Dice Carlos Díaz Alejandro: "La productividad del agro en la Argentina fue superior a la de EE.UU. entre 1900 y 1909; levemente inferior entre 1910 y 1919; volvió a primar entre 1920 y 1929 y alcanzó una paridad entre 1930 y 1939. Luego, en 1940, se produce una ruptura, y EE.UU. se adelanta irreversiblemente". En las últimas dos décadas ha culminado la modernidad histórica del agro argentino.

3.5.1. El salto tecnológico de la agricultura brasileña. Predominio del agrobusiness.

La economía brasileña tiene tres etapas bien definidas. Entre 1930 y fines de la década del 70 fue una de las economías del mundo de más rápido crecimiento (8.1% anual promedio), a través de una industrialización acelerada lograda mediante la sustitución de importaciones, en la que el mercado interno se convirtió en eje del desarrollo y el Estado asumió el papel directivo del proceso de acumulación. El resultado fue que la participación de la industria en el producto saltó de 19% en 1954 (muerte de Getúlio Vargas) a 30% en 1990.[238]

En la década del 60 y principios de los 70, la economía industrial brasileña orientada hacia el mercado interno alcanzó su apogeo, con un promedio de crecimiento de 6.17% y 8.63%, respectivamente. En ese periodo, el PBI industrial aumentó 12% por año, hasta alcanzar 9.2% en 1980, en el final del ciclo.

Brasil se transformó entonces en un imán para la inversión extranjera

---

[238] De Oliveira Birchal, Sérgio, "The Evolution of the Brazilian Food Industry in the 20th Century", Ibmec MG Working Paper – WP9, 2004; Rodrigues, Andreia Marize et al, "Clustering forces in the brazilian agroindustry: Sustainable regional development and competitive SME´s", Cambridge University, Working Papers, 2003.

directa, sobre todo en la industria automovilística, con eje en el estado de San Pablo. En esos años, San Pablo se transformó en el mayor asiento de la industria alemana, después de Hannover.

De pronto, cambiaron las condiciones mundiales y en 1973 estalló el primer shock petrolero, en que se cuadriplicó el precio del petróleo en el mercado mundial, lo que afectó profundamente a Brasil, que dependía completamente para su abastecimiento del mercado mundial. A partir de ese momento, la economía brasileña se sumergió en 20 años de profundo estancamiento, con una megainflación creciente, con características hiperinflacionarias, salvo por la ausencia −peculiaridad nacional− de huída del dinero. Los shocks petroleros de la década del 70 −1973 y 1979− hundieron al mundo capitalista avanzado en la recesión y lo llevaron a buscar un nuevo mecanismo de acumulación, fundado en el menor uso de la fuerza de trabajo, de las materias primas y de la energía. Ese nuevo mecanismo sería la globalización.

En síntesis, Brasil fue el país más exitoso del mundo en desarrollo en la etapa histórica previa a la globalización, y se convirtió en una economía estancada, marginal, y crecientemente irrelevante, en las dos primeras décadas del nuevo proceso global de acumulación.

En 1994, Brasil cambió. El Plan Real de estabilidad monetaria terminó con la mega-hiperinflación y se lanzaron una serie de reformas y de cambios institucionales, como la privatización de gran parte de sus empresas estatales y la desregulación generalizada de su economía, definitivamente abierta al mundo a partir de la apertura de 1989-1990. En la década del 90 comenzó a desplegarse una nueva estructura productiva, sobre todo del sector agroalimentario, y en especial de la soja. El boom productivo que ha convertido a Brasil en el segundo exportador mundial de alimentos es la obra de las reformas institucionales y de la apertura de la economía que tuvo lugar esos años.

También se modificó, como contracara de la producción primaria altamente intensiva, la industria del procesamiento de los alimentos, con la incorporación en gran escala de las empresas transnacionales. El resultado fue que en 1990, 71% de la industria agroalimentaria era de capital nacional, mientras que, en 1999, las empresas transnacionales representaban ya más del 60% del total. En 2000, sólo 2 empresas brasileñas –Sadia y Perdigão– restaban entre las 10 principales. Todas las demás eran transnacionales.

La producción agrícola primaria comenzó a crecer después de la apertura de la economía y de la reforma de los noventa. La superficie utilizada para la producción de granos disminuyó 9.6% entre 1988 y 1995, pero la producción aumentó 15.2%, y la productividad se incrementó 27.4%. La de soja era 19.8 millones de toneladas en 1990, y trepó a 31.2 millones en 1998 (+57.5%), mientras la productividad crecía 35.3%.

El boom agrícola brasileño de los últimos 20 años tiene un significado mundial. Hay sólo una región y un sistema productivo que ha demostrado mayor capacidad de crecimiento y de aumento de la productividad: es la producción agrícola argentina.

Capítulo 4

El agro estadounidense, punta de lanza de la innovación mundial

La población mundial alcanzará a 9.100 millones de personas en 2050, y la demanda global de alimentos se duplicará en 20 años (FAO/OCDE). Por eso, es necesario aumentar la producción agroalimentaria no menos de 70% en ese periodo.

Esto significa, en primer lugar, un salto de productividad, que no puede provenir de otra fuente más que de la innovación tecnológica y científica. La cabeza de la innovación en la producción agrícola mundial es Estados Unidos. La segunda es la Argentina, lo que significa esencialmente la Región Centro.

La cabeza de la productividad agrícola mundial es EE.UU. Después de 1945, el incremento de la productividad es responsable de más del 80% del aumento del producto agrícola norteamericano. En ese período, la productividad manufacturera creció 25%. El agro es el sector más innovador de la economía estadounidense, más que la industria. El insumo que experimentó la mayor transformación ha sido la fuerza de trabajo, no sólo por su extraordinaria declinación −era 45% del total en 1900 y ahora es menos del 2%-, sino sobre todo por su mayor calificación técnica y educativa. Este proceso se aceleró después de la Segunda Guerra Mundial. Entre 1949 y 2002, el producto agrícola creció 250%, mientras que cayeron todos sus insumos, en especial la fuerza de trabajo, que disminuyó en más de la mitad, con una caída promedio de 1.74% anual. En ese período, la cantidad agregada de insumos cayó 0.11% por año; y en los estados en los que este proceso fue más marcado, el uso de insumos en 2002 era sólo 35% del utilizado en 1949. Los farmers no superan hoy los 600.000, y la mayor parte del trabajo agrícola familiar es sólo part-time, como contrapartida de la urbanización generalizada de la producción.

El valor de la producción agrícola estadounidense fue de US$ 12.300 millones en 1924, y trepó a US$ 229.100 millones en 2005, un crecimiento de 3.6% por año. En la segunda mitad de siglo XX la producción agrícola giró del Nordeste hacia el Sur y el Oeste, y se concentró allí.

El crecimiento de la productividad de la tierra (rendimientos) se frenó a partir de la década del 90: aumentaron 2.02% anual entre 1949 y 1990, y luego cayeron a 0.97% por año entre 1990 y 2002.

Lo que aumenta en EE.UU. es la productividad de la totalidad de los factores, entre otras cosas por la reducción del costo del crédito, esto es del valor del capital. Por eso, el agro norteamericano tiene hoy la mayor rentabilidad de su historia desde la década del 50.

El Departamento de Agricultura de EE.UU. (USDA) señala que la producción agrícola aumentó 158% entre 1948 y 2008, con una caída de la fuerza de trabajo de 78% y de 28% en el uso de capital. Pero la productividad de todos los factores (PTF) aumentó de manera sostenida y acumulada (1.8% por año), lo que implica un crecimiento de 80% en ese periodo.[239]

Entre 1948 y 1996 la productividad agrícola se incrementó más de ocho veces. El número de personas alimentado por cada farmer era 15 en 1950, 128 en 1995, y 140 o más en 2008, incluyendo 35 fuera de EE.UU. En el largo plazo, el crecimiento de la PTF es la fuente primaria de creación de riqueza en el mundo económico y en especial en la agricultura, donde hay una caída sistemática tanto de la tierra

---

[239] USDA, World Agricultural Production, op. cit.; Fuglie, Keith, "Accelerated Productivity Growth Offsets Decline in Resource Expansion in Global Agriculture", Amber Waves, Economic Research Service/USDA, Vol. 8, Issue 3, September 2010.

utilizada para la producción como de la fuerza de trabajo empleada. Así, entre 1948 y 2004 la producción agrícola en EE.UU. alcanzó un índice de 266 (la base 100 fue en 1948), lo que significa que creció 2.66 veces. Pero esto ocurrió mientras la tierra utilizada y la fuerza de trabajo disminuía no menos de 30% o 40%. Esta diferencia paradójica es obra de la productividad de todos los factores.

El aumento extraordinario de la productividad en EE.UU. es el resultado de una gigantesca inversión en investigación y desarrollo científico y tecnológico, tanto pública como privada, que alcanzó en 2008 a 7% del PBI agroalimentario, lo que implica que se duplicó entre 1970 y 1998. Sólo el sector agrícola privado invierte en investigación científica y tecnológica más de US$ 4.000 millones por año, sobre todo en las universidades e institutos del Medio Oeste.[240]

El Estado ha mantenido un nivel de apoyo constante para la investigación agrícola de US$ 2.500 millones anuales desde 1979, en términos reales, descontada la inflación; de ese total, 1.500 millones provienen del gobierno federal, y el resto de los estados.

El presidente Barack Obama multiplicó por cuatro los fondos públicos para la investigación agrícola, sobre todo en biocombustibles y energías alternativas. USDA estima que más de 80% de las operaciones agrícolas estadounidenses se realizan en internet, y que un porcentaje similar de los farmers usa computadoras en sus actividades productivas. El nivel de capitalización y de innovación tecnológica del agro norteamericano es semejante, o incluso superior, al del sector de la industria de alta tecnología.

La producción agroalimentaria es aproximadamente 1.5% del PBI de EE.UU. y para eso ocupa menos del 3% de su fuerza de trabajo (era 12% en 1950). Son unos 1.5 millones de personas, y entre ellos, los farmers no son más de 600.000.

Pero si se toma el conjunto de las actividades agroalimentarias, desde

---

[240] Fuglie, Keith, MacDonald, James y Ball, Eldon, "Productivity Growth in U.S. Agriculture", Economic Brief, Nº9, Economic Research Service/USDA, September 2007.

la granja al consumidor (incluyendo transporte, logística, servicios), en ese caso es 17.1% del total de la economía doméstica.

Los avances tecnológicos modifican la estructura productiva estadounidense y muestran que EE.UU. nuevamente se coloca a la vanguardia del proceso mundial: aumenta el número de las grandes unidades productivas con 1.500 acres o más (585 hectáreas), mientras desaparecen las de mediano tamaño, al ser compradas por las grandes firmas o absorbidas por el desarrollo inmobiliario, sobre todo en el Medio Oeste, con eje en los estados de Iowa, Nebraska e Illinois.

4.1. La agricultura norteamericana integra gigantescas cadenas globales de producción de alimentos

En tanto, los pequeños farmers se transforman en productores agrícolas part-time, con sus unidades productivas transformadas en proveedores de los principales centros urbanos. Menos de 2 millones de norteamericanos –y sólo 600.000 farmers– trabajan en forma directa en el sector, pero su nivel de productividad, esto es, su eficacia productiva, como resultado del alto nivel de inversión y de la constante innovación tecnológica, es tan alta que está en condiciones de alimentar a la mayor parte de la población del mundo, si fuera necesario. Las grandes unidades, que son sólo 18% del total –unas 40.000– producen 83% de toda la producción agrícola de EE.UU.

La producción agrícola norteamericana es la primera y más avanzada del mundo y sirve como referencia para establecer el nivel de productividad de los restantes sistemas agroalimentarios, entre ellos el de la Argentina.

El Departamento de Agricultura de EE.UU. (USDA), establece la siguiente secuencia: la producción agrícola estadounidense en 2009 era 170% superior al nivel de 1948, lo que significa que creció un promedio acumulado de 1,63% anual durante 61 años.

En ese período, el uso de insumos aumentó 0,11% por año, lo que implica que el saldo en el crecimiento (1,52% anual) se debió al incremento de la productividad. En 1970, había en EE.UU 3 millones de productores agrícolas (farmers), y ahora son unos 600.000, que producen casi 3 veces más que los 3 millones de hace 4 décadas.

La disminución ha sido todavía mayor en las carnes, con una caída de 90% en las porcinas. Más de la mitad de la producción agrícola se realizó el año pasado a través de contratos entre los farmers y cadenas de provisión de alcance global. Por eso, las ventas en el mercado abierto (spot) son cada vez menos, y tienden a su desaparición.

El agro norteamericano se ha integrado industrialmente como primer eslabón de gigantescas cadenas agroindustriales de carácter global. No es una integración vertical, como sucedía con los holdings de la era previa a la globalización. Es un vínculo horizontal, en forma de redes que disponen de una enorme dotación de recursos destinados al marketing y a la imposición de marcas.

Estas redes globales -tipo "Tyson Foods" o "Smithfield Hams"- están orientadas sistemáticamente a la venta de productos destinados al consumo no sólo masivo, sino también de los sectores de mayores ingresos, y gustos más refinados.

La producción de vegetales se realiza prácticamente en su totalidad a través de contratos y lo mismo sucede con las carnes blancas (aves). Esto ocurre también con las carnes provenientes del ganado bovino, que se venden en más de 4/5 partes a través de contratos de larga duración.

4.2. El agro estadounidense no vende más en los mercados spots. Contratos directos

El resultado de esta lógica de acumulación es la consolidación completa del eslabón final de la cadena, con sólo 4 grandes empresas empaquetadoras y distribuidoras, vinculadas, a través de cadenas nacionales e internacionales de supermercados, con la venta de productos de marca altamente cotizados.

Esta reestructuración generalizada hace que los precios de la totalidad de la cadena sean fijados por los mercados de consumidores, y no por los de commodities spot.

Por eso, estas redes de provisión y distribución son estables y de larga duración y producen el mismo efecto en los ingresos del primer eslabón de la cadena, los farmers. Son cada vez menos los productores directos en el agro norteamericano, pero los que restan, al integrarse en cadenas, están dotados de un excepcional incremento del nivel de la productividad. Los farmers, prácticamente sin excepción, han dejado de ser productores aislados, y se han incorporado a estas redes altamente intensivas, en capital e innovación. "EE.UU. es el país del mundo donde el futuro llega primero", señaló Alexis de Tocqueville en 1835 y lo mismo sucede con el agro norteamericano.

Conclusiones

"Mejor que programa, sentido", manifestó Charles Péguy en su mensaje al Congreso del Partido Socialista francés, poco antes de caer en el campo de batalla, donde se presentó como voluntario, en las jornadas iniciales de la Primera Guerra Mundial.

El sentido de una etapa decisiva en la historia de un país −la orientación, el rumbo, el significado− no es arbitrario. Lo fija el marco de la necesidad de una época determinada; y lo que le interesa siempre es el presente, porque solo en él vive y actúa. "No hay pasado, ni futuro, sólo un eterno presente", dice Carl Schmitt.

Por eso lo necesario se efectúa en etapas sucesivas, lo que otorga un carácter relativo a todos los programas, que dependen, por su propia naturaleza, del tiempo y de las circunstancias.

Esto hace que la política culmine necesariamente en actuación estratégica, cuya regla es la eficacia, con un criterio de estricta temporalidad, absolutamente volcado al presente.

En este aspecto el rasgo central de la situación política argentina en la primera mitad de la segunda década del siglo XXI, es la asombrosa contradicción que existe entre el extraordinario grado de conflictividad interna que experimenta el país −que pareciera en algunos momentos que se encontrara en las vísperas de una guerra civil− y la oportunidad histórica que se le ofrece a la Nación, sin distinción de sectores, actividades o corrientes ideológicas, en el contexto internacional más favorable que ha tenido a lo largo de toda su historia.

Antoine Rivarol advirtió en la Revolución Francesa que "lo contrario de una política jacobinista, no es una política jacobina de signo contrario, sino un esfuerzo sistemático de afirmación de la Nación francesa". Quizás lo que era válido para Francia en 1791, lo sea también para la Argentina, cuando enfrenta en 2013, potencialmente, el mejor momento de su historia, en una época en la que resulta un privilegio vivir.

Bibliografía

Abalo, Carlos, *Especialización Agroalimentaria y Diversificación Industrial en la Argentina*, Buenos Aires, Fundación Argentina para la Revolución de los Alimentos, 1998.

Aguilar Rodríguez, David, *"La participación ciudadana en el ámbito municipal. Una opción para mejorar la función de gobierno y democratizar las decisiones públicas"*, Revista IAPEM, 34 (1997).

Ahumada Pacheco, Jaime, *"El gobierno y la administración pública local en los escenarios de descentralización"*, Federalismo y Desarrollo, 47 (1995).

Alston, Julian, Babcock, Bruce, and Pardey, Philip, *The Shifting Patterns of Agricultural Production and Productivity*, Iowa, Universidad de Iowa, 2010.

Aron, Raymond, *Sobre Clausewitz*, Buenos Aires, Ediciones Nueva Visión, 2009.

Aricó, José, *La Hipótesis de Justo*, Buenos Aires, Ed. Sudamericana, 1999.

Azaretto, Roberto, *Federico Pinedo. Político y economista*, Buenos Aires, Emecé, 1998,

Barsky, Osvaldo, y Gelman, Jorge, *Historia del agro argentino. Desde la Conquista hasta comienzos del Siglo XXI*, Buenos Aires, Sudamericana, 2009.

Belini, Claudio, y Korol, Juan Carlos, *Historia económica de la Argentina en el siglo XX*, Buenos Aires, Siglo XXI Editores, 2012.

Borja, Jordi y Castells, Manuel, *Local y Global: la gestión de las ciudades en la era de la información*, Madrid, Grupo Santillana Ediciones SA, 1988.

Cassen, Bernard, *"Repensar el Comercio Internacional"*, Le Monde Diplomatique, febrero de 2000.

Castells, Manuel, *La era de la información. Economía, Sociedad y Cultura*, Madrid, Alianza Editorial, 1997.

Castells, Manuel, *Globalización, tecnología, trabajo, empleo y empresa*, Mimeo, 2000.

Castells, Manuel, *Internet y la sociedad red*, Madrid, Alianza Editorial, 2006.

Castro, Jorge, et. al, *El acceso de la Argentina a la sociedad del conocimiento*, Buenos Aires, Fundación Banco Boston, 2002.

Castro, Jorge, *Perón y la globalización. Sistema mundial y construcción de poder*, Buenos Aires, Editorial Catálogos, 1999.

Castro, Jorge, *La visión estratégica de Juan Domingo Perón*, Buenos Aires, Ediciones Distal, 2012.

Castro, Jorge, *Vigencia de la visión estratégica de Federico Pinedo*, Cuaderno N° 243, Centro de estudios Nueva Mayoría, 2001.

Cirigliano, Antonio Ángel, *Federico Pinedo: teoría y práctica de un liberal*, Biblioteca Política Argentina, Buenos Aires, Centro Editor de América Latina, 1986.

CREA, *Informe de Mercado de Granos*, Septiembre de 2010.

De La Maisonneuve, Eric, *Incitation à la Réflexion Stratégique*, París, Economica, 1998.

De Oliveira Birchal, Sérgio, *"The Evolution of the Brazilian Food Industry in the 20th Century"*, Ibmec MG Working Paper – WP9, 2004.

De Soto, Hernando, El Misterio del Capital. *Por qué el capitalismo triunfa en Occidente y fracasa en el resto del mundo*, Lima, Editorial El Comercio, 2000.

Di Tella, Guido y Zymelman, Manuel, *Las etapas del desarrollo económico argentino*, Buenos Aires, Eudeba, 1967.

Díaz Alejandro, Carlos, *Essays on the Economic History of the Argentine Republic*, New Heaven & London, Yale University, 1970.

Dosman, Edgar J., *The Life and Times of Raúl Prebisch*, 1901-1986, Canadá, McGill-Queen´s University Press, 2008.

Fanor Díaz, *Conversaciones con Rogelio Frigerio*, Colección Diálogos Polémicos, Buenos Aires, Editorial Hachette, 1977.

FAO, *El Estado Mundial de la Agricultura y la Alimentación 2012*, New York, 2012.

Ferns, H. S., *Gran Bretaña y Argentina en el siglo XIX*, Buenos Aires, Ediciones Solar, 1966.

Fiuza de Mello, Alex, *Capitalismo e mundialização em Marx*, São Paulo, Perspectiva/SecTam, 2000.

Frigerio, Rogelio, *"El camino del desarrollo"*, en Altamirano, Carlos (ed.), Bajo el signo de las masas, 1943-1973, Biblioteca del Pensamiento Argentino, Volumen VI, Buenos Aires, Ariel, 2001.

Frondizi, Silvio, *La realidad argentina. Ensayo de interpretación sociológica.* Tomo I, "El sistema capitalista", Buenos Aires, Ed. Praxis, 1955.

Fuglie, Keith, *"Accelerated Productivity Growth Offsets Decline in Resource Expansion in Global Agriculture"*, Amber Waves, Economic Research Service/USDA, Vol. 8, Issue 3, September 2010.

Fuglie, Keith, MacDonald, James, and Ball, Eldon, *"Productivity Growth in U.S. Agriculture"*, Economic Brief, N°9, Economic Research Service/USDA, September 2007.

Gerchunoff, Pablo y Llach Lucas, *El ciclo de la ilusión y el desencanto. Un siglo de políticas económicas argentinas*, Buenos Aires, Ariel, 2003, capítulo III.

Halperín Donghi, Tulio, *La Larga Agonía de la Argentina Peronista*, Buenos Aires, Ariel, 1997.

Held, David, *La democracia y el orden global*, Barcelona, Paidós, 1997.

Hippolite, Jean, *Introducción a la filosofía de la historia de Hegel*, Buenos Aires, Caldén, 1970.

Institute of International Finance, *Capital Markets Monitor Update*, December 2012.

International Food Policy Research Institute, *Informe de políticas alimentarias mundiales 2011*, Washington DC, 2012.

Justo, Juan B. *"Apuntes sobre Estados Unidos escritos para un diario obrero"*, en La Vanguardia, Buenos Aires, abril-octubre de 1895.

Justo, Juan B., *Discursos y Escritos Políticos*, Buenos Aires, Ateneo, 1933.

Justo, Juan B., *Economía, valor, intereses*, Buenos Aires, s/e, 1913.

Justo, Juan B., *Informe al Comité Ejecutivo del Partido Socialista*, 27 de junio de 1919.

Justo, Juan B., *Internacionalismo y Patria*, Buenos Aires, Ed. La Vanguardia, 1933.

Justo, Juan B., *Teoría y Práctica de la Historia*, Buenos Aires, Lotito & Barberis, 1909.

Kautsky, Karl, *"La crisis del capitalismo en los años 20"*, en Cuadernos de Pasado y Presente, Número 85, Análisis económico y debate estratégico en la III Internacional, México, Ed. Pasado y Presente, 1981.

Kissinger, Henry, *On China*, New York, The Penguin Press, 2011.

Lagos, Martín y Llach, Juan José, *Claves del retraso y del progreso de la Argentina*, Buenos Aires, Temas Grupo Editorial, 2011.

Lardy, Nicholas, *Sustaining China's Economic Growth after the Global Financial Crisis*, Washington, Peterson Institute for International Economics, 2012.

Leon, Pierre, *Historia económica y social del mundo*, Madrid, Encuentro, 1978.

Lin, Justin Yifu, *Demystifying the Chinese Economy*, Cambridge, Cambridge University Press, 2012.

Lin, Justin Yifu, *Economic Development and transition. Thought, strategy and viability*, Cambridge, Cambridge University Press, 2009.

Llach, Juan José, *"El Plan Pinedo de 1940. Su significado histórico y los orígenes de la economía política del peronismo"* en Desarrollo Económico, V. 23, Nº 92, enero-marzo 1984.

Luxemburgo, Rosa, *Introducción a la economía política*, Madrid, Siglo XXI, 1974.

Maddison, Angus, *Historia del desarrollo capitalista. Sus fuerzas dinámicas*, Barcelona, Editorial Ariel, 1989.

Mandel, Ernest, *Late capitalism*, London/New York, Verso, 1993.

Mandel, Ernest, *Long waves of capitalism development. A marxist in-*

terpretation, London & New York, Verso, 1995.

Manyika, James et. al., *Manufacturing the future: the next era of global growth and innovation*, McKinsey Global Institute, 2012.

Marx, Karl, *El Capital*, Buenos Aires, Siglo XXI Editores, 1976.

Marx, Karl, *El Manifesto Comunista*, Buenos Aires, Editorial Anteo, 1961.

Marx, Karl, *Elementos fundamentales para la crítica de la economía política: borrador*, 1857-1858 (Grundrisse), Buenos Aires, Siglo XXI Editores, 2002.

Marx, Karl, *El 18 Brumario de Luis Bonaparte*, Moscú, Ediciones en Lenguas Extranjeras, 1955.

McCraw, Thomas, *Prophet of innovation/Joseph Schumpeter and creative destruction*, Cambridge Massachusetts & London, Harvard University Press, 2007.

Ministerio de Economía y Finanzas de la Nación (MECON), Subsecretaría de Programación Económica, *Evolución de los complejos exportadores provinciales*, Junio de 2010.

Naím, Moises, *"Latin America: The Second Stage of Reform"*, Journal of Democracy, 5 (1994).

National Intelligence Council, *Global Trends 2012/2030. Alternative Worlds*, Washington, 2012.

Nougués, Julio, *Agro e industria (Del Centenario al Bicentenario)*, Buenos Aires, Editorial Ciudad Argentina, Hispania Libros, 2011.

OCDE, *Perspectives on Global Development 2010: Shifting Wealth*, París, 2010.

Odena, Isidoro, *Entrevista con el mundo en transición, Buenos Aires*, Ediciones Crisol, Segunda edición actualizada, 1976.

Organización Internacional del Trabajo (OIT), *Informe Anual 2002*, Ginebra, 2002.

Osborne, David, y Gaebler, Ted, *La reinvención del gobierno*, Buenos Aires, Paidós, 1996.

Peralta Ramos, Mónica, *Acumulación de capital y crisis política argentina: 1930-1974*, México, Siglo XXI Editores, 1978.

Perón, Juan Domingo, *El sindicalismo gremial sucede al sindicalismo político. El pensamiento del Secretario de Trabajo y Previsión*, Buenos Aires, s/e, 1944, p. 28.

Perón, Juan Domingo, *Política y Estrategia. Apuntes para una doctrina de la guerra*, Buenos Aires, Editorial Aquarius, 1983.

Pinedo, Federico, *Trabajoso resurgimiento argentino*, Buenos Aires, Fundación de Banco Galicia y Buenos Aires, 1968.

Pinedo, Federico, *Porfiando hacia el buen camino. Salida del remolino político e ideológico*, Buenos Aires, Edición del autor, 1955.

PNUD/BID, *El Capital Social. Hacia la construcción del índice de desarrollo de la sociedad civil en la Argentina*, 2000.

Porter, Michael, *La ventaja competitiva de las naciones*, Buenos Aires, Vergara, 1991.

Rafael Bitrán, *El Congreso de la Productividad*, Buenos Aires, El Bloque Editorial, 1994.

Rapoport, Mario, Spiguel, Claudio, *Relaciones tumultuosas. Estados Unidos y el primer peronismo*, Buenos Aires, Emecé, 2009.

Real, Juan José, *Treinta años de historia argentina*, Juan José Real, Buenos Aires-Montevideo, Ed. Actualidad, 1962.

Real, Juan José, *Lenin y las concesiones al capital extranjero*, Buenos Aires, Edición del autor, 1968.

Rodrigues, Andreia Marize et al, *"Clustering forces in the brazilian agroindustry: Sustainable regional development and competitive SME´s"*, Cambridge University, Working Papers, 2003.

Romer, Paul, *"Increasing Returns and Long-Run Growth"*, Journal of Political Economy, 1994, pp. 102-37

Romer, Paul, *"Endogenous Technological Change"*, Journal of Political Economy, 1998, pp. 71-102.

Rosdolsky, Roman, *Génesis y estructura de El Capital, de Marx. Estudios sobre Grundrisse*, Buenos Aires, Siglo XXI Editores, 2004.

Russell, Roberto (Ed). *Argentina 1910-2010*, Buenos Aires, Aguilar, 2010.

Schumpeter, Joseph, *Capitalismo, socialismo y democracia*, Buenos Aires, Ediciones Hyspamérica, Tomo I, 1983.

Scott Mainwaring, *"El Movimiento Obrero y el Peronismo, 1952-1955"*, Desarrollo Económico 21: 84 (enero-marzo 1982).

Standard Chartered Bank, *The Super-Cycle Report*, United Kingdom, 2010.

Subramanian, Arvind, *Eclipse: Living in the Shadow of China's Economic Dominance*, Washington, Peterson Institute for International Economics, 2011.

Sweezy, Paul, *Teoría del desarrollo capitalista*, Buenos Aires-México, Fondo de Cultura Económica, 1958.

Tarcus, Horacio, *El marxismo olvidado en la Argentina: Silvio Frondizi y Milcíades Peña*, Buenos Aires, El Cielo por Asalto, 1996.

The Conference Board, *Annual Report 2011*.

The Government Office for Science, *Foresight. The Future of Food and Farming*, Final Project Report, London, 2011.

Toffler, Alvin and Heidi, *Creating a new civilization*, Atlanta, Turner, 1995.

Trigo, Eduardo y Cap, Eugenio, *Diez años de cultivos genéticamente modificados en la agricultura argentina*, Argen-bio, 2006.

Trotsky, León, *El capitalismo y sus crisis*. Compilación de escritos de León Trotsky, Buenos Aires, León Trotsky Ediciones, 2008.

Trotsky, León, *Naturaleza y dinámica del capitalismo y la economía de Transición*. Compilación de escritos de León Trotsky, Buenos Aires, León Trotsky Ediciones, 1999.

UNCTAD, World Investment Report. *Transnational Corporations, Extractive Industries and Development*, 2007.

UNCTAD, World Investment Report. *Non-Equity Modes of International Production and Development*, 2011.

United Kingdom Department of Trade and Industry, Secretary of State for Trade and Industry, *"Our Competitive Future: Building the Knowledge Economy"*, Vol. Cm 41:76, London, 1998.

USDA, *World Agricultural Production*, January 2013.

US Department of Commerce, *Digital Economy 2002*, Washington, 2002.

Van Der Karr, Jane, *Perón y los Estados Unidos*, Buenos Aires, Editorial Vinciguerra, 1990.

Vence Deja, Xavier, *Economía dartered ovación y del cambio tecnológico*, Madrid, Siglo XXI de España Editores, 1995.

Villalón, Roberta, *"Proteccionismo y política industrial en la Argentina de los 90: la economía política de la reconversión automotriz"*, Tesis de Grado, Universidad Torcuato Di Tella, julio de 1999.

Vogel, Ezra, *Deng Xiaoping and the transformation of China*, The Belknap Press of Harvard University Press, 2011.

World Bank and International Monetary Fund, Global Monitoring Report 2012: *Food Prices, Nutrition, and the Millennium Development Goals*, Washington, 2012.

World Bank, *Entering the 21st Century*. World Development Report 1999/2000, New York, Oxford University Press, 1999.

World Bank, *Knowledge for Development*, The World Development Report, 1998-1999.